"十四五"职业教育国家规划教材

本教材第二版曾获
首届全国教材建设奖全国优秀教材
二等奖

旅游市场营销

（第三版）

Lüyou Shichang Yingxiao

主　编　赖　斌　朱　婕
副主编　舒　莉　王　瑀　李　炼
　　　　薛　佳　赵婷婷　杨丽娟

新形态
教材

本书另配教学课件等资源

资源导航

中国教育出版传媒集团
高等教育出版社·北京

内容提要

本书是"十四五"职业教育国家规划教材,本书第二版曾获首届全国教材建设奖全国优秀教材二等奖。

本书共分为十一个项目,包括认识旅游市场营销、旅游市场营销环境分析、旅游者消费行为分析、旅游市场营销调研、旅游目标市场定位、旅游产品策略、旅游产品定价、旅游产品分销渠道选择、旅游产品促销策略、旅游网络营销和旅游市场营销活动管理。本书以项目为引领,设置了"素养目标""岗位能力""知识目标""案例引入""知识准备""案例分析""实训任务""自我评估""知识拓展"等板块,体现了循序渐进、有的放矢的教学特色,有利于引导学生进行自主学习。

本书适合作为职业本科院校、高等职业院校旅游大类相关课程教材,也可作为旅游行业培训用书及资格考试辅导用书。

图书在版编目(CIP)数据

旅游市场营销 / 赖斌,朱婕主编. —3 版. —北京:高等教育出版社,2024.1(2024.7 重印)
ISBN 978 - 7 - 04 - 061562 - 3

Ⅰ. ①旅… Ⅱ. ①赖… ②朱… Ⅲ. ①旅游市场-市场营销学-高等职业教育-教材 Ⅳ. ①F590.82

中国国家版本馆 CIP 数据核字(2024)第 005544 号

策划编辑 毕颖娟 刘智豪 **责任编辑** 刘智豪 毕颖娟 **封面设计** 张文豪 **责任印制** 高忠富

出版发行	高等教育出版社	网　址	http://www.hep.edu.cn
社　址	北京市西城区德外大街 4 号		http://www.hep.com.cn
邮政编码	100120	网上订购	http://www.hepmall.com.cn
印　刷	上海当纳利印刷有限公司		http://www.hepmall.com
开　本	787mm×1092mm　1/16		http://www.hepmall.cn
印　张	14	版　次	2024 年 1 月第 3 版
字　数	335 千字		2014 年 8 月第 1 版
购书热线	010-58581118	印　次	2024 年 7 月第 2 次印刷
咨询电话	400-810-0598	定　价	32.00 元

本书如有缺页、倒页、脱页等质量问题,请到所购图书销售部门联系调换

第三版前言

本书是"十四五"职业教育国家规划教材、"十三五"职业教育国家规划教材、"十二五"职业教育国家规划教材,本书第二版曾获首届全国教材建设奖全国优秀教材二等奖。

党的二十大报告指出:"必须完整、准确、全面贯彻新发展理念,坚持社会主义市场经济改革方向。"旅游市场营销是旅游企业适应市场竞争、维持自身生存和发展的基础。面向不断提升的岗位要求,"旅游市场营销"课程已成为集理论性和实践性于一体的高职旅游类专业核心课程,在专业课程体系中处于先导性、公共性的重要地位。

本书修订后的第三版重点突出了以下几个特点。

第一,思想性。本书坚持将思政育人工作贯穿人才培养全过程,强化课程思政建设,落实素质目标培养要求。书中内容有机融入社会主义核心价值观,结合旅游市场营销新场景挖掘提炼思政元素,弘扬诚实守信、吃苦耐劳、爱岗敬业等劳动精神,加强本书的思政教育作用。

第二,职业性。本书以项目为引领,设置了"素养目标""岗位能力""知识目标""案例引入""知识准备""案例分析""实训任务""自我评估""知识拓展"等板块,凸显了职业教育以促进就业为导向、校企合作、工学结合的人才培养模式,以及"知识、技能、态度"三位一体的人才培养目标。学生从职业能力要求出发明确学习目标,在知识中引入实践操作,体现了循序渐进、有的放矢的教学特色;通过"自我评估""知识拓展",引导学生自主学习,有利于学生掌握基本知识和技能。

第三,时代性。一方面,参加本书编写的人员都具有一线教学及企业挂职的经历,对旅游市场营销知识的掌握以及行业企业的最新需求等都有较为深刻的了解,在"理实一体化"的课堂教学改革方面具有较为丰富的经验,使得本书的内容反映行业的最新发展;另一方面,在本书的编写体例上,从"岗位能力"到"知识目标"以及其中的案例启示,从递进提问式的"知识准备"到"讨论一下",从"实训任务"到"自我评估"等,符合高职学生的认知过程,有利于实现从岗位实践操作到理论知识认知的转化。

第四,创新性。如果说职业性是本书编写的"魂"、科学性是前提和基础的话,那么创新性就是本书编写的出发点和诉求。本书不仅充分吸取了以往旅游市场营销教材的有益内容,而且通过引入校企合作,采纳了大量旅游行业、企业专家的真知灼见。同时结合双语教学的需要,本书的标题采用中英文对照形式。从整书体例的设计到案例的选择,再到理论知识的引入与展开,以及实训环节的安排等,编者都进行了仔细研讨,力求呈现给学生不一样的旅游市场营销世界。

　　第五,融通性。本书不仅兼顾了知识的逻辑性和实训的可操作性,还兼顾了目前中高职衔接的需求。生源的变化必然导致课程内容的变化,本书在"知识准备"板块力求全面、准确,教师可有侧重地选择相应内容针对不同生源进行教学。而"知识拓展"板块则供有能力深入学习的学生进一步学习使用。

　　本书应用教材新形态,读者可扫描书中二维码观看对应资源,体验立体化阅读。

　　本书由国家级职业教育教师教学创新团队主要成员与普通本科院校、有关行业企业专家通力合作完成,成都理工大学赖斌、成都职业技术学院朱婕担任主编;成都职业技术学院舒莉、王瑀、李炼、薛佳、赵婷婷,四川师范大学杨丽娟担任副主编;成都理工大学贺雅文、樊超,安逸酒店集团有限责任公司王兆学等参与编写。

　　在本书编写过程中,我们得到了四川省文化和旅游厅、四川省旅游学会、四川省旅游饭店行业协会、四川省旅行社协会、四川省文化和旅游信息化促进会、四川旅游投资集团有限责任公司、华住酒店集团、成都国色天乡乐园等单位的大力支持,同时,还博采众长,借鉴吸收了大量同仁的研究成果,在此一并致谢。

　　行业、企业对旅游市场营销技能型人才的要求处在不断提高和变化中,同时受编者的水平所限,本书难免有疏漏之处,欢迎大家不吝指正,以便我们不断改进。

编　者

2024 年 1 月

目　录

资源导航

项目一　认识旅游市场营销

【素养目标】

1. 引导学生将创新、协调、绿色、开放、共享的新发展理念自觉融入旅游市场营销工作中。
2. 引导学生坚定旅游从业人员的职业使命感和文化自豪感。

【岗位能力】

1. 能够辨识市场、市场营销的概念及内涵。
2. 能够阐述国际上代表性市场营销观念的演变历程，以及旅游市场营销的特殊性。

【知识目标】

1. 了解关于市场和市场营销的概念。
2. 理解旅游市场营销的演进历史。
3. 掌握旅游市场营销的基本概念和观念。

案例引入

◇ **案例一：京张体育文化旅游带开启文化旅游融合发展新篇章**

　　"加快建设京张体育文化旅游带"——2021年1月20日，习近平总书记在主持召开北京2022年冬奥会和冬残奥会筹办工作汇报会时如是强调。北京2022年冬奥会和冬残奥会成功举办，向世界展示了中国的冰雪魅力。

　　把握"后冬奥"时代机遇，文化和旅游部指导北京市、河北省张家口市两地文化和旅游部门在顶层设计、产品打造、品牌建设方面创新协同发展，京张体育文化旅游带建设稳步推进。

　　2022—2023年雪季是北京冬奥会之后的第一个雪季。冬奥场馆纷纷开展大众冰雪活动，让冬奥资源惠及广大游客。同时，京张体育文化旅游带上的景区、景点借势冬奥，以产品创新为抓手，推动融合发展。

　　元旦假期，北京首钢园冰雪汇2.0在首钢滑雪大跳台正式启动，这是首钢大跳台在北京冬奥会后举办的首个冰雪嘉年华项目，开放面积3万平方米，游乐项目18个。

1

"孩子最喜欢雪圈冲浪了。乘坐雪圈从大跳台落地坡飞驰下来,可以体验到运动员的视角。"一位带孩子来体验的市民说。

首钢园冰雪汇项目有关负责人介绍,项目近期还将升级改造,冰上自行车、鹿拉雪橇、大跳台列车将丰富游客的游玩体验。便民惠民,是大跳台赛后综合利用的发展方向。

2022年7月,首届京张冬奥场馆定向赛在张家口国家跳台滑雪中心举办。赛事集"体育＋旅游＋文化"于一体,充满竞技性、参与性、趣味性,传播冬奥文化,成为京张体育文化旅游融合发展的有益探索。

注:本案例引自中华人民共和国文化和旅游部官方网站,经编者整理编写。

◇ 案例二:"三星堆＋珍稀动物"主题数字藏品世界地球日首发

2022年4月22日,是第53个世界地球日。当年的宣传主题是"珍爱地球　人与自然和谐共生"。

4月22日10:00,由川观新闻、腾讯安全联合呈现,全球首款"三星堆＋珍稀动物"主题数字藏品——《物物相生》,限时发行6 000份,数字藏品包括"三星堆青铜面具＋大熊猫""三星堆铜鸟＋红腹角雉""三星堆青铜大立人像＋朱鹮"等6幅以三星堆出土文物及珍稀野生动物为主题创作的画面,并以独特的四川方言作藏品名称。

《物物相生》数字藏品呈现出文物与动物跨时空互联的美,共同倡导保护动物与文物,以共生之道促进和谐相生。以广汉三星堆遗址和大熊猫为代表的四川珍稀野生动物两大角色结合的《物物相生》数字藏品颇具特色。以藏品《藏猫儿》为例,大熊猫是世界生物多样性保护的旗舰物种,画家通过憨态可掬的熊猫将自己隐藏在青铜面具之后"藏猫儿",表达了"山幽竹曳不见影,缘是胖娃林中戏"的自然意境,呼吁野生动物回归大自然。

其他5幅作品,分别是主题名为《苏气》的三星堆青铜鸟＋红腹角雉,《雄起》的三星堆青铜立人像＋朱鹮,《攒劲》的三星堆铜扭头跪坐人像＋长江鲟,《敦笃》的三星堆青铜兽面＋羚牛,《撇脱》的三星堆金杖＋川金丝猴,每个主题都有对应的四川方言发音。

为让大众进一步参与其中,川观新闻、腾讯安全联合发布数字藏品动态视频及四川话说唱音乐,以大熊猫视角道出三星堆、野生动物的相关信息,解释《物物相生》数字藏品背后的价值和意义,呼吁人们保护野生动物、保护环境。

注:本案例引自川观新闻,经编者整理编写。

◇ 案例启示

➤ 案例一说明了坚持体育牵引、文化赋能、旅游带动,推进文化旅游与体育协同发展,延伸产业链、创造新价值、催生新业态,有利于形成京张体育文化旅游带多产业融合发展的新局面。

➤ 案例二说明了《物物相生》主题数字藏品的推出,是川观新闻尝试用"数字化"思维助推生态文明建设、文化旅游发展,以信息化手段探索生态、文旅等多方面新技术、新方法、新业态的又一次生动实践。

➤ 以上两个案例充分说明了旅游市场在向着创新、协调、绿色、开放、共享的新发展理念融合发展。

【知识准备】

一、市场（market）

市场是生产力发展到一定阶段的产物，属于商品经济的范畴，也可以说哪里有商品生产和商品交换，哪里就有市场。马克思和恩格斯对于市场的理解为：市场是一种以商品交换为内容的经济联系方式，它是社会分工与商品生产的产物，是商品经济中社会分工的表现。市场的基本关系是商品供求关系，基本活动是商品交换活动，基本经济内容是商品供求与商品交换。

从经济学的角度讲，市场是商品交换的场所，它反映买卖双方的供求经济关系。市场是生产力发展到一定阶段的产物，属于商品经济的范畴。从市场营销学角度看，卖方构成行业或企业，而买方则构成市场。大体上说，市场的概念可以从以下四个方面进行理解和把握。

（一）市场的时空概念（market defined from the space-time）

通常来说，市场是有时间限制和空间位置的买卖的场所，如每天按时营业的超市、购物中心等，这就是市场的时空概念。我国古代《易·系辞下》中记载的"日中为市，致天下之民，聚天下之货，交易而退，各得其所"，就是从时空角度对市场进行描述的。

（二）市场的类别概念（market defined from different categories）

从不同的角度看市场有着不同的划分结果，如有形产品市场和无形产品市场、生活资料市场和生产资料市场、产品市场和技术市场、人力资源市场和信息市场等。也可以根据消费品的类别来划分市场，如菜市、书市、布市等。

（三）市场的管理学概念（market defined from management science）

从具体的交换活动及其运行规律来看，市场就是供需双方在共同认可的一定条件下所进行的商品或劳务的交换活动。如营销学家（美国西北大学教授）菲利普·科特勒（Philip Kotler）指出："市场是由一切具有特定欲望和需求并且愿意和能够以交换来满足这些需求的潜在顾客所组成。"

（四）市场的经济学概念（market defined from economics）

从经济实质的角度分析，市场可以看作一个商品经济范畴，是商品内在矛盾的表现；是供求关系；是商品交换关系的总和；是通过交换反映出来的人与人之间的关系。经济学家指出，市场是社会分工和商品生产的产物。在商品生产的条件下，社会内部分工的前提首先是不同种类劳动的相互独立，即它们的产品必须作为商品相互独立，并且通过交换，完成商品的形态变化，作为商品相互发生关系。因此，哪里有社会分工和商品交换，哪里就有市场。市场是为完成商品形态变化，在商品所有者之间进行商品交换的总体表现，这是抽象的市场概念。

综上所述，市场是商品经济中生产者与消费者之间实现产品或服务的价值，满足需求的交换关系、交换条件和交换过程。

二、市场营销（marketing）

市场营销源自英文 marketing 一词，意指企业在市场中所开展的与产品和服务销售有

1

关的活动。人类对市场营销的认识是随着市场竞争形势的变化而不断发展的。市场营销理论发源于 20 世纪初期的美国,在 20 世纪 80 年代传入我国。在营销理论发展演变的过程中,各国学者和研究机构从不同角度对市场营销下了多种定义。

美国市场营销协会(American Marketing Association,AMA)于 1960 年对市场营销下的定义是:市场营销是"引导产品或劳务从生产者流向消费者过程中的一切企业活动"。这一定义的特点是把市场营销界定为产品流通过程中的企业行为。这里"营销"的含义基本与"销售"等同。

美国市场营销协会于 1985 年对市场营销下了新的定义:市场营销"是对思想、产品及劳务进行设计、定价、促销及分销的计划和实施的过程,从而产生满足个人和组织目标的交换"。这一定义较之前者更为全面和完善。主要表现为:❶ 产品内涵扩大了,它不仅包括产品或劳务,还包括思想;❷ 市场营销内涵也扩大了,市场营销活动不仅包括盈利性的经营活动,还包括非盈利性组织的活动;❸ 强调了交换过程;❹ 突出了市场营销计划的制订与实施。

英国特许营销学会(Chartered Institute of Marketing,CIM)的定义非常简洁:以盈利为目的,识别、预测和满足消费者需求的管理过程。

菲利普·科特勒是营销理论发展史中里程碑式的人物,他在《营销管理》中给出的定义是:市场营销是个人和集体通过创造,提供出售,并同别人交换产品和价值以获得其所需所欲之物的一种社会的管理过程。

(一) 市场营销概念的基本内涵(basic connotation of marketing)

(1)市场营销的主体既包括以一定形式出现的法人,也包括自然人;既包括营利性企业,也包括非营利性组织,如政府、学校、医院、宗教团体等。

(2)市场营销主体都有自己的营销目的,要达到营销目的,就必须通过市场同别人交换产品或服务,以满足别人的需要和欲望。

(3)市场营销的商品不仅包括单一的货物产品,还包括思想、劳务等非物质形态产品。

(4)市场营销的活动从调研市场需求开始,继而进行产品设计、生产、销售,直至售后服务结束,贯穿生产领域、流通领域和消费领域。

(二) 市场营销的相关核心概念(some core concepts related to marketing)

要想真正理解市场营销的含义,还需要了解需要、欲望、需求、产品、商品、效用、费用、满足、交换和交易等概念。

1. 需要、欲望和需求(need,desire and demand)

需要和欲望是市场营销活动的立足点和出发点。所谓需要,是指没有得到某些基本满足的感受状态,它是人类与生俱来的。例如,温饱、安全、受尊重等需要。所谓欲望,是指希望得到某种基本需要的具体满足物的欲望。人类的需要有限,欲望却很多,市场营销者无法创造需要,却可以影响欲望,开发和销售特定的产品和服务来满足欲望。所谓需求,是指人们有能力并且愿意购买某个具体产品的欲望。

2. 产品和商品(product and commodity)

人类通过产品来满足自己的各种需要和欲望,因此任何能够满足人们需要和欲望的东西都可以称为产品。产品的价值不在于拥有它们,而在于它们所带来的对欲望的满足。而商品是指用来交换的产品,自产自消的产品就不属于商品。

3. 效用、费用和满足(utility, cost and satisfaction)

在对能够满足某一特定需要的一组产品进行选择时,人们所依据的主要标准是各种产品的效用。所谓效用,是指消费者对产品满足其需要的整体能力的评价。通常情况下,消费者都会根据这种对产品价值的主观评价和要支付的费用来做出购买选择。

4. 交换和交易(exchange and transaction)

人们的需要和欲望可以通过交换来实现。当某人感到饥饿时,为了满足获取食物的需要,他可以通过打猎、捕鱼或采集来解决,也可以通过乞讨来获得,还可以用某些资源,如金钱、其他物品或某些服务向他人换取。但是只有在交换时才会产生营销。如果各方达成协议,我们则将这种实际发生的交换行为称为交易。

三、市场营销观念的演进(the evolution of marketing concept)

市场营销观念在一定的经济基础上产生,并随着社会经济的发展和市场形势的变化而变化,大体上经历了生产观念、产品观念、推销观念、营销观念、社会营销观念五个阶段。了解这种观念的演进,对于加强市场营销管理、确立正确的经营模式,具有十分重要的意义。

(一) 生产观念(production concept)

生产观念是以产品生产为中心,以提高生产效率、增加产品产量、降低成本为重点的营销观念。这种观念是在卖方市场条件下产生的,属于比较古老的观念之一。20世纪20年代以前,许多国家生产的发展尚不能满足需求的增长,物资短缺,产品供不应求,导致了生产观念的产生与流行。生产观念认为,消费者喜欢那些可以随处买得到而且价格低廉的产品,并不注重产品的质量,企业以生产为中心来规划和安排其业务活动。"能够生产什么,就卖什么,能够生产多少,就卖多少"的经营思路,就是这种观念的典型概括。显然,这种观念是一种重生产、轻营销的观念。目前在一些经济不发达的国家和我国某些带有垄断性的行业,生产观念仍有一定的市场。

(二) 产品观念(product concept)

产品观念是以产品的改进和生产为中心,以提高现有产品质量和功能为重点的营销观念,是从生产观念中派生出来的又一种营销观念。产生这种观念的客观背景基本上还是卖方市场,只不过供需紧张关系比较缓和,一些质量高、性能好、有特色的产品受到市场的追捧。这种观念认为,消费者喜欢高质量、多功能和具有某种特色的产品,"皇帝的女儿不愁嫁""酒香不怕巷子深"。将自己的注意力集中在现有产品上,集中主要的技术、资源对产品进行研究,看不到消费者需求的不断发展变化,看不到消费者对产品提出的新要求,看不到市场需求的变化,在市场营销管理中缺乏远见,常常使企业经营陷入困境。

(三) 推销观念(promotion concept)

推销观念(又称销售观念)是以产品的生产和销售为中心,以促进购买、激励销售为重点的营销观念,产生于卖方市场向买方市场过渡的时期。1929年,西方发达国家发生了震撼世界的经济危机,集中暴露出产品供过于求的矛盾,使企业面临着严重的销路问题,推动了推销观念的流行。推销观念的主要内容是:"我们推销什么,消费者就会购买什么。"现有的产品,只有经过积极的销售努力,才能全部销售出去。推销观念认为,消费者通常表现为一种购买惰性或抗衡心理,如果任其自然的话,他们一般不会自愿或足量购买某一企业的产品。因此,企业要大力施展推销技术,施加"推力",使潜在的购买者发生转化。此种观念促使商品广告发展为新兴的行业。

(四) 营销观念(marketing concept)

营销观念是以市场需求为中心,以研究并满足市场需求为重点的新型的营销观念。尽管这种思想由来已久,但其核心原则直到 20 世纪 50 年代中期才基本定型。营销观念认为,实现企业营销目标的关键在于正确确定目标市场的需要和欲望,"顾客需要什么,企业就生产什么;顾客需要多少,企业就生产并出售多少"。从本质上说,市场营销观念抛弃了以企业为中心的指导思想,取而代之的是以消费者为中心的指导思想。营销观念的形成及其在实践中的应用,使西方企业的经营活动跃上了一个新的台阶。但要及时有效地对顾客的各种需求变化做出相应的反应并不是所有的企业都能为之。只能说,营销观念的提出,确实是一种发展和升华,它为现代社会企业经营活动提出了一个更完善、更理想的发展方向。

(五) 社会营销观念(social promotion concept)

社会营销观念是以市场需求和社会效益为中心,以发挥企业的优势、满足消费者和全社会的长远利益为重点的营销观念,是对营销观念的修正和取代。它产生于 20 世纪 70 年代西方资本主义国家出现能源短缺、通货膨胀、失业增加、环境污染加剧、消费者保护运动盛行的形势下。因为营销观念回避了消费者需要、消费者利益和长期社会福利之间隐含着矛盾冲突的现实,以致消费者在享用各种产品效用的同时,往往也不知不觉地被迫接受产品在使用过程中带来的负面效应。社会营销观念要求企业在制定营销策略时,必须权衡三方面的利益,即企业利润、顾客需要、社会利益。企业通过营销活动,充分有效地利用人力资源、生态资源,在满足消费者的需求、取得合理利润的同时,要保护环境、减少公害,维持一个健康和谐的社会环境,以不断提高人类的生活质量。

20 世纪 80 年代以来,随着国际市场形势的发展变化,市场营销理论得到了进一步的发展,出现了许多新型的营销观念,如大市场营销观念、营销—竞争导向观念、整体市场营销观念等。

四、旅游业的市场营销(tourism marketing)

旅游业的市场营销即旅游市场营销,是旅游经济个体(个人和组织)对产品、服务的构思、预测、开发、定价、促销以及售后服务的计划和执行过程,它是以旅游者需求为中心、适应旅游市场环境的变化、实现旅游商品价值交换的统称。

(一) 旅游市场营销的产生(the generating of tourism marketing)

旅游市场营销的产生与社会经济的发展、旅游市场的形成、旅游业的发展紧密相连,大致可分为以下三个阶段。

1. 第一阶段(776 年至第二次世界大战之前)(stage 1: from 776 AD to the start of World War II)

旅游作为一种社会现象有悠久的历史,至少可以追溯到 776 年的奥林匹克运动会期间。但早期作为特权阶层的一种享乐活动,范围很小,没有被当作营利性的经济活动,也就不存在旅游市场营销。然而,从人类早期的旅游一直到第二次世界大战之前,每一次旅游实践及其提升,特别是西方近代旅游业的出现,都为旅游市场营销的孕育做出了积极的贡献。

2. 第二阶段(第二次世界大战至 20 世纪 60 年代)(stage 2:from World War II to 1960s)

一般认为,第二次世界大战的结束,是服务行业爆炸性增长的开始,营销学界对服务营销的研究也由此开始。战后,许多资本主义国家经济快速发展,民众收入得以提高,工作日得到缩短,并开始出现公费度假,这为民众性旅游活动奠定了物质基础。同时,社会的相对稳定,交通的发达,文明的进步,又为民众性旅游活动创造了良好的外部条件。为了适应这种变化,大批旅游公司尝试应用营销学原理和灵活多样的方式迎合大众旅游,造成以产促销的经营局面,导致旅游市场营销的萌芽。一些饭店成立了销售部,旅行社也成立了营业部。但是,这些部门的活动仍然以销售、推销为主,采用的销售手段主要是广告、宣传和推进型营销。整个 20 世纪 70 年代,推销的观点在西方旅游企业的经营思想中占据统治地位。

3. 第三阶段(20 世纪 70 年代至 80 年代)(stage 3:from 1970s to 1980s)

20 世纪 70 年代以后,随着生产力的发展、经济的增长,旅游业发展很快,成为一门新兴的第三产业,竞争也越来越激烈。不少国家和地区大力发展旅游业,旅游设施迅速增加,旅游者选择的余地也不断扩大。这时旅游业的经营者认识到除了推销以外,还必须提高产品质量,保持竞争力。由于多个企业都相继提高质量,人们终于认识到即使餐厅能提供最佳的菜肴,饭店能提供最清洁的客房,也不一定能在竞争中压倒对手,因为已经有大量涌现出来的旅游设施可供旅游者选择。旅游企业的投资费用急剧上升,也迫使企业经营者在创建企业之前就开始了解顾客的需求,从顾客的需求出发创建旅游企业,使企业更具竞争力。激烈的竞争缩短了旅游企业在进入目标市场之前的准备时间,旅游企业在准备阶段就开始分析市场,研究旅游消费者的需求,分析消费者的兴趣、爱好和意见,从而确立企业经营的依据和基础。在经营过程中,也迫使经营者们从旅游者的需求出发,改造企业的组织,提高产品的质量和增加产品的种类,改变销售渠道,使竞争对手防不胜防,从而使企业立于不败之地。至此,旅游市场营销逐渐成形。

(二) 旅游市场营销的主要特点(characteristics of tourism marketing)

与其他行业的市场营销相比,旅游市场营销在以下四个方面具有自己鲜明的特点,分别是市场特点、供求特点、产品特点和运行特点。

1. 市场特点(market characteristics)

主要表现为市场的季节性、市场的多样性和市场的全球性。

(1)市场的季节性。第一,旅游目的地与气候有关的旅游资源在不同的季节其使用价值有所不同;第二,旅游目的地的气候本身也会影响旅游者观光游览活动;第三,旅游者闲暇时间分布不均衡也是造成旅游市场淡旺季的原因。

(2)市场的多样性。旅游者的年龄、性别、偏好等因素的差异性导致了旅游需求市场的多样性,同时为旅游经营者创造了多样化的市场空间。从旅游供给的角度看,旅游经营者依托不同的自然景观与人文景观,进行不同形式的产品组合,可以使旅游者获得不同的感受和经历。此外,旅游经营者还可以依据旅游者购买形式的不同,采取包价旅游、小包价旅游、散客旅游等多样灵活的经营方式。而且,随着现代旅游的发展,一些并非专为旅游服务的其他

1

社会资源也转化为旅游资源,并创造了大量现代人造景观。由此,传统的旅游形式继续得到强化和充实,新的内容层出不穷。随着人类旅游需求在量和质上的不断提高,旅游活动的内涵还会不断拓展,变得更加丰富多彩。

(3) 市场的全球性。随着社会生产力的发展,世界各国科技、经济关系的进一步密切,全球化的进程不断加快。各国的旅游市场由封闭逐步走向开放,从区域性的旅游市场发展成为世界性的旅游市场。首先,旅游市场的全球性表现为旅游者构成的广泛性。现代旅游已由少数富裕阶层扩展到工薪阶层和全民大众。其次,交通运输的发达使旅游者的活动范围遍布世界各地,因而旅游需求市场十分广阔。再次,世界各国和许多地区都在大力发展旅游业,纷纷将旅游业视为促进本国或本地区经济发展的大事来抓,旅游的供给市场也逐步在全球范围内建立与完善。最后,旅游者的消费品位和观念在不断提高,只要经济条件许可,出国旅游已成为比较普遍的选择。

2. **供求特点**(supply and demand characteristics)

主要包括刚性供给和弹性需求。

(1) 刚性供给。旅游市场供给特点在于缺乏弹性。首先,自然资源是客观存在的反映,其数量与质量是由自然条件决定的,由此它的提供要受客观条件限制,而不能发生很大的变化。虽然人们可以通过一些现代化手段来创造或改变旅游景点,但自然景观与历史条件在很大程度上决定着旅游供给的质和量。其次,对其改造也并非一件容易的事。开发利用自然资源需要较大的投资,人们不可能在短期内迅速扩大供给数量。同时,土建工程一旦完成,土地和设施很难再作其他方面的调整。再次,旅游供给不仅受到自然因素的影响,而且客观自然环境还将限制旅游供给容量。最后,以满足旅游者消费专门开发的各类设施,很难改作他用。除了供给总量之外,供给时间、供给项目等也一样。这就形成了旅游供给的刚性与旅游需求的弹性之间的矛盾。

(2) 弹性需求。旅游市场消费需求特点在于旅游者收入、旅游服务价格、旅游目的地的季节性、旅游促销宣传、旅游服务质量等都表现为高度的弹性。旅游者收入状况及其增长与降低对旅游需求产生和发展都有较大影响。有研究结果表明,国民收入如果每年增加1%,可使国际旅游支出增加1.2倍,发达国家旅游需求增长速度显然快于居民收入的增长速度。此外,不同类型旅游需求和不同地区旅游消费需求具有不同的价格弹性。公务型旅游需求价格弹性较小,娱乐型旅游需求价格弹性较大。旅游热点地旅游需求价格弹性较小;反之,较大。

3. **产品特点**(product characteristics)

主要表现在产品的无形性、差异性、统一性和易逝性。

(1) 无形性也称不可预知性、不可感知性,可从三个角度来理解。第一,旅游市场上提供的产品是一种服务、一种行为,不是实际存在的物体。游客不对旅游产品具有所有权,得到的只是一种旅游经历和感受。所以,旅游者在购买和消费之前很难预知。第二,消费后的利益有时不易当场感知,或不易完成感知,而需要一定积累。第三,旅游市场上游客也参与到旅游产品的生产过程中来了。在旅游业中,游客也成了旅游产品生产过程中必不可少的元素之一。因此,对旅游市场营销人员来说,要生产出符合游客需要的旅游产品,不仅要对从业人员进行一定管理,而且对游客也同样要进行某种管理,以便游客与旅游产品生产人员之间沟通,提高旅游产品的满意度。

(2) 差异性主要体现在旅游市场上产品的成分和质量水平难以控制,这可以从两个角度来理解。第一,旅游服务由不同的旅游企业中不同的服务人员提供。这种由人来执行的行为,会受到外部和自身许多因素的影响和制约。因此,不存在两次完全相同的服务。第二,旅游产品的好坏,供给者一方说了不算,还要以旅游者的切身感受为标准加以衡量。在相当程度上,后者的评价分量更重。然而由于旅游者本身的素质不同,对同一次旅游,每个人的感觉和评价都不一样。在旅游业强调个性化服务的今天,制定一套统一的服务标准难度很大,因此需要激励旅游从业人员热情为游客服务。

(3)统一性也称不可分离性、服务直接性、顾客参与性。实物产品从生产到消费要经过一系列中间环节,时间上形成间隔,可以先生产、再销售、最后消费。服务产品恰恰相反,生产、流通、消费在时间和空间上往往统一,"三位一体",即使有间隔也非常短暂。大多数服务产品,如旅游、理发、按摩、看病,有服务提供者而没有消费者参与都无法成立。

(4)易逝性也称作不可储存性或无存货性,即旅游产品不能被储存,留待以后出售;也不可以转移、搬运到别的地方出售,更不能重复出售和退还。

4. 运行特点(operating characteristics)

主要包括时间特点、渠道特点和整体分销特点。

(1)时间特点。基于旅游产品不可储存性的特点,旅游企业分销要特别重视时间因素的把握。时间不仅仅是指为游客服务过程的迅速快捷,保质保量,而且还指在对待游客投诉的处理及回复的及时上,只有这样游客才会感到受到了重视,旅游企业的信誉才能逐渐建立起来。

(2)渠道特点。旅游市场上产品的分销渠道与有形产品不同,有形产品一般是通过物流渠道送到消费者手中,而旅游产品的分销是通过各旅游企业与游客签订合同,然后游客自己前来参与旅游产品的生产和销售,是一种短渠道、多网点的分销。

(3)整体分销特点。由于旅游产品是由食、住、行、游、购、娱六个要素组成的整体产品,因而旅游市场营销活动涉及社会的各个方面。其中,旅游宾馆、饭店、旅行社和风景点等旅游企业是旅游营销活动的主体。此外,还包括非营利性的政府有关机构,如旅游管理局等。所以,旅游市场营销是综合性、全方位的营销活动。

案例分析

香格里拉的营销之道

香格里拉是国际著名的大型酒店连锁集团,它的经营策略很好地体现了酒店关系营销的内容。

集团是从1971年新加坡豪华香格里拉饭店的开业起步,很快便以其标准化的管理及个性化的服务赢得了国际社会的认同,在亚洲的主要城市得以迅速发展。其总部设在香港,是亚洲最大的豪华酒店集团,并被许多权威机构评为世界顶尖的酒店集团之一,它所拥有的豪华酒店和度假村已成为非常受人们欢迎的休闲度假目的地。香格里拉始终如一地把顾客满意当成企业经营思想的核心,并围绕它把其经营哲学浓缩于一句话"由体贴入微的员工提供的亚洲式接待"。

香格里拉有8项指导原则。

(1)我们将在所有关系中表现真诚与体贴;

1

（2）我们将在每次与顾客接触中尽可能为其提供更多的服务；

（3）我们将保持服务的一致性；

（4）我们确保我们的服务过程能使顾客感到友好，员工感到轻松；

（5）我们希望每一位高层管理人员都尽可能地多与顾客接触；

（6）我们确保决策点就在与顾客接触的现场；

（7）我们将为我们的员工创造一个能使他们的个人、事业目标均得以实现的环境；

（8）客人的满意是我们事业的动力。

与航空公司联合促销是香格里拉互惠合作的手段之一。香格里拉与众多航空公司推出"频繁飞行旅行者计划"。入住香格里拉时，客人只要出示频繁飞行旅行者计划的会员证并按照门市价支付，就可得到众多公司给予的免费里程数或累计点数，如每晚住宿便可得到德国汉莎航空公司提供的500英里的优惠，美国西北航空公司、联合航空公司500英里的优惠。其他航空公司有加拿大航空公司、新加坡航空公司、瑞士航空公司、澳大利亚航空公司、马来西亚航空公司、泰国航空公司等。另外，香格里拉还单独给予顾客一些额外的机会来领取奖金和优惠，如香格里拉担保的公司选择价格。

顾客服务与住房承诺方面，则体现了酒店在承诺、信任原则上的坚持。香格里拉的回头客很多，鼓励员工与客人交朋友。员工可以自由地同客人进行私人的交流。香格里拉在2000年之前建立了"顾客服务中心"。这个项目建立后，与原来各件事要查询相关的部门不同，客人只需打一个电话到顾客服务中心，一切问题均可解决，香格里拉也因此可更好地掌握顾客信息，协调部门工作，及时满足顾客的要求。在对待顾客投诉时，绝不说"不"。全体员工达成共识，即"我们不必分清谁对谁错，只需分清什么是对什么是错"。让客人在心理上感觉他"赢"了，而我们在事实上做对了，这是最圆满的结局。每个员工时刻提醒自己多为客人着想，不仅在服务的具体功能上，而且在服务的心理效果上满足顾客。香格里拉重视来自世界不同地区、不同国家客人的生活习惯和文化传统的差异，有针对性地提供不同的服务。如对日本客人提出"背对背"的服务：客房服务员必须等客人离开客房后再打扫、整理客房，避免与客人直接碰面。香格里拉为客人设立个人档案并长期保存，作为为客人提供个性化服务的依据。

注：本案例引自豆丁网，经编者整理编写。

 【实训任务】 学会树立旅游市场营销观念

以项目团队为基础，在老师的指导下，运用所学知识，对以上案例进行分析，要点应包括：

1. 分析香格里拉的旅游市场营销观念。

2. 香格里拉在顾客满意方面采取了哪些措施，你获得哪些启示？

◇ **实训准备**

➤ 组建3～5人规模的项目团队，选出项目组长，建议每次的组长不同。

➤ 根据自己特长选择任务，组长协调。

➤ 准备签字笔、记录本，有条件的话，准备相机和录音笔。

◇ 实训过程
➤ 仔细阅读香格里拉饭店旅游市场营销的案例。
➤ 团队成员对案例进行剖析。
➤ 每个成员根据自己的特长,进行分工协调。
➤ 团队成员进行讨论并得出综合结论。
➤ 确定汇报人选。
◇ 实训结束后的工作
➤ 实训总结分工。
➤ 团队代表汇报。
➤ 教师点评。
➤ 团队继续完善案例分析报告。

 【自我评估】

1. 市场及市场营销的含义是什么?
2. 旅游市场营销观念的演进经过了哪些阶段?
3. 进行旅游市场营销的意义何在?
4. 旅游市场营销有哪些独特性?

 【知识拓展】　4Ps 和 4Cs 营销理论

项目一案例

一、4Ps 营销理论(the marketing theory of 4Ps)

　　杰罗姆·麦卡锡(E. Jerome McCarthy)于 1960 年在其《基础营销》(*Basic Marketing*)一书中第一次将企业的营销要素归结为四个基本策略的组合,即著名的"4Ps"理论:产品(product)、价格(price)、渠道(place)、促销(promotion)。由于这四个词的英文字头都是 P,再加上策略(strategy),所以简称为"4Ps"。

　　1967 年,菲利普·科特勒在其畅销书《营销管理:分析、规划与控制》进一步确认了以 4Ps 为核心的营销组合方法,即:

　　1. 产品(product)
注重开发的功能,要求产品有独特的卖点,把产品的功能诉求放在第一位。

　　2. 价格(price)
根据不同的市场定位,制定不同的价格策略,产品的定价依据是企业的品牌战略,注重品牌的含金量。

　　3. 分销(place)
企业并不直接面对消费者,而是注重经销商的培育和销售网络的建立,企业与消费者的联系是通过分销商来进行的。

　　4. 促销(promotion)
企业注重用销售行为的改变来刺激消费者,以短期的行为(如让利、买一送一、营销现场

1

气氛等)促成消费的增长,吸引其他品牌的消费者或导致提前消费来促进销售的增长。

4Ps 的提出奠定了管理营销的基础理论框架。该理论以单个企业作为分析单位,认为影响企业营销活动效果的因素有两种:一种是企业不能够控制的,如政治、法律、经济、人文、地理等环境因素,称为不可控因素,这也是企业所面临的外部环境;一种是企业可以控制的,如生产、定价、分销、促销等营销因素,称为企业可控因素。

企业营销活动的实质是一个利用内部可控因素适应外部环境的过程,即通过对产品、价格、分销、促销的计划和实施,对外部不可控因素做出积极动态的反应,从而促成交易的实现和满足个人与组织的目标。用科特勒的话说就是:"如果公司生产出适当的产品,定出适当的价格,利用适当的分销渠道,并辅之以适当的促销活动,那么该公司就会获得成功。"所以市场营销活动的核心就在于制定并实施有效的市场营销组合。

此模型优势是显而易见的:它把企业营销活动这样一个错综复杂的经济现象,把企业营销过程中可以利用的成千上万的因素概括成四个大的因素,即 4Ps 理论——产品、价格、分销和促销,的确非常简明、易于把握。

二、4Cs 营销理论(the marketing theory of 4Cs)

4Cs 分别指代顾客(customer)、成本(cost)、便利(convenience)和沟通(communication)。

1. 顾客(customer)

顾客主要指顾客的需求。企业必须首先了解和研究顾客,根据顾客的需求来提供产品。同时,企业提供的不仅仅是产品和服务,更重要的是由此产生的客户价值(customer value)。

2. 成本(cost)

成本不单是指企业的生产成本,或者说 4Ps 中的 price(价格),它还要考虑顾客的购买成本。顾客购买成本不仅包括其货币支出,还包括其为此耗费的时间、体力和精力消耗,以及购买风险。因此,产品的理想定价,应该是既低于顾客的心理价格,亦能够让企业有所盈利。

3. 便利(convenience)

便利即为顾客提供最大的购物和使用便利。4Cs 理论强调企业在制定分销策略时,要更多地考虑顾客的方便,而不是企业自己方便。要通过好的售前、售中和售后服务来让顾客在购物的同时,也享受到便利。便利是客户价值不可或缺的一部分。

4. 沟通(communication)

沟通也被用以取代 4Ps 中对应的 promotion(促销),4Cs 认为,企业应通过同顾客进行积极有效的双向沟通,建立基于共同利益的新型企业或顾客关系。这不再是企业单向的促销和劝导顾客,而是在双方的沟通中找到能同时实现各自目标的通途。

项目二 旅游市场营销环境分析

 【素养目标】

1. 通过分析提振文旅产业的相关政策，引导学生形成不怕困难、接受挑战、积极向上的工作和生活态度。

2. 通过分析区域旅游联动，引导学生充分认识构建国内国际双循环的重要性。

 【岗位能力】

1. 能够分析影响旅游企业市场营销的主要环境因素，并能辨识其中的威胁和机会。

2. 能够利用分析工具进行旅游企业的市场营销战略定位。

 【知识目标】

1. 理解旅游企业市场营销环境的概念和内涵。

2. 熟悉构成旅游企业宏观和微观市场营销环境的主要因素。

3. 理解不同宏观和微观环境因素对旅游企业营销活动的影响。

4. 掌握分析旅游企业营销环境的方法。

案例引入

◇ **案例一：重庆多举措推动文旅恢复提振**

2023年2月，重庆市政府新闻办召开《重庆市进一步支持市场主体发展推动经济企稳恢复提振政策措施》解读新闻发布会。

重庆市文化和旅游发展委员会副主任在介绍文旅恢复提振相关政策时表示，借春节之势推进重庆文化和旅游消费进一步回暖，仍是当前和下一步的重要任务。针对旅行社行业，重庆将延续暂退缓交旅游服务质量保证金政策，现有旅行社、新设立旅行社都可申请享受该项政策。同时，重庆市文化和旅游发展委员会与市总工会联合出台政策，鼓励各级机关、企事业单位及社会团体进行公务活动和群团活动时，委托旅行社等文旅企业代理安排交通、住宿、餐饮、会务等事项，预付款比例不低于50%。安排不低于

2

500万元专项资金,鼓励旅行社组客前往渝东北、渝东南地区旅游。

　　同时,重庆将以提升文旅供给为手段支持文旅企业创新发展。对中国西部旅游产业博览会等全市性品牌文化和旅游产业展会,实施资金补贴。对参加市外文化和旅游产业重大博览会的文旅企业,按照展位租赁和策展搭展费用的一定比例给予补贴。启动第二批演艺新空间申报工作,并安排500万元专项资金,引导旅行社组客观看旅游驻场演出。此外,还将持续举办多项文旅消费促进活动,如组织开展第八届重庆文化旅游惠民消费季等。

　　注:本案例引自学习强国2023年2月28日转载的中国旅游报报道,经编者整理编写。

◇ **案例二:澳门预留1.8亿元预算补贴团队游客**

　　2023年2月,澳门特别行政区政府旅游局副局长表示,为促进澳门旅游业恢复,澳门特别行政区政府已预留1.8亿元预算,面向来澳的旅游团队游客进行补贴,主要采取与电商平台合作发放的形式,补贴预计在3月初发放。

　　根据澳门特别行政区政府旅游局统计,超过100人的大型香港考察团于2023年2月10日至11日在澳门考察。考察团分批参观了澳门历史城区,体验了澳门大赛车博物馆、大三巴牌坊沉浸式数字体验展、澳品荟、氹仔旧城区,考察了多个度假酒店。据介绍,内地与港澳人员往来全面恢复以来,澳门特别行政区政府旅游局铺开了面向香港市场的宣传推广工作,并推出多项优惠措施,包括往返港澳交通票务优惠等。此次组织大型香港考察团到澳门考察,旨在让香港居民了解澳门最新旅游资源,将澳门旅游的新玩法带给香港居民以及访港旅客,促进港澳两地旅游联动,共促两地旅游业复苏。

　　注:本案例引自学习强国2023年2月14日转载的中国旅游报报道,经编者整理编写。

◇ **案例启示**

　　➢ 随着旅游业迅速恢复,旅游市场释放出积极信号,但旅游市场主体依然承压较大。案例讲述了重庆、澳门进一步强化助企纾困政策,创新开发旅游资源,持续丰富供应链,从而不断提升旅游市场主体的竞争力,进一步激活旅游市场活力。

　　➢ 案例充分说明了旅游市场营销环境对旅游企业经营的重要性。全面分析和了解旅游市场营销环境影响因素,增强对环境的适应性及能动性,掌握把握市场机会、规避风险的分析方法和营销战略是非常有必要的。

 【知识准备】

一、旅游市场营销环境(tourism marketing environment)

　　企业是组成市场的基本单元之一,任何企业总是在一定的市场环境中参与各种经济行为的,旅游企业也不例外。旅游企业的营销计划和实施必定要受到所在市场环境的影响。一方面,旅游企业只有顺应特定的旅游市场环境,提高环境的适应性,才可能不被"淘汰",并有可能实现其营销目标;另一方面,旅游企业也可以发挥其主观能动性,积极努力地去营造市场环境,把握市场机遇、规避风险、开拓创新,使旅游市场环境有利于旅游企业的生存和发展。因此,重视对旅游市场营销环境的研判,是旅游企业顺利开展营销的前提。

那么,究竟什么是旅游市场营销环境呢?所谓旅游市场营销环境就是对旅游企业开展市场营销活动产生直接和间接影响的各种客观条件和因素的总和。

(一) 旅游市场营销环境的组成(composition of tourism marketing environment)

一般来说,旅游企业的市场营销环境可以分为直接营销环境和间接营销环境两类。直接营销环境又称业务作业环境,属于旅游企业市场营销系统中的微观环境。它是与旅游企业生产经营关系最为密切的各种条件和因素,包括旅游产品供应商、旅游营销中间商、旅游消费者、旅游企业竞争者、旅游企业自身等;间接营销环境属于旅游企业市场营销系统中的宏观环境,是指旅游企业生存和发展所依托的各种外部宏观条件和因素,包括经济、政治、文化、社会和人口等。

从图 2-1 可见,旅游企业的市场营销受到间接环境和直接环境的双重约束。从三者之间的关系来看,旅游企业营销的间接环境(宏观环境)影响其营销的直接环境(微观环境),再影响旅游企业自身的经营。

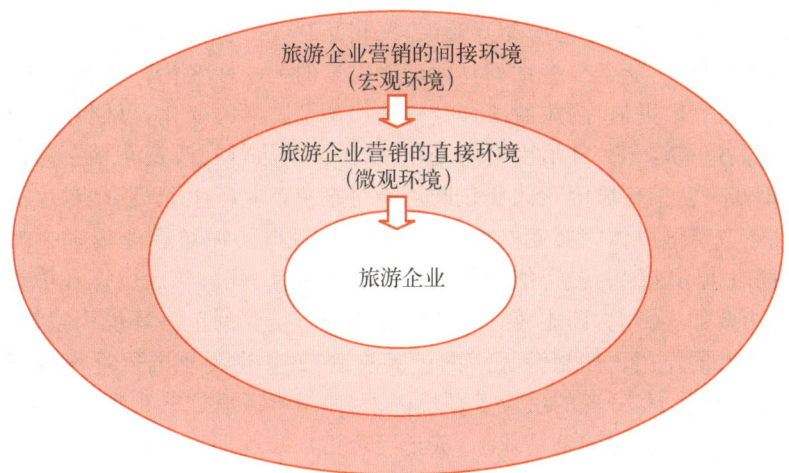

图 2-1　旅游企业的市场营销环境

(二) 旅游市场营销环境的特点(characteristics of tourism marketing environment)

作为旅游企业营销活动的基础和前提条件,旅游市场营销环境是一个客观存在、多因素、多层次并不断变换的系统。具体而言,旅游企业市场营销环境具有以下特点。

1. 客观性特征(objective characteristics)

旅游企业总是在特定的市场环境条件下生存和发展的,这是不以企业的意志为转移的。换言之,旅游企业虽然能够用一定的方法分析和预测旅游市场营销的变化,但是,仍然不能脱离市场环境而独立存在,如旅游饭店能够研究消费群体的需求变化,但是人口的总量却不是哪个饭店能够改变的。所以,对于旅游企业而言,我们只能深入研究旅游市场营销环境,从而不断适应、利用它。

2. 动态性特征(dynamic characteristics)

我们所处的物质世界无时无刻不在变化中,运动是绝对的,静止是相对的。旅游企业置身

2

于市场环境中,时时刻刻面对环境的不断变化。如随着家用汽车的不断普及,采用自驾车外出旅游的人越来越多,传统的团队旅游形式受到冲击,旅游企业必须面对并相应地调整经营和营销策略。因此,市场营销环境的动态性变化特征,不可避免地给旅游企业的营销带来难度,增加了经营的复杂性。如果能够尽早发现,正确分析旅游市场营销环境的新变化,并及时做出调整,无疑为旅游企业的生存和发展带来先机;反之,如果漠视旅游市场营销环境的变化,不能正确认识这种变化会打破既有的市场平衡并及时做出反应,那么旅游企业的经营风险将随之而来。

3. 差异性特征(difference characteristics)

由于不同的旅游企业处于不同的国家或者地区,必然会面对不同的市场营销环境。如我国与欧美国家经济发展程度不同,政治和法律环境不同,社会文化特征不同,必然导致我国的旅游企业在市场战略、营销行为、旅游产品设计等方面都会与欧美旅游企业不同。同时,在同一国家或者地区参与市场竞争的旅游企业,虽然大的宏观环境是一致的,但是由于企业的自身条件不同,影响也是不同的。如我国汇率发生变化,人民币升值导致我国国民出国旅游比以往更便宜了,可能对于以出境团为主要业务的旅行社是利好,而对于以入境团为主要业务的旅行社可能带来业务下滑。

4. 关联性特征(correlation characteristics)

组成营销环境的各因素之间既相互影响,又相互制约。首先表现为联动式影响,即某一营销环境因素的变化,可能带来一系列其他环境因素的关联性变化。如国家颁布实施《中华人民共和国旅游法》(以下简称《旅游法》)这一法律环境因素的变化,可能导致导游等旅游企业用工、旅游商品销售等相关环境因素的变化,从而影响旅行社改变营销策略。其次表现为矛盾式影响,即某一营销环境因素的变化既可能对旅游企业产生积极影响,也能同时带来消极影响。如国家改革国民休闲假期制度,小长假的出现既为旅游企业带来了强劲的消费和丰厚的利润,同时也可能因为接待能力超载带来服务质量下滑、景区生态环境受到破坏等问题。最后表现为叠加式影响,即旅游企业的经营活动不是受到单一环境因素影响,而是受到多种环境因素的共同作用。如旅游饭店的星级改造,就要受制于国家环保政策、建材价格、星级标准、消费者需求、竞争者的反应等环境因素,如果不考虑这些市场环境的叠加式影响,改造后的饭店能否达到预期的营销业绩,甚至能否正常开业都是问题。

【讨论一下】

请以你所在城市的旅行社、饭店、景区等旅游企业为例,以学习小组为单位,每组选择一类旅游企业,讨论它们所处的市场营销环境状况。

要点:

✓ 阐述旅游企业市场营销环境的概念和内涵。
✓ 分别列举该类旅游企业市场营销环境中的直接影响因素和间接影响因素。
✓ 分别举例说明旅游市场营销环境的四个特征在不同企业中的表现。
✓ 比较不同类型旅游企业的市场营销环境异同。

二、影响旅游市场营销的微观环境(micro-environment factors of tourism marketing)

如前所述,旅游市场营销的微观环境就是对旅游企业营销活动产生直接影响的各种因素和条件。它们是促使旅游企业营销变革的直接力量，包括旅游企业内部、旅游营销合作商、旅游企业顾客、旅游企业竞争者以及社会公众。如图 2-2 所示，它们环绕在旅游企业市场利益周围，共同影响着旅游企业制定市场营销策略。换言之，旅游企业正是根据各种微观力量可能产生的作用，因势利导地调整、组合自己的产品生产、价格策略、促销手段和销售渠道，从而制定出有效的市场营销策略，并最终实现企业的市场营销目标。

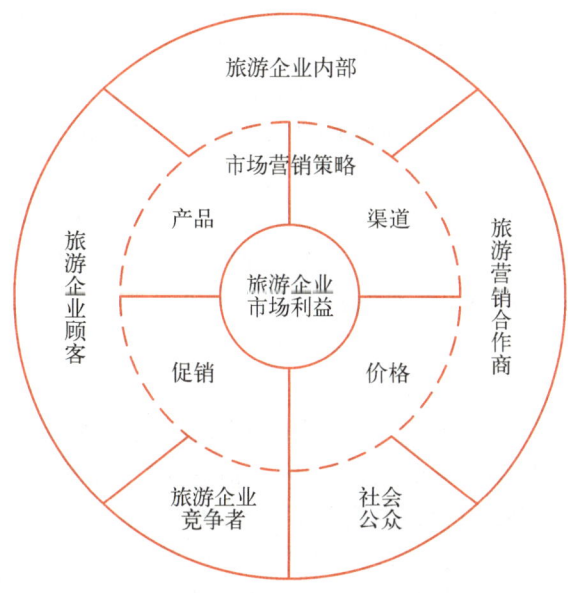

图 2-2　旅游企业的微观营销环境

（一）旅游企业内部（internal mechanism of tourism enterprises）

影响旅游市场营销微观环境中的第一种力量来自旅游企业内部，是由营销部门与其他职能部门和管理层共同组成的环境力量。旅游企业内部通常有管理、行政、财务、采购、营销等多个部门，即便是营销部门内部，也还存在品牌管理、广告促销、客户关系、一线销售等诸多不同的岗位分工。因此，旅游企业营销目标的达成，不仅仅是营销部门的事，而且涉及企业内部相关部门的协同、配合，同样它也不仅仅是销售经理或者一两个销售人员的事，而是部门分工合作的结果。如某餐馆营销部门在制订年度营销方案的时候，不仅要以企业管理层的战略目标、政策决定为依据，还要考虑到采购部门对餐饮食材的获取能力，财务部门对成本利润的考核、后厨对新菜品的研发能力等内部因素。总之，旅游企业的内部环境是个小系统，系统内各部门所肩负的职责不同，没有协同就没有合作，没有合作就难以避免内部摩擦和消耗，旅游企业的营销目标也就难以达到。

（二）旅游营销合作商（tourism marketing partners）

影响旅游市场营销微观环境中的第二种力量是各类营销合作商，包括旅游供应商、旅游中间商、旅游辅助商。

1. 旅游供应商（tourism suppliers）

旅游供应商是指向旅游企业提供生产产品和服务所需资源的个人或组织。旅游业是一个综合性的产业，在其产业链中，任何旅游企业都要与其他相关个人或组织相互依存。依赖于上游企业提供的"原材料"才能组合成自己的产品。旅游供应商对于旅游企业的影响是很大的,主要体现在四个方面:❶ 供应的稳定性。任何旅游产品的"原材料"是否能够保证,是旅游企业营销活动能否得以顺利进行的前提。如餐馆开发了一款特色菜品,其主要食材不能得到充足持续的供应,就不可能生产这种菜品供应市场。❷ 供应的价格。"原材料"的价格变动通常会影响到旅游企业的生产成本,最终影响产品的市场竞争力,如果供应商提高"原材料"的价格,必然导致旅游企业推出的产品价格上涨,由此影响到销量和利润;反之,如果供应商降低"原材料"的价格,则有利于企业增加销量和利润。实践中的例子有很多,如景区景点门票通常是旅行社包价产品中重要的"原材料"之一,如果门票价格上变动,肯定会对此类旅行社产品的报价产生影响,从而影响到营销效益。❸ 供应商提供产品的质量。供应商提供的产品是上游产品,直接影响到旅游企业生产的最终产品质量,如餐馆供应商提供的食材质量必将会影响到菜肴的质量,从而对餐馆在销售量、利润和企业声誉方面产生重要影响。❹ 供应商的履约程度。供应商在旅游产品"原材料"供应过程中,由于主观或者客观的原因,可能出现供应断档、延期或者变价等情况,往往会对旅游企业的营销工作带来突然的重大影响。因此,应当尽量防止此类事件的发生。

2. 旅游中间商(tourism intermediaries)

旅游中间商是指处于旅游产品生产者和消费者之间,承担旅游产品的分销流通中介业务的个人或组织。旅游中间商是沟通旅游企业与消费者之间的重要纽带,他们对旅游消费者市场非常熟悉,对旅游产品及价格也很熟悉,他们分销旅游产品的目的是赚取批发价与零售价之间的价差。如游轮公司销售游轮度假旅游产品,可以把旅行社作为自己的中间商,利用较为强大的旅行社营销网络,将更多的产品及时地销售到最终消费者手中。尽管游轮公司给旅行社的价格低于自己售卖的市场价,但是"薄利多销"有利于提高销量,增加收益。可见,旅游企业利用大量可靠的中间商有利于建立稳定的营销网络,对于提高销售量和效益具有时间短、效果好的影响。但是,如果错误选择了中间商,对营销的危害也是极大的。因此,旅游企业应全面深入调查旅游中间商的信誉和分销能力,并持续跟踪其发展趋势,做好旅游中间商的评估和选择工作,并采取适当的激励措施来推动其业务的开展。

3. 旅游辅助商(tourism supporters)

旅游辅助商是指以宣传推广、金融保险等方式助推旅游企业营销效果,但不直接参与旅游产品经营的个人或组织。主要包括三类:❶ 营销辅助业务代理,如广告公司、市场调研公司、财务代理公司、税务代理公司等专门提供营销辅助服务的企业;❷ 实体分配企业,如物流公司承担旅游纪念品企业生产出来的商品的运输、仓储等业务;❸ 金融机构,如银行、信贷、保险公司等。这些企业或组织都是旅游市场营销中不可或缺的中间环节,如果没有它们的良好协作,旅游企业市场营销活动也很难顺利进行。

(三) 旅游企业顾客(tourism customers)

影响旅游市场营销微观环境中的第三种力量就是顾客。旅游企业所有营销活动的最终目的都是将符合市场需求的旅游产品销售给顾客。因此,顾客的消费偏好、消费态度和消费评价对于营销工作提出了不同的要求。一般而言,旅游企业的顾客来自五种群体。

1. 直接消费者(direct customers)

直接消费者是指为了满足个人、家庭或社会团体旅游消费需求,而购买旅游企业产品及

2

服务的个人、家庭或社会团体。消费者人口特征、购买动机等因素不同,导致其消费需求不同,直接影响着旅游企业的营销活动。这就要求旅游企业要根据具有相同或相似需求的消费者群体特征,有目的地制订营销计划,开展营销活动。如近年来,老年旅游市场蓬勃兴起,老年人时间充裕,喜欢节奏舒缓、医疗保障较好的旅游产品。因此,旅行社围绕这一消费群体需求特征和购买方式,开展针对性的营销活动。

2. 下游旅游商(downstream tourism companies)

下游旅游商即在旅游产业链中,处于旅游企业下游的旅游产品提供者。下游厂商往往是出于需要加工生成产品,以赚取利润为目的。如景区是观光索道生产厂商的下游旅游商,景区购买观光索道的目的是加工生成自己的景区服务产品,从而增加利润。所以,观光索道生产厂商作为旅游装备类旅游企业,应将景区作为自己的顾客,开展针对性的营销活动。

3. 旅游中间商(tourism intermediaries)

旅游中间商是购买旅游企业的产品,以转售方式获取批零差额利润的组织或个人。如景区旅游纪念品销售店通常是旅游纪念品生产厂商的顾客,它们批发旅游纪念品,以较低价格获得产品后,以市场零售价转售给旅游者赚取利润。

4. 政府机构(governments)

政府机构通常以购买公共服务的方式采购旅游企业产品,是旅游企业大宗购买的重要顾客群体。如政府招标采购会展旅游接待等,将某一节事或会展活动的策划、组织和接待任务委托给旅游企业承担,并支付费用。

5. 国际旅游商(international tourism companies)

国际旅游商是指国外购买旅游企业产品的个人或组织,也包括国外旅游消费者、生产者、中间商及政府机构。

(四)旅游企业竞争者(tourism competitors)

影响旅游市场微观环境中的第四种力量是旅游企业面临的一系列竞争者。在市场经济的环境中,很难有旅游企业能够单独为某一顾客市场服务,它们总会面对各种各样的竞争对手,它们不仅包括同行业的竞争者,还包括非同行业竞争者。旅游企业要想在市场竞争中保持不败,就必须能够比竞争者更有效地满足消费者的购买需求。因此,从消费需求的角度,通常可以将竞争者划分为以下四类。

1. 愿望竞争者(desirous competitors)

愿望竞争者是指提供不同产品以满足不同需求的竞争者,即在可能的情况下,顾客为了不同的需求,对购买的产品有多种选择,这些生产不同产品的企业之间就构成了愿望竞争者关系。例如,消费者有 5 000 元的消费预算,他所面临的选择可能有购买手机、参加培训、外出旅游等。这时购买手机、培训和旅游之间就存在着竞争关系,这些生产者之间构成了愿望竞争者关系。

2. 一般竞争者(general competitors)

一般竞争者是指提供不同的产品以满足相同需求的竞争者。例如,温泉度假旅游、户外运动休闲旅游、自然风光观光旅游等产品都能够满足消费者的旅游需求,那么分别经营这些旅游产品的企业之间构成了一般竞争者关系。

3. 产品形式竞争者(competitors of different product form)

产品形式竞争者是指生产同类但规格、型号、款式不同产品的竞争者。例如,同样是主题文

2

化酒店,但是有三国文化主题、熊猫文化主题、花卉文化主题等,这就构成了产品形式竞争者。

4. 品牌竞争者(brand competitors)

品牌竞争者是指生产相同规格、型号、款式产品但是品牌不同的竞争者。例如,同样是五星级酒店,但是洲际酒店、雅高酒店、喜来登酒店、万豪酒店等众多旅游企业之间就互为品牌竞争者。

(五)社会公众(the public)

影响旅游市场微观环境中的第五种力量是公众。即所有对旅游企业实现其市场营销目标构成实际或潜在影响力的社会群体。公众对旅游企业的态度会对其营销活动产生巨大的影响,它既可能发挥正向作用,促进企业实现营销目标,也可能成为阻碍力量。所以,旅游企业必须采取一定的措施,成功地处理与主要公众的关系,争取得到公众的支持,为自己营造有利的社会公众环境。旅游企业主要面临以下六类公众。

1. 金融公众(financial public)

金融公众即影响旅游企业取得资金能力的任何组织。它们包括银行、证券公司、投资公司等。例如,景区在改造扩建过程中,往往需要大量资金的支持,这时金融公众对其的融资能力就具有重大影响。

2. 媒体公众(media public)

媒体公众是指掌握传媒工具,能够直接影响社会舆论对旅游企业的认识和评价的有关组织。传媒工具包括报纸、杂志、电台、电视台、微信、微博、抖音等传播媒体。例如,媒体对某旅游企业或景点"欺客""宰客"现象的报道,将会造成社会对该旅游企业或景点负面态度,对于企业的营销活动必然带来巨大的影响。

3. 政府公众(government public)

政府公众是指负责管理旅游企业经营业务活动的有关政府机构。旅游企业在开展营销活动的时候必须认真研究政府旅游政策方针和法律、法规,从中发现对企业营销的限制或机遇。例如,《旅游法》明确要求:"旅行社不得以不合理的低价组织旅游活动,诱骗旅游者,并通过安排购物或者另行付费旅游项目获取回扣等不正当利益。"因此,旅行社在开展营销活动时就必须遵守,否则将受到责罚,甚至被取消经营资格。

4. 社团公众(mass organizations)

社团公众是指影响旅游企业营销活动的非政府机构。包括消费者权益组织、环境保护组织等。例如,餐馆收取开瓶费虽然是行规,但是在受到消费者权益保护组织的交涉后,部分餐馆已经悄悄开始取消,并把不收开瓶费作为营销卖点之一。

5. 社区公众(communities)

社区公众是指旅游企业所在地附近的居民和社区团体。社区公众的口碑能够帮助旅游企业树立形象,社区公众的支持行动对于旅游企业的营销起到促进作用;反之,社区公众的阻碍对于旅游企业的营销影响也是巨大的。例如,如果民族地区旅游资源过度开发使得当地传统文化被同化,人流量增加带来生态退化,当地老百姓的负面评价和抵制,当然会对这一旅游景区的发展带来巨大影响。

6. 内部公众(internal public)

内部公众是指企业内部的管理人员及一般员工。例如,某旅游企业营销部门拟举行优惠价促销活动,由于这一营销措施可能会降低企业内部相关部门收益,而又缺乏足够的沟通,使得相关部门不配合,甚至反对,这必将导致营销活动难以正常进行,以至营销失败。

【讨论一下】

以你熟悉的旅行社、饭店、景区等某一类旅游企业为例,研讨如何处理好企业内部、旅游营销合作商、旅游企业顾客、竞争者和社会公众的关系。

要点:

✓ 分别阐述不同微观环境因素影响旅游企业营销活动的重要意义。

✓ 分别举例说明某旅游企业在面对不同的企业内部机构、不同的合作商、不同的顾客、不同的竞争者、不同的社会公众时,处理关系的基本原则。

✓ 分别举例论证你所坚持的基本原则。

三、影响旅游市场营销的宏观环境(macro-environment factors of tourism marketing)

旅游市场营销的宏观环境是指那些给旅游企业造成市场机会和威胁的主要社会力量,又称间接营销环境。在旅游市场中,微观环境中的所有因素都处在一个宏观环境因素包围的大环境中,这些宏观因素对单个的旅游企业而言,始终是不可控制的变量。这种大的宏观环境虽然对所有的旅游企业都会造成相似的影响,但是成功的旅游企业往往能够通过研判宏观环境中尚未满足的需要和趋势,发现市场机会,从中获利。旅游企业的宏观营销环境包括人口环境、经济环境、自然环境、技术环境、政治法律环境以及社会文化环境,如图2-3所示。

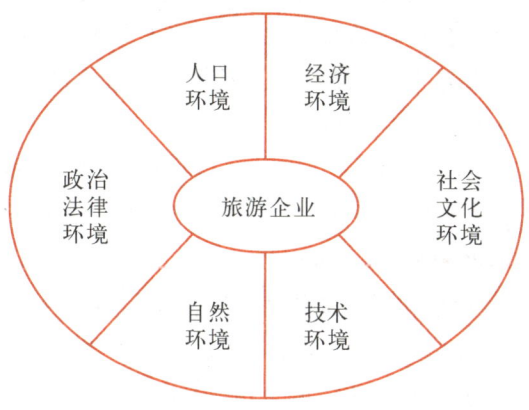

图2-3　旅游企业的宏观营销环境

(一) 人口环境(population environment)

人口是市场的第一要素,旅游企业的服务对象始终是人,人口的数量直接决定市场的潜在容量,人口的性别、年龄、民族、居住地点、婚姻状况、密度、职业等特征对于旅游企业客观上提出了不同的需求。因此,旅游企业应高度重视研究人口环境的变化,并直接指导市场营销活动的实施。

1. 人口数量(population quantity)

一般来说,人口数量与旅游市场容量和旅游消费需求成正比。世界人口尤其是发展中国家人口的不断增长,在有购买能力的前提下,意味着世界旅游市场在持续地增长,特别是发展中国家有机会利用"人口红利"振兴旅游业。以我国为例,近年来全球国际品牌酒店集团纷纷在华投资或者管理酒店,这正是因为经济全球化增加了资本流动的便利,资本总是追逐利润而动。中国庞大的人口、飞速发展的经济和持续增强的购买力吸引了国外品牌酒店集团的进驻。同时,中国人口基数大,具有旅游需求的人口也就多,国民越来越多地走出国门。现在中国已经成为亚洲最大的出境旅游客源国,对世界经济的发展做出了重要贡献。

2. 人口结构(population structure)

人口结构主要包括年龄结构、性别结构、家庭结构、社会结构、民族结构、职业结构等。❶ 不同年龄的消费者对旅游产品的需求不一样。如人口老龄化问题的凸显,为大力开发"银发"旅游市场提供了营销依据。❷ 不同性别的人群对旅游产品的购买习惯也不相同。如针对女性旅游市场的特殊性,有旅行社专门在市场上推出了女士美容旅游产品,深受欢迎。❸ 不同的家庭结构也对旅游决策产生重要影响。如家中小孩正处于青少年期,家庭成员常常会围绕小孩增加知识、开阔视野的需求而做出旅游决策,更倾向于购买科普旅游产品、夏令营旅游产品等。❹ 社会结构包括社会成员的地位阶层、城乡人口比例等。社会结构的变化对于旅游市场需求也将产生重要影响。如随着新型工业化和新型城镇化发展,大量的农村人口流向城市,越来越多的"城市人"产生的新的旅游需求值得关注。乡村旅游产品的持续火爆从一个侧面证实了人口结构变动的社会趋势之一。❺ 不同的民族之间,有不同的传统文化、风俗习惯。一方面民族人口本身就是较好的旅游资源;另一方面重视民族旅游市场营销,开发适合不同民族特性的旅游产品也是拓展市场的好机会。❻ 不同的职业特点也会产生不同的旅游需求。如没有当过农夫的人向往田园;没有当过运动员的人向往赛场;没有当过宇航员的人向往宇宙等,因此,旅游企业向市场推出乡村休闲旅游产品、户外运动旅游产品,甚至模拟宇宙旅游产品大受欢迎就不奇怪了。

3. 人口分布(population distribution)

人口分布在地理上表现为人口密度。各地人口密度不同,则市场大小不同,需求的多样性不同,市场机会也不同。因此,分析人口密度,有利于旅游企业发现市场价值和营销机会。

(二) 经济环境(economic environment)

经济环境是旅游企业营销活动所面临的外部经济因素,主要由国内生产总值、消费者收入、消费者支出、消费者储蓄和信贷、汇率变化等因素组成,它们直接或间接地影响着整个社会购买力水平。有旅游愿望而没有购买力的市场不是旅游企业理想的营销对象。旅游市场是由那些想旅游又有购买能力的人构成的。因此,具有购买力的旅游者数量多少,及其购买力的大小决定着整个旅游市场的规模和价值的大小。

1. 国内生产总值(Gross Domestic Product,GDP)

国内生产总值是一个国家或一个地区在一定时期内所生产和提供的以市场价格计算的最终产品与劳务的市场价值总和。这是反映一个国家或一个地区在一定时期内经济状况的最佳指标。GDP 的增长率很大程度上反映了一个国家或地区的个人收入水平、就业率、消费结构等,对市场的影响很大。如果 GDP 增长较快,意味着该国或该地区经济表现良好,社会财富不断增长,就业率会提高,家庭收入增加,从而使人民购买力增强,这就使得旅游市场的营销计划增大;反之,如果 GDP 增速下滑,意味着经济增长缓慢,甚至停滞不前,就会使个人收入减少,购买力受到抑制,最终使旅游消费市场萎缩。

2. 消费者收入(consumers income)

消费者收入包括个人工资、红利、租金、馈赠等全部收入。消费者的购买力大小取决于收入水平的高低。但是,不是消费者全部的收入都可以用于购买,因为个人收入只有扣除应缴纳的各种税款和其他交给政府的非商业性开支后,才能按照自己的意图开支,这就是个人可支配收入。个人可支配收入是消费者全部收入中的一部分,可以用于消费支出或者储蓄,它构成实际的购买力。对于旅游企业而言,不仅要关注消费者个人可支配收入情况,更要调研消费者个人可随意支配收入,即消费者个人扣除维持家庭和个人生存不可缺少的费用(如房租、水电、食物、服装、保险、日用品等项开支)后剩余的部分。因为这部分收入主要满足人们基本生活需要之外的开支,可以用于旅游、购买高档消费品、储蓄等,所以可随意支配收入才是影响旅游企业营销的主要因素。个人可随意支配收入组成了家庭的可随意支配收入。一般来讲,家庭可随意支配收入越高,旅游消费购买力越大,产生旅游消费需求的可能性也就越大。

3. 消费者支出(consumers expenditure)

消费者支出模式主要受消费者收入的影响。随着消费者收入的变化,消费者支出模式也会发生相应变化。经济学家常用恩格尔系数来反映这一变化。恩格尔系数是衡量一个国家、地区、城市、家庭生活水平高低的重要参数。它是以食物开支占总消费支出的比重来测算的。如果这一比重越大,恩格尔系数越大,代表生活水平越低;反之,如果比重越小,恩格尔系数越小,代表生活水平越高。一般而言,恩格尔系数大于 60% 就是极贫困,而小于 30% 则可以认为是较富裕。只有恩格尔系数足够小,家庭或个人才有能力消费生活必需品之外的旅游产品时,人们才会选择旅游消费。恩格尔系数测算公式如下:

$$恩格尔系数 = \frac{食物支出金额}{总消费支出金额} \times 100\%$$

消费者支出模式除了受收入的影响以外,还受到家庭生命周期阶段和消费者家庭所在地的影响。所谓家庭生命周期是家庭从组建到抚育儿女,再到儿女离家独立的一个过程。显然,有孩子和没孩子的家庭支出情况有所不同。没有小孩的年轻人家庭负担较轻,可以用于远途旅游、自助旅游的支出较多;有了小孩,可能会减少旅游开支,或在教育旅游等方面支出较多,等孩子独立生活后,父母又可能把可随意支配收入用于自己的医疗保健旅游,等等。所谓消费者家庭所在地的影响主要是城市消费结构和农村消费结构的不同,位于中心城市和二、三级城镇的家庭旅游消费支出的情况也有不同。

4. 消费者储蓄和信贷(consumers savings and loans)

消费者的购买力还受到储蓄和信贷的直接影响。在消费者收入一定的时候,储蓄多,用于消费的现实购买力就减弱。对于旅游企业而言,了解消费者的储蓄动机与目的的基础上制定营销策略,有助于刺激消费。消费者信贷是指消费者凭信用先取得商品使用权,然后按期归还贷款实现提前消费的目的。信用消费从住房等大宗商品日益普及到日常生活的方方面面,在国家大力倡导消费的大环境下,旅游与信贷金融的结合已成现实。如中国工商银行与中青旅遨游网等联合发行了"环球旅游信用卡",消费者既可以信贷旅游,还可以享受折扣。

5. 汇率变化(the exchange rates)

汇率变化也会影响到旅游营销活动。当本国货币增值时,意味着本国货币相对于以前购买力更强,这也是近年来越来越多中国公民出国、出境旅游的一项重要动因;反之,本国货币贬值时,意味着外国货币到本国来相对于以前购买力增强了,无疑对于出国出境旅游市场有所抑制,但是会刺激国外游客到本国入境旅游。因此,旅游企业掌握汇率变化对旅游营销的影响,不仅可以避免国际旅游交易时可能面对的汇率变化风险,还可以适时调整营销策略,使企业处于主动。

(三)自然环境(nature environment)

自然环境是指自然界提供给人类各种形式的物质自然资料,如阳光、空气、水、土地等。自然环境对旅游企业营销产生影响的因素主要包括自然资源短缺、环境污染、政府干预等。

1. 自然资源短缺(shortage of natural resource)

地球上的自然资源分为无限资源,即取之不尽、用之不竭的资源,如空气、水等;可再生有限资源,即有限但又可能更新的资源,如森林、粮食等;不可再生资源,即有限而又不能更新的资源,如石油和金、银等矿物。自然资源的变化对旅游企业营销活动将产生一些环境威胁与市场机会。如我国湿地越来越少,对于旅游企业开展湿地旅游营销将带来重要影响。又如某地发现了富含有益矿物质,具有独特医疗作用温泉资源,这对于旅游企业开展温泉旅游营销就是重要的自然环境机遇。

2. 环境污染(environment pollution)

随着工业生产和人类活动对环境的影响程度日益增加,环境污染已成为阻碍旅游业健康发展的重大问题。旅游企业要充分重视环境污染给市场营销所带来的威胁。但是,公众对环境保护问题的关心,也为旅游企业创造了新的市场机会,如近年来生态旅游的蓬勃发展,就是顺应了旅游消费者亲近自然、爱护自然的需求而实现的。

3. 政府干预(government interference)

随着环境污染形势日益严峻,各国政府为了社会公众的长远利益而加强了对自然资源保护的干预。1992年6月,由100多位国家政府首脑出席的联合国发展大会,在巴西里约热内卢召开。大会通过的《21世纪议程》中首次提出了可持续发展(sustainable development)的理念。可持续发展是要求人类走出单纯追求经济增长、忽视生态环境保护的传统发展模式,积极引导绿色消费、绿色营销。政府的干预一方面与旅游企业提高经营效益相冲突,如有些自然资源被列为自然保护核心区,就不允许开展旅游活动。又如政府对于污染治理的管制,可能增加宾馆饭店、旅游交通等企业的环保设备投入等。另一方面,倡导绿色消费,构建低碳旅游消费模式已成市场主流。旅游企业顺势而为,不仅可以为绿色饭店、生态旅游等新颖的旅游产品创造市场机会,从长远来看,还有助于旅游企业降低能耗减少成本,持续利用自然资源,获得可持续的市场效益。

(四)技术环境(technology environment)

技术环境是一个国家或地区的技术水平、技术政策、新技术研发能力以及技术发展动向等环境因素。技术对于旅游企业营销的影响是多方面的,企业的技术进步将使社会对企业的产品和服务的需求发生变化,从而给企业以发展机会。如房车技术的进步,使得越来越多的旅游消费者对旅游房车出现了新的购买需求,旅游房车装备制造企业市场机会广阔。同时,新技术的出现也会给一些旅游企业带来环境威胁,使其受到冲击甚至被淘汰。例如,网络技术的发展,使得在线信息查询、在线预订成为现实,给宾馆饭店、景区等旅游企业创造了直接面对网络旅游者的许多市场机会。而对于经营传统旅游业务的旅行社而言,必须相应地调整营销策略,适应技术环境的改变。类似地,一些建材装饰、节能环保、云技术等新技术的应用也催生了智慧酒店、智慧景区等新型旅游产品的出现,从而深刻影响着旅游企业的经营和营销变革。

(五)政治法律环境(politic and legislation environment)

政治和法律环境是指那些对旅游企业的经营行为产生强制或制约因素的各种法律和政府规章制度。政治与法律密切相关,两者又有所不同。政治常常通过法律来体现自身,法律通过制定规则来规范社会成员行为。旅游企业的市场营销决策受到政治和法律环境的强制性影响。

1. 政治环境(political environment)

首先,一个国家政局的稳定与否是旅游企业开展营销活动最为关键的政治环境。旅游活动不可能在一个政局不稳、社会矛盾尖锐、社会秩序混乱,甚至生命财产安全都难保的环境中开展。如传统的旅游强国泰国在2020年国内发生政变,对于其旅游业的打击是显而易见的,类似的例子还有很多。其次,政治环境还可以通过国家政府所制定的方针政策得以体现,如人口政策、能源政策、物价政策等。这些政策直接关系到社会购买力和国际贸易竞争力,当然对旅游企业的营销活动有影响。如从2021年以来,我国针对文旅行业发布的一系列免征增值税、减征企业所得税的政策,这对旅游企业在营销方面将带来不同的影响。税负降低将有利于降低成本,更好地吸引市场购买,增加利润;反之,税负增加则有可能带来旅游企业营销困难。

2. 法律环境(legislation environment)

法律环境是指国家或地方政府所颁布的各项法规、法令和条例等。旅游企业必须依法经营,否则将受到法律的制裁,因此必须要懂得本国和有关国家的法律法规。我国历来重视旅游法治建设,通过立法和执法不断规范旅游市场,保护旅游消费者和其他市场参与者的合法利益。如我国在国家层面出台有《旅游法》《旅行社管理条例》《中国公民出国旅游管理办法》《导游人员管理条例》《旅游景区质量等级评定管理办法》《旅游投诉处理办法》等法律、法规、条例,各地结合区域旅游业实际也出台了很多地方法律、法规。

(六)社会文化环境(social and cultural environment)

社会文化环境是指在一定的社会形态下已经形成的社会群体普遍认同的价值观念、宗教信仰、道德规范、风俗习惯等的总和。任何企业都处在一定的社会文化环境中,旅游企业也不例外,它的经营活动必然受到社会文化的影响和制约。

1. 价值观念(common values)

价值观念是指人们对社会生活中各种事物的看法和态度。不同文化背景下的人们的价值观念往往有很大差异。如反对奢侈浪费,崇尚勤俭节约一直是中华民族的传统价值观,当前社会反对奢靡之风正是对这种传统价值观的回归,引导一些一味追求高档奢靡消费的餐馆改变营销策略。

2

2.宗教信仰(religion)

宗教信仰影响人们认识事物的方式、行为准则和价值观念,也影响人们的消费行为。旅游企业在营销中必须尊重不同国家、不同地区人们的宗教信仰,以免造成矛盾和冲突。世界上已经形成的宗教朝拜旅游市场,也为旅游企业经营提供了广阔的市场机会,如旅行社面向佛教信仰人士组织的佛教名山朝拜之旅,等等。

3.风俗习惯(customs and habits)

不同的风俗习惯有不同的消费习俗,具有不同的市场需求。旅游企业熟悉特定国家或地区的风俗习惯,不仅有利于避免在营销活动中冒犯顾客的禁忌、避讳、信仰等,还有利于将丰富多彩的风俗习惯作为市场吸引力,正确有效地开展营销活动。

4.亚文化群体(subculture groups)

每一种社会或文化内部除了有全社会共同认可的核心文化以外,都包含若干的亚文化群,如青少年、知识分子等。这些不同的人群虽然有一些相同的信念、价值观念、风俗习惯等,但是由于他们各有不同的生活经验和环境,又形成了区别于其他群体的共同文化价值观,这是旅游企业在进行市场细分时的重要依据。如我国青少年从小耳濡目染着中华民族世代相传的主流社会文化,但是也有崇拜明星、张扬个性等共同亚文化特征。旅游企业在市场营销中如果能够及时发现和挖掘不同亚文化群体的消费需求,就能获得市场先机。

【讨论一下】

以你熟悉的旅行社、饭店、景区等某一类旅游企业为例,研讨宏观环境因素可能对该企业带来的有利或者不利的方面。

要点:

✓ 阐述宏观环境影响旅游企业营销活动的重要意义。

✓ 分别就人口环境、经济环境、自然环境、技术环境、政治法律环境、社会文化环境中所列举的各项因素,分析对该类旅游企业当前而言是有利还是不利的因素。

✓ 简单举例证明你对利弊的判断。

四、旅游市场营销环境分析技术(analyzing technologies of tourism marketing)

(一)分析竞争者之间的竞争程度(analysis on the competition between different competitors)

旅游市场占有率可用来反映旅游需求与旅游供给的一些情况,分为旅游市场绝对占有率和旅游市场相对占有率,它是分析竞争者之间的竞争程度的一种简单易行的方法。

1.旅游市场绝对占有率(absolute occupancy of tourism market)

旅游市场绝对占有率表示一定时间内旅游企业在旅游市场需求中所占的份额,通过这一指标进行比较,可以分析旅游企业在旅游市场中所处的地位和潜力。其公式是:

$$旅游市场绝对占有率 = \frac{一定时间内接待的旅游人次数}{同期旅游市场总旅游人次数} \times 100\%$$

2.旅游市场相对占有率(relative occupancy of tourism market)

旅游市场相对占有率是指在一定时期内旅游企业市场绝对占有率与同期同一旅游产品

供应竞争者的市场绝对占有率的百分比。通过这一指标的比较,可以了解本旅游企业同其他竞争的旅游企业在市场的相对竞争力关系。如果旅游市场相对占有率大于1,表明本旅游企业在市场上处于优势地位;如果等于1,表明旅游企业在市场上与竞争者地位相当;如果小于1,则表明本旅游企业在市场上处于劣势。旅游市场相对占有率的公式如下:

$$旅游市场相对占有率 = \frac{一定时间内旅游企业的市场绝对占有率}{同期同一旅游产品供应竞争者的市场绝对占有率} \times 100\%$$

(二)旅游市场营销环境"机会-威胁"方格分析技术(analyzing method of "opportunity-threat" box)

由于旅游市场的特殊性和旅游企业特有的市场环境和经营方式,旅游企业更应该高度重视把握机会和应对威胁。"机会-威胁"方格分析技术是在机会和威胁识别分析矩阵(方格)的基础上确定企业营销战略的一种管理技术方法。具体而言,"机会-威胁"方格分析技术包括三个部分,即分析营销环境机会的方格、分析营销环境威胁的方格和"机会-威胁"综合分析方格。

1. 分析营销环境机会的方格(box of analyzing the marketing opportunities)

旅游企业营销人员对营销机会的分析可从两个方面进行评估,一是机会的潜在吸引力,即获利能力;二是成功的可能性。为方便分析,可建立机会分析方格图,如图2-4所示。

成功的可能性

		大	小
机会潜在吸引力	大	I	II
	小	III	IV

图2-4 机会分析方格图

第 I 象限营销的机会:分析到营销环境因素中机会潜在吸引力和成功的可能性都很大,这表明营销计划对企业发展有利。同时,企业有能力利用营销机会,这种情况下,企业应该采取积极的态度,把握机会,争取成功。

第 II 象限营销的机会:分析到营销环境因素中机会潜在吸引力很大,但是成功的可能性很小。在这种情况下,建议企业或者采取联合外部力量尽快弥补自身不足,或者由于暂时不具备这些机会的条件而放弃。

第 III 象限营销的机会:分析到营销环境因素中机会潜在吸引力很小,成功可能性大。在这种情况下,建议企业评估是否有价值花费成本去争取市场机会,如果这一市场不值得开拓,应果断放弃,把资源放到更有价值的项目和市场上。

第 IV 象限营销的机会:分析到营销环境因素中机会潜在吸引力很小,成功可能性也很小,很明显,应当立即放弃。

2. 分析营销环境威胁的方格(box of analyzing the marketing threats)

分析营销环境对企业的威胁,一般分析两个方面的内容:一是分析威胁对企业影响的严重性;二是分析威胁出现的可能性。为方便分析,可建立威胁分析方格图,如图2-5所示。

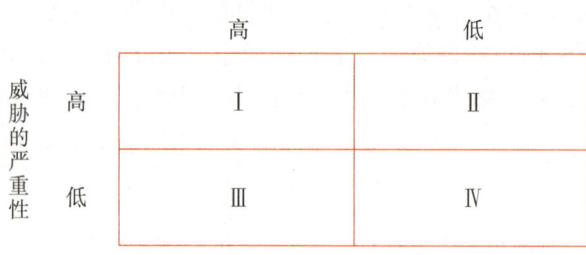

图 2-5　威胁分析方格图

第Ⅰ象限营销的威胁：分析到营销环境因素中威胁的严重性高、出现的概率也高。这种情况下，建议企业应该采取谨慎的态度，积极采取营销对策，避免损失。

第Ⅱ象限营销的威胁：分析到营销环境因素中威胁的严重性高，但出现的概率很低。在这种情况下，建议企业仔细跟踪威胁的变化方向，保持戒备，制订营销预案，以防止出现威胁情况而造成损失。

第Ⅲ象限营销的威胁：分析到营销环境因素中威胁影响程度较低，但出现的概率高。在这种情况下，建议企业应仔细研判威胁可能造成的危害，制定补救措施，并积极开展营销工作。

第Ⅳ象限营销的威胁：分析到营销环境因素中威胁严重性低，出现的概率也低。很明显，这是旅游企业最愿意看到的状况，在这种情况下，企业在保持对威胁的警惕前提下，积极开拓市场。

3. 分析营销环境"机会-威胁"的方格（box of analyzing the "opportunity-threat"）

任何一个市场总是机遇与威胁并存的，营销环境给旅游企业带来机会的同时，也面临威胁的挑战。为了更加清楚地认识旅游企业在环境中的位置和营销战略，我们可以将机会发生的水平和威胁发生的程度综合起来考量，运用"机会-威胁"分析方格图，如图 2-6 所示。

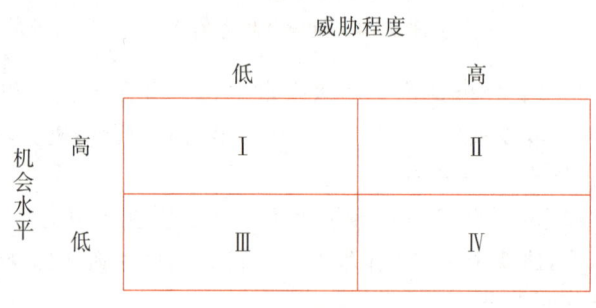

图 2-6　"机会-威胁"分析方格图

根据机会与威胁的影响程度来分析和评价旅游企业所经营的业务，可能会出现四个不同的结果，即机会-威胁分析方格中的四个象限，我们可以称作理想业务、冒险业务、成熟业务和困难业务。

第Ⅰ象限为理想业务：表明旅游企业面临高机会、低威胁的业务。尽管这种情况是比较少见的，但是一旦碰到，建议企业应该把握好机会，充分利用企业优势，使效益最大化。

第Ⅱ象限为冒险业务：表明高机会和高威胁的业务。在这种情况下，建议旅游企业应仔细研判威胁，做好准备，敢于冒险，力争成功。

2

第Ⅲ象限为成熟业务：表明旅游企业面临低威胁、低获利机会的业务。此类业务常常表现为旅游企业的传统产品。在这种情况下，建议企业一方面应保持成熟业务的稳健发展，保持住市场份额；另一方面也要积极进取，充分挖掘成熟业务的市场潜力，扩大市场份额。

第Ⅳ象限为困难业务：表明市场威胁高，获利能力差的业务。毫无疑问，在这种情况下，旅游企业应当机立断，或扭转威胁因素，或撤退转移，另辟市场。

【实训任务】　分析旅游企业市场营销环境制定对策

请与你的团队成员紧密合作，在老师的指导下，运用所学到的知识，利用网络调研、资料收集或者访谈等形式，研判某旅游企业的市场营销环境，利用分析工具对该企业的市场营销战略提出针对性建议。

【操作步骤】

◇ **第一步：梳理某旅游企业市场营销环境中的主要影响因素**

➤ 按照微观环境中的因素，简明扼要地罗列出该企业具备的情况。

➤ 按照宏观环境中的因素，简明扼要地列出该企业面临的情况。

◇ **第二步：对各因素进行"机会-威胁"编号**

➤ 按照 O_1、O_2、O_3……的顺序对各微观因素和宏观因素进行环境机会编号。

➤ 按照 T_1、T_2、T_3……的顺序对各微观因素和宏观因素进行环境威胁编号。

◇ **第三步：对各环境机会因素进行评分和定位**

➤ 按照 5 分赋值，即机会潜在的吸引力最小、同时成功可能性也最小的因素赋值 1 分，代表评分最差。机会潜在的吸引力最大、同时成功可能性也最大的因素赋值 5 分，代表评分最高。类似地，对各机会因素进行评分。

➤ 按照评分结果，舍弃得分中间的因素（视为不太重要或影响不大的因素），将得分较高和较低的因素填制到营销环境机会方格相应的象限中。

➤ 按照营销环境机会方格各象限的营销建议，对该企业把握市场机遇，开展营销提出初步建议。

◇ **第四步：对各环境威胁因素进行评分和定位**

➤ 按照 5 分赋值，即威胁严重性最高、同时出现的概率也最高的因素赋值 1 分，代表评分最差。威胁严重性最低、同时出现的概率也最低的因素赋值 5 分，代表评分最高。类似地，对各机会因素进行评分。

➤ 按照评分结果，舍弃得分中间的因素（视为不太重要或影响不大的因素），将得分较高和较低的因素编号填制到营销环境威胁方格相应的象限中。

➤ 按照营销环境威胁方格各象限的营销建议，对该企业合理规避威胁、开展营销提出初步建议。

◇ **第五步：进行"机会-威胁"综合分析**

➤ 提出环境机会方格中的因素，比较其在威胁方格中的象限位置，综合考虑其机会水平和威胁水平。

➤ 提出威胁机会方格中的因素，比较其在机会方格中的象限位置，综合考虑其机会水平和威胁水平。

> 将影响因素的编号填制到"机会-威胁"方格相应的象限中。

> 按照"机会-威胁"方格建议的各象限营销行动原则,对该企业的业务提出营销战略建议。

 【自我评估】

1. 什么是旅游市场营销环境? 其具有哪些特点?

2. 什么是旅游市场营销的微观环境? 有哪些主要影响因素? 请分别举例说明这些因素的影响。

3. 什么是旅游市场营销的宏观环境? 有哪些主要影响因素? 请分别举例说明这些因素的影响。

4. 旅游市场绝对占有率和旅游市场相对占用率有什么不同? 如何测算?

5. 旅游营销环境威胁分析方格有几个象限? 各代表什么意思?

6. 旅游营销环境机会分析方格有几个象限? 各代表什么意思?

项目二案例

 【知识拓展】 分析模型

一、产业竞争性分析模型(the model of industry competitive analyses)

产业竞争性分析是企业制定战略最主要的基础。波特五种竞争力分析模型可以被用来分析旅游企业所处行业的产业竞争性状况,属于外部环境分析中的微观环境分析。它的主要内容是分析本行业中的企业竞争格局以及本行业和其他行业的关系,由美国战略管理专家波特(Michael E. Porter)提出。这一观点认为,一个行业中的竞争,远不止在原有竞争对手之间,企业微观环境中存在着五种基本的竞争力量,它们是潜在的行业新进入者、替代品的威胁、购买商的讨价还价能力、供应商的讨价还价能力,以及现有竞争者之间的威胁,如图 2-7 所示。这

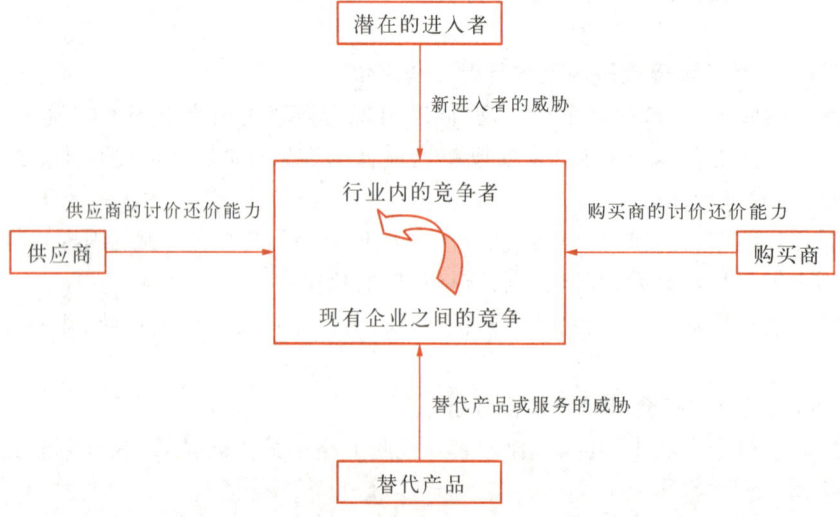

图 2-7 波特五种竞争力分析模型

五种基本竞争力量的状况及其综合强度,决定着行业的竞争激烈程度,从而确定着行业中获利的最终潜力。

二、分析旅游市场营销环境"机会-威胁"的 SWOT 技术(SWOT analyses)

SWOT 分析技术是广为应用的一种"机会-威胁"分析技术,并可以用来确定旅游企业的营销战略。S 是英文 strengthens 的首写字母,代表企业拥有的优势;W 是英文 weaknesses 的首写字母,代表旅游企业存在的弱势;O 是英文 opportunity 的首写字母,代表旅游企业可能的机会;T 是英文 threats 的首写字母,代表旅游企业面临的威胁。其中 SW 来自旅游企业内部环境,表现在资金、技术设备、职工素质、产品市场、管理能力等的一个方面或综合的素质;OT 来自企业的外部环境,是企业所无法控制的,有的对于特定的旅游企业而言是有利的,有的对于特定的旅游企业而言却是威胁。旅游企业客观分析内部和外部的环境因素,并将两者综合起来考虑便较容易确定自己在市场竞争中的位置,明确旅游企业下一步的营销战略。

进行 SWOT 分析,一般要经过以下步骤。

第一步:参照本项目中所介绍的各种环境因素,进行旅游企业外部环境分析,分别按照机会(O)逐一列出 O_1,O_2……按照威胁(T)逐一列出 T_1,T_2……

第二步:参照本项目中所介绍的各种环境因素,进行旅游企业内部环境分析,分别按照优势(S)逐一列出 S_1,S_2……按照劣势(W)逐一列出 W_1,W_2……

第三步:绘制 SWOT 分析矩阵(图 2-8)。这是一个以外部环境中的机会和威胁为一维,内部环境中的优势和劣势为另一维的二维矩阵。在这个矩阵中,有四个象限或四种 SWOT 组合。它们分别是优势-机会(SO)组合;优势-威胁(ST)组合;劣势-机会(WO)组合;劣势-威胁(WT)组合。值得注意的是:每种组合应完全根据实际情况而匹配,在任何一种组合内都可能会发现有多种因素之间形成的多种组合关系。而这些组合成为制定营销战略的决策依据。

内 部 环 境

		优势 S: S_1: S_2: ……	劣势 W: W_1: W_2: ……
外部环境	机会 O: O_1 O_2 ……	SO 组合方案: (1) O_1S_1 (2) $O_2S_1S_2$ ……	WO 组合方案: (1) O_1W_1 (2) $O_2W_1W_2$ ……
	威胁 T: T_1 T_2 ……	ST 组合方案: (1) T_1S_1 (2) $T_2S_1S_2$ ……	WT 组合方案: (1) T_1W_1 (2) $T_2W_1W_2$ ……

图 2-8 SWOT 分析矩阵

第四步:进行组合分析。对于每一种外部环境与企业内部条件的组合,建议旅游企业可采取的一些营销策略原则如下。

1. 劣势-威胁(WT)组合

意味着旅游企业处于不利的外部环境条件,同时内部又有缺陷和弱点的情况。旅游企

2

业应尽量避免这种状态,因为一旦在市场中处于这样的位置,在制定营销战略时就要降低威胁和劣势对企业的影响。建议采取合并或者缩减业务规模的战略,以期能够克服劣势,或者使威胁随时间的推移而消失。

2. 劣势-机会(WO)组合

意味着外部环境为旅游企业的发展提供了机会,但是企业存在着限制利用这些机会的内部劣势。在这种情况下,建议通过引进利用外来的力量尽快弥补企业的弱点,以最大限度地及时利用外部环境中的机会。如果不采取行动,实际将机会让给了竞争对手。

3. 优势-威胁(ST)组合

意味着虽然旅游企业鉴别出外部环境对自己不利,但是企业自身拥有对付外部环境威胁的长处。在这种情况下,建议不要"硬碰硬",而是采取慎重而又不失灵活的方式,充分发挥自己的长处,尽量减少或规避外部环境带来的不利影响。

4. 优势-机会(SO)组合

意味着旅游企业面临着天时地利人和的良好情况。在这种情况下,建议抓住机会,凭借自身的长处和资源,最大限度地利用外部环境所提供的多种发展机会,获得最大效益。

项目三　旅游者消费行为分析

【素养目标】

1. 启发学生枳极探求旅游新业态、新模式的好奇心。
2. 引导学生结合旅游者消费行为变化,树立良好的市场开拓意识。

【岗位能力】

1. 能够分析消费者行为对市场的导向,理解并掌握消费者行为对旅游企业的重要作用。
2. 能够利用消费者行为分析结果对旅游企业的营销战略进行定位。

【知识目标】

1. 理解消费者购买行为对旅游市场营销的导向作用。
2. 熟悉消费者购买行为的内涵及模式。
3. 掌握营销影响旅游消费模式的因素。
4. 了解消费者购买行为决策过程。

案例引入

◇ 案例一:新桥村里尽芳华　成都乡村旅游新表达

曾经的新桥村被三个水泥厂包围,脏乱差的重污染工厂让新桥村的村民们深受其害。转机随着生态环境改变而来,近些年新桥村开展土地整治、院落整治、道路提档建设、沟渠建设,如今的新桥村有着红蓝相间的芳华绿道、精致美化的园林造型、色彩斑斓的防洪堤……看着这幅乡村美景图,很难想象,这个曾经令人头疼的环境"死角",会成为全新的休闲旅游"胜地"。

四川省成都市新都区作为全国五大赏桂地之一,新都区自明代状元杨升庵沿桂湖植桂以来,已有500余年植桂历史。新都街道新桥村引进"芳华桂城"这一田园综合体项目,旨在建设以新都桂花产业品牌为基础、"四园合一"的现代化农业产业园区和都市休闲旅游基地。目前,新桥村有3 100余亩用于桂花种植,这里有成年桂花树200多个品种约 10 万株,观赏桂花 11 万余株,培育桂花苗 80 余万株,是西南地区单体最大的桂花种植基地。每年 8 月到 10 月桂花盛开之际,花团锦簇,桂香扑鼻,为游客提供"身在十里桂花海"的旅游感受。

实际上,这里不只种有桂花树,桂花林下还配套栽种了杜鹃、芍药、金银花、二月兰。不仅如此,新桥村还引入特色花景,在"芳华微马公园"园区内建设了长 5 000 米,宽 6 米的紫藤观光长廊,1 300 余株紫藤覆盖了宽 6 米、高 4.5 米的廊架。并进行了局部坡景打造,形成了"四季有花景,常来常惊艳"的观花体验,每年 3 月到 4 月,紫藤花开,景色宜人。

新都街道还规划打造"以绿道为主线、以生态为本底、以田园为基调"的"芳华绿道"。作为位于康养小镇的绿道,该绿道不仅颜值高,而且最重要的是其集马拉松、户外运动、休闲观光、乡村民宿、生态颐养等多功能于一体,并且配套了休憩驿站、公厕、商业服务站点、运动健身场所等设施。通过建设各具特色的联通渠道及观光游道,串联起赏花林、农户院落、精品果园、谷家湾林盘、足球场、乐跑半马广场等多处景观节点,7 000米的芳华绿道也可承接半马训练赛事、自行车骑游、亲子游等体育、休闲活动。不仅如此,新桥村将"乡村绿道·川西林盘"作为幸福美丽乡村建设的重要载体。

注:本案例引自"中国网·中国四川",经编者整理编写。

◇ 案例二:中国国际进口博览会点亮全球文化和旅游产业

新品发布、项目展示、品牌宣传、洽谈采购……第四届中国国际进口博览会开幕以来,国家会展中心(上海)"四叶草"内精彩不断。承载着国际采购、投资促进、人文交流、开放合作四大平台作用的进博会,已经成为联通中国与世界的重要桥梁,也为国内外文化和旅游业界搭建起交流合作、共谋发展的舞台。

连续 4 年参展的香港旅游发展局在服务贸易展区设立了"香港旅游"展位,360 度的全景环幕滚动呈现具有代表性的香港美食、美景,展现香港的城市魅力和多姿多彩的旅游体验。走进"海浪"造型的海南三亚展馆,便感受到浓浓的热带风情。观众在展馆内可以了解三亚的免税购物、特色美食、地标风景等,还可通过互动体感游戏、旅行心愿分享、打印合影照片等环节体验三亚游。以家庭式运动度假为主题的迪卡侬展台成为本届进博会消费品展区的热门打卡点。在四川展区的正门口,数字全息人向参观者介绍着四川对外开放的成就。走进展区,空中裸眼 3D 屏幕上两只憨态可掬的大熊猫,天府国际机场造型的吊顶装饰,以及 21 个市州标志性建筑、景点风光……浓浓的四川元素扑面而来。文化和旅游已经成为进博会的重要内容,将为国际交流、人文交往、企业合作等贡献更大力量,推动世界经济走向更加美好的明天。

注:本案例引自"澎湃网",经编者整理编写。

◇ 案例启示

➤ 案例一指出崇尚绿色、低碳生活方式的社会风尚已经深度影响到旅游者消费行为的变化,乡村旅游以生态为本底,做好生态环境保护和建设,是实现可持续发展的重要基础。

➤ 案例二讲述了在全球化不断深化的时代,持续扩大对外开放是旅游产业高质量发展的必然要求。进口博览会作为我国联通世界的重要窗口,我国各地区,乃至全球其他国家,通过"会展＋旅游"的产业营销方式,将会取得事半功倍的效果。

➤ 以上两个案例充分说明了在旅游营销中,要充分研究和关注市场变化,有针对性地分析消费者个性需求和信息获取方式,及时根据变化趋势调整营销策略和方式,不断创新营销渠道。同时,要善于利用抖音等新媒体,善于将旅游营销与会展等其他产业深度融合,将会最大限度地提升旅游营销的实际效果,为旅游企业获取最大的利益,为消费者带来最好的旅游体验。

 【知识准备】

一、旅游消费者行为(tourism consumer behaviors)

消费者做出购买决策以及购买旅游产品和服务的过程在旅游市场营销中被称为旅游消费者行为。简单地说就是指旅游者购买旅游产品的活动以及与这种活动有关的决策过程。例如,旅游者购买的原因、购买什么样的产品、什么时候购买、什么地点购买、谁来购买、购买多少,等等。

旅游消费者行为可以用以下几个因素加以说明:消费者参与水平、决策需要的时间、产品的购买成本、信息搜寻的程度以及所考虑的可供选择数目。这些因素决定了消费者购买决策的参与程度以及对购买产品的品质评估能力。在旅游活动中,旅游者的心理和行为是极丰富和复杂的,旅游者的购买行为必然直接或间接地受到许许多多心理因素和社会因素的影响。行为科学家勒温(Kurt Lewin)用下列公式描述人类的购买行为:

$$B = f(P, E)$$

其中,B 表示消费者的行为;P 表示消费者个人的特点;E 表示环境因素。

旅游消费者的购买行为不仅包括旅游产品购买之前、购买过程之中,还包括购买旅游产品之后。例如,由于旅游产品不可储存性,产品价格会随着时间的变化而变化,旅游消费者在购买产品之后,很容易由于所购买旅游产品的价格变化而产生患得患失的心理。在营销过程中,对于消费者这类购后行为特征应该予以考虑,从而有针对性地展开相关的营销工作。

(一) 旅游消费者行为类型(types of tourism consumer behaviors)

在实际旅游活动中,由于政治、经济、文化及旅游者个人喜好因素的影响,旅游者的消费行为也呈现出不同的类型与特点。根据消费者购买决策的参与程度以及对购买产品的品质评估能力的不同,我们将旅游消费行为分为以下类型。

1. 按照旅游购买主体划分(partitioned by the purchasing main bodies)

(1)旅游者购买行为。这种购买行为是指个人、家庭或者结伴消费群体为进行最终消费而进行的购买行为,而不是出于转让赚取利润或者供法人单位旅游消费的目的。

由于旅游消费者单独出游与群体(如家庭)出游在购买行为方面存在差异,因此旅游消费者购买行为又可分为个体旅游消费购买行为和群体旅游消费购买行为。

（2）组织机构购买行为。这种购买行为是指组织机构为盈利进行转让或供法人单位消费的购买行为,可以分为旅游中间商的购买和团体消费购买两种类型。这两类客户都具有购买量大的特征,营销中针对这两种组织的具体营销策略会有所差别,但战略思路是类似的。

2. 按照旅游者购买目的的确定程度与决策行为划分（partitioned by the confirming extend and decision-making behavior）

（1）全确定型购买行为。旅游者在购买行为发生之前,就已经有了明确的购买目标和具体要求,在购买过程中,旅游者一般不会花费太多的时间去选择旅游产品,也不容易受旅游营销人员介绍和提示的影响,又称例行反应行为类型（routine response behavior）。

（2）半确定型购买行为。也称有限度解决问题行为类型,是指旅游者对旅游产品有大致的购买意向,但具体目标和要求不明确。他们需要经过对同类旅游产品的比较选择后才能做出购买决策的购买行为,这种情况下的旅游者一般需要搜集各方面的信息,来降低不太熟悉的旅游产品的购买风险。

（3）不确定型购买行为。旅游者没有明确和确定的购买目标,购买与不购买都是随意的。不确定的购买行为,也称为广泛问题行为类型（extensive problem sowing）。一般旅游者在选择不太熟悉且价格较昂贵的旅游产品时,会出现较大的随机性。

3. 按照旅游者的购买目的相似性划分（partitioned by the similarity of purchasing purpose）

（1）观光型购买行为。旅游者以观光游览为目的,离开常住地外出旅行而导致的购买行为。

（2）娱乐消遣型购买行为。旅游者以娱乐、消遣求得精神松弛为主要目的,离开常住地外出旅行而导致的购买行为。

（3）文化知识型购买行为。旅游者以获得精神文化为目的,离开常住地外出参加文化旅游活动而导致的购买行为。

（4）公务型购买行为。旅游者以完成公务为主要目的,在一定时间内到外地完成公务,顺便参加旅游活动而进行的购买行为。

（5）家庭与个人事务型购买行为。旅游者出于探亲访友等家庭与个人事务而进行的购买行为。

（6）其他类型购买行为。为治疗慢性疾病而进行的医疗保健型及其他类型的购买行为等。

4. 按照旅游者的性格特点划分（partitioned by the consumers' characteristics）

（1）习惯型购买行为。旅游者凭借以往的购买经验和消费习惯而采取的一种反复性的购买行为。这种购买行为类型是基于旅游者对某种旅游产品十分熟悉与信任、印象深刻而产生的特殊感情基础之上的。这类旅游者选择某类旅游产品一般不大受时尚的影响。例如,许多商务旅游消费者习惯通过携程旅行网预订机票。

（2）理智型购买行为。旅游者在实际购买前已通过收集旅游产品的信息、了解市场行情,并经过慎重权衡利弊才做出最终决定的购买行为。例如,许多欧美游客具有较为丰富的旅游经历,对各项旅游产品的评价和选择往往非常理智,他们更加看重旅游体验中的"真实性",不仅注重产品的前台情况,还非常关注产品的后台制作情况。

（3）经济型购买行为。旅游者对旅游产品的价格十分敏感的购买行为，又称价格型。这类旅游者特别重视旅游产品的价格。在这种类型中，一部分游客偏向于价格较高的旅游产品，希望得到更好的旅游服务；另一部分游客更侧重于选择价格较为低廉的旅游产品。

（4）冲动型购买行为。旅游者受现场环境的激发，以直观感觉为主，未经事先考虑临时做出决定的购买行为。这类旅游者易受宣传广告和旅游产品外观的影响，从个人兴趣出发，喜欢追求新产品。

（5）疑虑型购买行为。旅游者在购买旅游产品前仔细考虑，购买过后还疑心上当受骗的购买行为。许多旅游消费者在旅游购物商店的购买行为明显呈现出疑虑型购买者的特征。

（6）随意型购买行为。旅游者在购买旅游产品时无固定偏好，一般为顺便购买或尝试的购买行为，又称不定型。这类旅游者或者缺乏购买经验，或者缺乏主见，心理尺度尚未稳定，既不苛求也不挑剔，购买行为也比较随便。

（二）旅游消费者行为模式（mode of tourism consumer behavior）

1. 旅游消费者行为模式类型（types of mode of tourism consumer behavior）

旅游者购买行为是由一系列看不见、摸不着的心理过程组成的。这一心理过程被称为"黑箱"，即消费者行为模式，如图 3-1 所示。图中显示了影响旅游购买行为的两类外部刺激因素。一类是受旅游企业营销活动的影响，主要包括 4Ps 策略；另一类是购买者所处的社会环境的刺激，即经济、政治、技术、文化、自然等因素。外部刺激因素作用于旅游购买者的"黑箱"，并伴随旅游者个性而引起循序渐进的一系列心理活动，最后做出可以认知的旅游购买者反应。

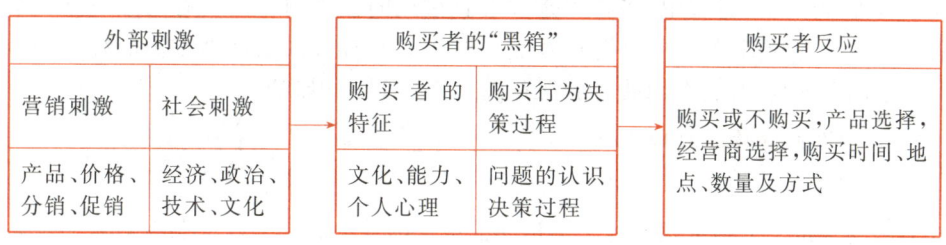

图 3-1　旅游消费者行为模式

2. 旅游消费者行为模式分析（analysis on the mode of tourism consumer behavior）

（1）心理学分析模式。根据传统的心理学模式，需求促使人们产生购买行为，而需求是由驱策力引起的。驱策力有两种：原始驱策力与学习驱策力。原始驱策力是人的生理方面的需求，是非理性因素的行为；学习驱策力是在生理基础之上，人们通过身体的各种器官——眼、耳、鼻、舌等，接触外界，从经验中学得知识的需求。

旅游企业往往据此模式分析旅游者的行为特征，在促销、广告等策略中予以使用。

（2）经济学分析模式。购置行为理论中指出：购买者是经济人，经济人的行为是合理的、完全理智的。购买者追求的是最大边际效用，即在个人愿望和有限收入前提之下，购买能使自己得到最大效用与满足的物品。

用此模式分析，注重的是产品的价格与性能等因素，强调旅游消费者购买经济动机对购买行为的影响，但单纯的经济因素不能解释清楚消费者行为的发生与变化。

依据这种购买行为模式，企业应该关注如何给消费者提供性价比更高的产品。一些企业通过提高产品的服务水平,增加其带给消费者的感知效用。这种方法是尽量通过不需计入成本的投入来提高旅游产品的价值。

(3) 社会心理学分析模式。社会学家与心理学家共同努力,提出这一模式。认为人类是社会的人、遵从共同的大众文化标准及形式,人们的需求和行为都要受到社会群体的压力和影响,处在同一社会阶层的人们在商品需求、兴趣、爱好、购买方式、购买习惯等方面均有着惊人的相似。

社会心理学分析模式对于研究社会对旅游者行为和感受的影响意义重大,但不能充分显示个人身体、心理和情绪结构对旅游者行为的影响。

【讨论一下】

请以您周围的朋友为例,试想他们在旅游过程中的消费行为有怎样的特点,怎样的消费行为才符合您认为的理性消费行为?

要点:
✓ 阐述旅游者消费行为的目的、意义。
✓ 举例说明各类型的旅游消费者行为的特点。
✓ 常见的旅游消费者行为模式有哪些?

二、旅游者特点对其购买行为产生的影响(influence of tourist characteristics on their purchasing behavior)

在游客选择产品的过程中,多种因素都会直接或间接影响到消费者的最终选择。其中消费者的购买行为受消费者个人特点、社会影响因素和环境因素等多方面的综合影响。其中任何一个因素改变,都会对消费者的消费模式产生重要的影响。

(一) 政治因素(political factors)

1. 政治制度(political system)

政治制度是指一个国家或地区所实行的根本性的社会制度。政治制度对旅游者购买行为有着不可忽视的影响。我国实行的是社会主义制度,违反社会主义制度的旅游产品在我国是禁止生产和销售的。例如,在有些国家或地区流行的特殊的旅游产品,在我国属违法活动,是不允许存在的。

2. 国家政策(national policies)

国家政策表现为提倡什么,反对什么。国家政策对旅游者购买行为的影响也是十分明显的。我国改革开放之前,"游山玩水"被视为资产阶级的腐朽生活方式而遭到国家政策的反对。改革开放之后,国家政策开始提倡并鼓励旅游,尤其是1998年下半年,中央经济工作会议高瞻远瞩,将旅游业确定为新的经济增长点和扩大内需的主要产业之一。正是在国家政策的大力提倡下,我国旅游业的发展速度远远超过了世界旅游业的平均发展水平。

(二) 经济因素(economy factors)

经济发展状况直接决定了全社会的旅游购买能力、个人可自由支配收入水平,决定着个人的旅游购买能力。经济条件较好的消费者一般愿意选择价格较高、服务质量较好的旅游产品,而经济条件一般的消费者大多选择"物美价廉"的产品;宏观经济的走势还影响着人们的经济预期,从而对旅游购买行为产生影响;外汇收支状况、汇率的高低,均会对一国的国际旅游产生影响。世界旅游组织的相关研究结果显示:当人均国民收入超过 500 美元时,人们会产生国内旅游动机;当人均国民收入水平超过 1 000 美元时,人们会形成跨国旅游动机;当人均国民收入水平超过 1 500 美元时,人们会产生洲际旅游的动机。

除了以上三个重要因素的影响之外,政治、科技等因素也影响着旅游消费者的购买行为。国家关于旅游业的各项政策直接制约和影响着消费者的旅游行为。例如,海南省在 2006 年开放"港澳自由行"业务,暑假许多家庭选择出境游时纷纷带小孩去香港、澳门两地。此外,国家的各项经济、文化等政策都会间接影响到消费者的购买行为。

(三) 社会因素(social factors)

1. 社会阶层(social stratification)

一定的社会阶层中的成员,一般具有相同的价值观、兴趣及行为。但由于不同职业、收入、教育和价值倾向所形成的不同阶层,拥有明显不同的价值观念、生活习惯和消费行为。几乎每个社会都有某种形式的社会等级结构。社会阶层是指社会中相对稳定和有序的分类体系,每个体系当中的社会成员都有类似的价值观、兴趣和行为。在历史悠久的国家,有的社会阶层与历史相关。而在历史较短的国家,一般职业、收入来源、受教育程度、健康与其他因素共同决定了主体的社会阶层。

例如,随着国家经济建设的继续推进,农民这一社会阶层作为潜力巨大的消费市场之一,渐渐受到更多的关注。在一些农村经济较为发达的地区,专门为农民阶层提供旅游服务的企业还显得比较欠缺,存在着明显的市场空缺。

2. 相关群体(related groups)

相关群体也称参考群众,是指对消费者生活习惯和偏好有直接影响的各种社会关系。一般包括以下几类:❶ 紧密型成员团体,即与消费者个人关系密切、接触频繁、影响最大的团体,如家庭、朋友、同学、邻居等;❷ 松散性团体,即与消费者关系一般、接触不太密切,不保持持续交互影响的群体,如家教组织、行为协会、学生会等;❸ 崇拜性群体,也称渴望团体,即渴望成为团体中的一员,仰慕此类团体成员的名望、地位,狂热效仿其消费模式与购买行为。例如,著名的运动员、电影明星、歌唱家等在社会上有许多崇拜者、追随者(在我国称追星族),仿效其一举一动,这些名人及其崇拜者、追随者无形中构成一个有共同志趣的团体。相关团体对旅游消费者购买行为的影响是潜移默化的。他们为团体成员提供某一特定的消费的模式,并运用团体力量影响消费者的购买态度以及对旅游产品的选择。

3. 家庭(families)

家庭既是最重要的参考群体,也是社会中最重要的旅游产品购买者之一。在旅游购买行为方面,夫妻双方共同做出决策的现象是比较普遍的。不过,当子女年龄达到有能力提出购买意见的时候,子女也可以成为旅游购买决策的倡导者。因此,旅游营销人员需要研究家庭对旅游者所有个体购买行为的影响。

家庭的影响和熏陶,形成不同的旅游价值观、审美情趣、消费习惯、个人爱好。不同阶段的家庭,旅游购买行为也会形成相应的差异。家庭中,不同成员在购买决策中扮演的角色是不同的,这也影响着旅游消费者的消费习惯。例如,处于新婚阶段的家庭,经济上比较宽裕,一般倾向于购买度假型旅游产品。当然,行为也存在很大的差异,有子女阶段的家庭,在子女幼小时期,父母抚育子女重担在身,不便外出旅游。而当子女生活能力增强,迫切需要接受外界教育之时,父母带领子女进行全家旅游的可能性便大大增加了。如果经济宽裕,购买豪华远程旅游产品也可预见。进入退休阶段的家庭,抚养子女的责任早已结束,对旅游的热爱也达到一个新的阶段。经济状况和身体状况良好的老年人,往往结伴而行,追求舒适、慢节奏的旅游活动。

(1) 角色和地位。角色是周围的人期望一个人应该履行的各种职能。每个角色都代表一定的社会地位,这一地位反映了社会总体上对该角色的尊重程度。角色和地位都不是始终保持不变的因素。一个人在每一群体中的位置可以用角色和地位来说明。一个角色包含了周围人期望其进行的所有活动,个人所扮演的每个角色,都会影响其购买行为。每一个角色都附着一种地位,地位可以反映出该角色在社会中受尊重的程度。因此,如现在许多旅行社推出的由成年子女陪伴老年父母的亲情旅游团很受欢迎,就是旅游营销人士考虑了旅游者角色。此外,如五星级酒店设立的总统套房,也是为旅游者的特殊身份地位而设计的。

(2) 文化。文化从广义上讲是指人类在社会实践中创造的物质财富和精神财富的总和。从狭义上讲,文化是指社会意识形态以及与之相适应的制度与结构。

文化充盈于我们生活的各个角落,它对人们的影响每时每刻都在发生。但由于文化是人们后天学来的,故文化对人类行为的影响是间接的;而文化明显的区域性,就成为人类行为方式不同的原因。现代旅游活动的文化性是十分明显的。因而人们的文化差异必然对人们的旅游消费需求和行为产生很大影响,特别是构成文化的基本因素。如民族、宗教、语言、信念、价值观、风俗习惯等群体特色影响更为显著。

(四) 游客个人特点(tourist characteristics)

消费者的选择意愿在很大程度上受到其本身特性,如性别、职业、学历、生活方式、自我观念的影响。

1. 年龄(age)

不同年龄阶段消费者对旅游产品的消费观念、能力有巨大的差别。一般而言,青年人追求新奇、特异、特色强、刺激大而费用不多的旅游产品,如登山探险。而老年人则相反,他们对休闲、度假疗养、体力消耗不大的旅游产品更感兴趣。因此,旅游营销人员可以根据旅游产品的不同特点,以年龄划分不同的群体,从中选择合适的群体作为目标市场。当然,也有不少旅游产品具有吸引各个年龄段旅游者的魅力。

2. 职业(vocation)

职业不同,意味着工作收入、闲暇时间以及生活经历等方面存在差别。而这些差别可直接导致旅游者购买行为上的差别。普通工薪阶层鲜有购买豪华型旅游产品者;教育工作者乐意在假期游四方;工作紧张的职业人员倾向于轻松自在的度假旅游;而商务从业者不会拒绝商务旅游,因为这就是工作。

3. 个性及生活方式(personality and life style)

个性是指一个人所具有的心理素质特性,如性格内向还是外向等。它具体表现在自信心、主观性、服从性、适应性等方面。调查研究资料表明,消费者个性会影响其消费需求和购买行为。如"外向"型的消费者爱表现自我、喜欢参加社交活动,求新心理较强,往往是新产品的首批购买者。而"内向"型的消费者则思想较保守、求新心理不强,不愿强烈表现自我,他们一般喜欢购买大众化产品。

在旅游者具有相同的文化背景、社会阶层的情况下,生活方式的差异与偏好也会形成不同的消费需求。生活方式主要表现为个人的活动、兴趣及意见等方面。旅游营销人员了解与研究旅游者的生活方式,可以根据旅游者的偏好建立起一致性关系,生产适销对路的产品。同时,旅游企业还可以通过生活方式观念的运用,不断调整营销策略,加强旅游产品对消费者生活方式的影响。

4. 经济状况(the state of economy)

经济状况实际上决定了个人和家庭的购买能力的大小。由于旅游是一种弹性较大的消费,因而个人经济状况和社会经济环境等方面的变化都会影响旅游者的购买决策。因此,旅游营销人员必须了解潜在旅游者可支配收入变化情况及对旅游支出的态度。而且,当经济景气度变化时,旅游人员需要积极地重新进行市场定位,重新设计旅游产品的构成和价格。

(五)游客心理因素(psychological factors)

旅游消费者的整体购买过程,实际上都是一系列的心理活动,旅游者的个人心理活动对购买行为有着直接的影响,主要包括动机、需要、感觉、态度等个人心理特征。

1. 动机(motivation)

旅游动机是指驱动个体采取旅游购买行为和活动的内部驱动力。旅游动机因旅游需要而起,也就是说,旅游动机是在个体旅游需要的基础上产生的。关于人类动机的理论有许多种,其中马斯洛(Abraham Harold Maslow)的需要层次理论广为传播。马斯洛认为人们的各种需要按照程度排序,先后为生理需要、安全需要、社会需要、受尊重需要和自我价值实现的需要,如图 3-2 所示。

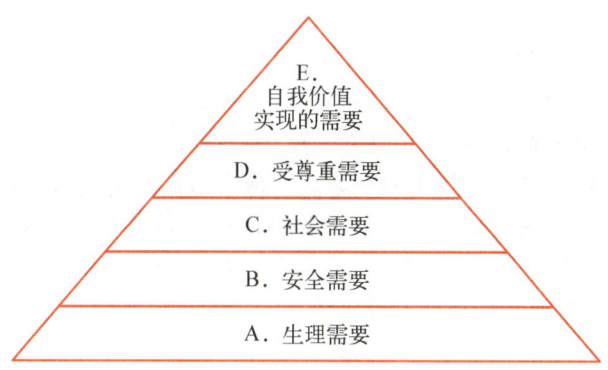

图 3-2 马斯洛的需要层次理论

生理需要、安全需要是人类一切行为的最基本的需要。满足旅游活动带来的精神需要,离不开生理需要和安全需要的满足。为此,旅游营销人员在制定和实行营销策略时,不应忘记满足旅游者的生理需要和安全需要。有些旅游产品主要是出于满足旅游者生理需要的目的而设计的,如温泉疗养、保健旅游、度假旅游等,尽管这些旅游产品中也可能包含了满足精神需要的成分。

2. 需要(touring demand)

旅游需要实质是人的一种文化需求。是人类变换生活环境以调节身心节律的一种短期生活方式的需要,是人类在特定生活和特定经济条件下对旅游产品、服务的愿望和要求。

根据对旅游活动影响的大小,较为主要和典型的旅游需要主要体现为以下两方面:旅游者的文化需求与旅游者变换生活环境以调节身心节律的需求。

旅游需要在旅游者购买旅游产品、服务中主要表现为以下几个方面,如图 3-3 所示。

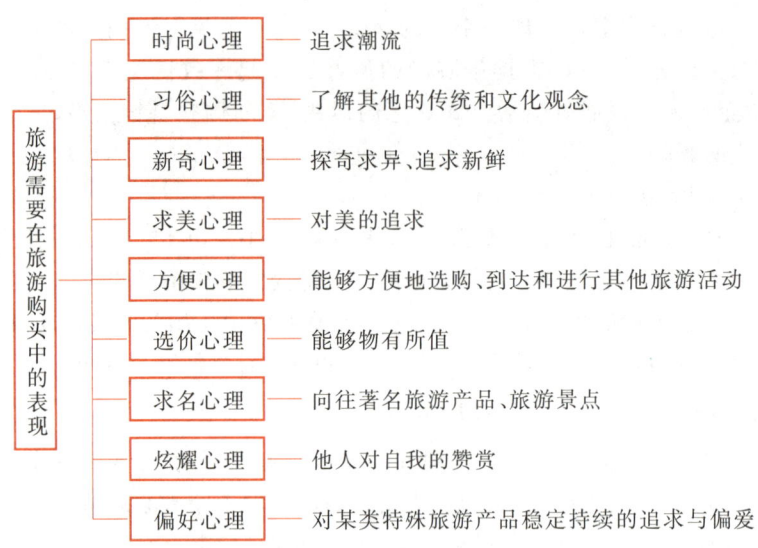

图 3-3　旅游需要在旅游购买中的表现

3. 感觉（sensation）

所谓感觉，就是人们通过视、听、嗅、触、味这几种功能对外界的刺激物或情境的反应或印象。感觉对消费者的购买决策、购买行为影响很大。在一般情况下，当消费者产生了购买动机之后，就会准备采取购买行为。但是，消费者决定如何行动还要受外界的刺激物或环境的影响。

4. 态度（attitude）

态度是指人们对某些事物长期持有的好与坏的认识评价、情感上的感受和行为倾向。态度可导致人们产生对事物的好感或恶感、亲近或疏远的心情。比如，对质量低劣或有暴利之嫌的旅游产品，人们会嗤之以鼻，鲜有购买者；反之，具有良好企业形象和品质上佳的旅游产品，更符合人们的需要，因而会吸引众多旅游者前来消费。态度能使人们对相同或相似的事物产生一致或相似的行为，所以态度具有稳定性、一致性的特点。据此，旅游营销人员应了解、掌握旅游者的态度，尽量使旅游产品和服务，以及企业形象同旅游者现存的态度相吻合，甚至培育旅游者产生对本企业的友好感情。

【讨论一下】

试想您过去的旅游经历中，哪些因素会影响您对旅游产品的购买及选择过程，其中起主要作用的因素是什么？

要点：

✓ 请分析影响旅游消费者行为的因素有哪些。

✓ 举例分析各类因素对旅游者的影响。

三、旅游者购买决策过程（the process of tourists purchase decision-making）

消费者从认识旅游产品到购买旅游产品，是一个漫长的过程。在此期间，每一阶段都会影响到消费者的最终决策。我们一般将此过程分为五个阶段，如图 3-4 所示。

图 3 - 4 消费者购买决策过程

（一）需要认识（demand for self-recognition）

购买决策的过程始于需要认识，即人们认识到自己对旅游产品的需要。对于旅游营销人员而言，他们必须了解自己的旅游产品可以满足消费者哪些内在需求，以及通过哪些外在刺激引发人们对旅游产品的需求。一项旅游产品能够满足旅游者的需求越多，就越受旅游者的欢迎。在这一阶段，旅游营销人员要努力唤起和强化消费者的需要，并协助他们确认需要，创造需求。

（二）信息搜集（information gathering）

消费者一旦认识到某种需要存在后，在进行购买行为之前，便要着手开始搜集各种信息资料。一般而言，旅游信息来源主要有以下四个方面，如图 3 - 5 所示。

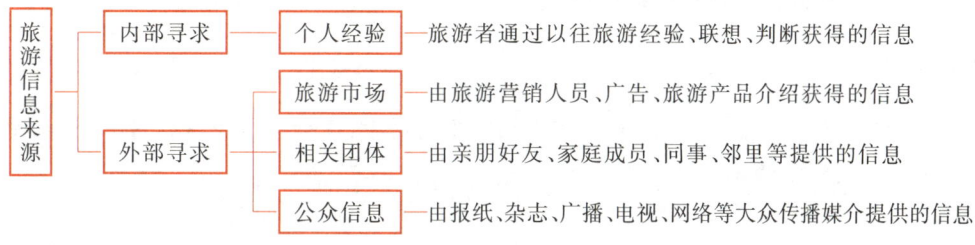

图 3 - 5 旅游信息来源

（三）方案评估（program appraising）

通过信息收集阶段，旅游者了解到许多有关旅游产品的信息，但根据初步购买标准，只能留下少数几个旅游产品以供选择。旅游营销人员应努力使本企业的旅游产品进入可供旅游者选择的行列。旅游者最终决定购买某个旅游产品取决于他对那些可供选择的旅游产品的综合评估。

大多数消费者都采用"理想品牌法"来评价可供选择的品牌和决定他们最喜欢的品牌。所谓理想品牌法，就是消费者根据购买目的设想出一种"理想产品"，然后用实际产品同这种理想产品相比较。最接近理想产品的品牌，就是消费者选定的品牌。

（四）购买决策（decision-making）

购买决策，是指旅游者做出购买决策和实现对旅游产品的购买，它是旅游购买行为的中心环节。经过可供选择方案的评估，旅游者可以形成购买意图。如果没有受到其他因素的影响，购买意图产生以后就会导致购买决策。购买意图形成之后到实施购买决策可能受到的影响主要来自两个方面。

一是他人的意见。他人意见或多或少会对旅游者的购买决策发生影响，其影响程度决定于意见本身的否定程度。否定程度越强烈影响力越大。此外还决定于他人同旅游者的关系密切程度，关系越密切影响力越大。如果他人意见对购买意图持赞成态度，则会促使旅游者将购买意图转化为购买决策。二是"意外情况因素"，即在购买意图确定之后，由于意想不到的情况出现，影响了消费者购买决策的确定。

（五）购买后感受（feeling after purchased）

消费者购买行为的最后一个阶段是购买后的感觉和行动。消费者购买某种旅游产品后会产生不同程度的满意或不满意感受,这种感受会对消费者下一次购买行为产生直接影响。

当旅游者认为购买到期望的旅游产品时,就会认可该项旅游产品。如果不满意其服务与质量,就会选择今后购买其他的旅游产品。判断旅游者购买后感觉的两种基本理论是预期满意理论和认识差距理论。预期满意理论主要探讨消费者对产品的预期与感受到的使用效果间的关系。因而,当旅游产品符合买主的期望,旅游者购买后就会比较满意;反之,期望与现实差距越远,买主的不满就越大。认识差距理论则认为任何产品都具有它的优点和不足,消费者购买商品后都会引发程度不同的满意或不满意感。消费者往往习惯于用别的产品的优点同本产品的缺点相比较,而产生不满。因此,旅游营销人员在营销工作中,对旅游产品的广告宣传要实事求是,不要夸大其词。此外,还要采取积极的步骤,促使旅客消除不满意感,使他们相信自己的选择是正确的。

【讨论一下】

如果您作为一个游客,在购买旅游产品整个过程中,您会进行哪些思考和行为,最终选择您需要的旅游产品?

要点:

✓ 阐述旅游消费者购买行为的形成过程。
✓ 举例说明消费者购买行为的形成过程。

 【实训任务】 分析旅游消费者购买决策过程及模式

选择当地某一旅游景区,进行实地调研和资料查阅。分析这一旅游景区为了吸引游客和提高旅游产品营销成功率,针对哪些群体的游客消费行为特点,采用了哪些有针对性的营销手段和方法,并最终取得了怎样的效果。在此基础上,构建此景区的消费者购买决策模型,撰写《旅游消费者购买决策影响因素和模型分析实训报告》。

【操作步骤】

◇ **第一步:选择旅游景区,分析该景区的营销经营现状**
➤ 根据当地旅游资源和旅游景区规模、经营情况,选择某一旅游景区作为调查对象。
➤ 通过实地调查和资料查阅,分析该景区的营销经营现状。
◇ **第二步:分析该景区的主要客源市场及游客组成**
➤ 按照地理或其他分析法,分析该景区主要客源市场。
➤ 在此基础上,从性别、年龄、职业、爱好等方面分析该景区游客的主要类型。
◇ **第三步:对各类型旅游消费者进行评估和定位**
➤ 对游客的各种类型进行权重划分,权重大的说明此因素对消费者购买决策的影响较大;反之,较小。

> 按照权重评分结果,对消费者购买决策的影响因素进行排序。

> 按照排序,对照景区现有营销方式,对该企业开展营销提出初步建议。

◇ **第四步:针对各类消费者行为特点,进行分类营销**

> 根据上述分析结果,结合景区现有营销方式,对景区分类营销方法和策略提出具体的建议。

> 在此基础上,综合分析结果和营销建议,完成《旅游消费者购买决策影响因素和模型分析实训报告》。

 【自我评估】

1. 旅游消费者购买行为的基本含义是什么?
2. 旅游消费者购买行为有几种分类方式?
3. 影响旅游者购买行为的因素包括哪些方面?
4. 旅游者对旅游产品的消费决策分为哪几个步骤?
5. 试比较旅游者的购买行为与一般组织机构的购买行为之间的差异。
6. 旅游企业该如何影响及引导旅游者的购买行为?

 【知识拓展】 消费者购买行为模型

消费者购买行为模型是营销实战中的一个重要工具,它用于认识消费者购买前以及购买过程中的各种因素,从而帮助销售人员更好地把握销售的主动权,该模型如图3-6所示。

项目三案例

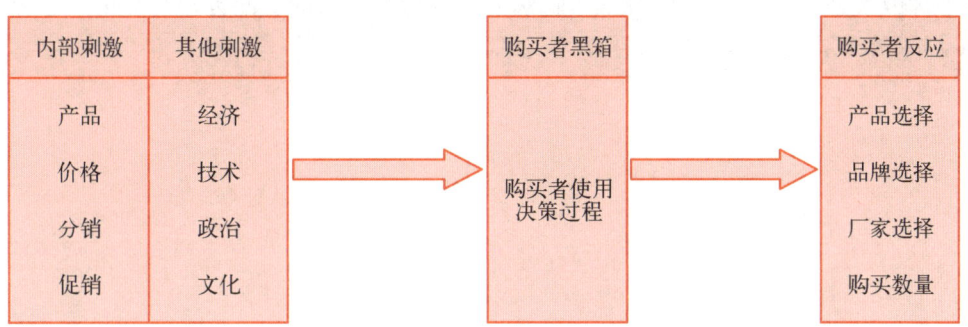

图3-6 消费者购买行为模型

消费者购买行为模型分为三个基本阶段。从消费者购买行为模型中,我们可以看到,消费者受到产品、价格、政治、文化等因素的刺激。其中文化内涵是最丰富的,它又可以具体地分为六个方面。

1. 社会文化因素(factors of social and cultural)

这里的文化指的是泛文化,或者说是广义的文化,它是人类物质财富和精神财富的总和,是根植于一定的物质、社会历史传统基础上所形成的特定价值观念、信仰、思维方式、宗教和习俗等的综合体。任何人的欲望和行为,都受到文化的左右,消费行为也不例外。

2. 社会阶层因素（factors of social classes）

根据社会经济地位、利益、价值观等标准，可以将社会总人群划分为若干个阶层。在同一阶层中，因经济状况、价值观倾向、生活背景、受教育程度等相近，其生活习惯、消费水平、兴趣和行为也相近，在购买行为上面，也自然相近。而不同阶层中的人，购买行为却可能相差很大。比如，如果按经济收入划分阶层，下层人倾向于购买廉价商品，对品牌不是非常看重；而上层人倾向于购买知名度和美誉度高的品牌商品，对价格却不敏感。

3. 相关群体的影响因素（the influence factors of related groups）

任何一个人，都是工作、生活于某一个甚至多个群体之中的。这些群体可以通俗地理解为"社交圈"，他们的消费行为，往往受到圈中人的影响。比如，购买某种时尚消费品的人，他接触的人通常都是乐于追赶时尚的人；否则，他的购买行为不会得到赞同和欣赏。

4. 家庭因素（factors of family）

家庭是一个人最重要的相关群体，同时它又是一个消费单位和购买决策单位。在家庭成员中，任何一个人的购买行为，都可能受到其他成员的影响。家庭成员的影响力是不一样的，通常情况下，日常用品的购买由女主人拿主意，而大宗商品如汽车、房子等通常由男主人拿主意。

5. 个人因素（factors of individuals）

消费者自身的因素，也对购买行为产生非常重要的影响。不同年龄层次的人，购买行为不一样；不同性别的人，购买行为不一样；单身者和成家者，购买行为不一样；有孩子的夫妻和没有孩子的夫妻，购买行为不一样；孩子尚小的家庭与孩子长大自立的家庭，购买行为又不一样。其他诸如职业、受教育程度、兴趣爱好、经济状况、生活方式、性格、外表形象等，也影响着购买行为。

6. 心理因素（factors of psychology）

心理因素是一个相当复杂的因素，它对消费者购买行为的支配也相当复杂。心理因素包括动机、需求层次、感觉、知觉、经验、信念、态度，等等。

项目四 旅游市场营销调研

【素养目标】

1. 引导学生树立注重调查研究的科学精神。
2. 引导学生养成不怕吃苦、严谨细致的工作作风。

4

【岗位能力】

1. 能够明确旅游市场营销调研对于旅游企业的重要意义和作用。
2. 能够应用旅游市场营销调研的常规方法和技术开展市场营销调研。
3. 能够独立进行旅游市场营销调研问卷设计、整理和分析。

【知识目标】

1. 了解旅游市场营销调研的内容、程序和主要方法。
2. 掌握旅游市场营销调研问卷的设计,熟悉旅游市场营销调研的主要技巧和调研报告的撰写要求。
3. 能够通过市场营销调研分析旅游企业面临的市场问题并提出解决措施。

案例引入

◇ **案例:旅企国庆旅游消费数据相继出炉:周边游热度不减 人均消费增长约三成**

2022年10月7日,包括携程、去哪儿、同程旅行、飞猪、途牛在内的多家旅游平台相继发布"黄金周"旅游市场调研数据。

1. 周边游玩法"花样翻新",酒店预订增速喜人

携程《2022年国庆假期旅游总结报告》显示,本地游、周边游、短途游主导国庆假期旅游市场。"十一"期间,本地、周边旅游订单占比达65%,本地周边人均旅游花费较去年国庆增长近30%。同时,平台门票数据则显示,本地周边景区门票订单占比近80%,携程优选"景+X"产品假期覆盖量同比增长186%,营收同比增长130%。与此同时,同程旅行数据也显示出国内旅行仍以本地游和周边游为主。平台上假期用车本地订单占

比 89％,酒店本地订单占比 65％,均居于历史较高水平。

2022 年假期旅游消费呈现品质化趋势,多地高星级度假酒店、近郊亲子酒店较为热门。去哪儿平台上假期酒店预订量也增长明显,一些网红酒店的特殊房型,如海景房、温泉房等,早在中秋期间就被预订一空;携程平台上国庆假期本地周边酒店订单占比也超六成,本地周边的酒店订单平均花费较上年增长近一成。

另外,"反向旅游"也成为假期一大关键词,不少年轻人从大城市奔向小城市,以低价享受高星酒店服务。如去哪儿平台上,假期"冷门"旅游城市酒店预订间夜量比 2021 年同期增长超三成,其中高星酒店预订间夜量增幅明显,比 2021 年同期增长四成。甘肃临夏、宁夏石嘴山、青海海北、内蒙古巴彦淖尔、四川遂宁四星、五星酒店"十一"期间预订量同比增长均超 10 倍。

2. 红色旅游、户外项目持续"圈粉",夜间经济持续升温

相关大数据显示,"十一"期间平台本地游订单较上年同期增长超 90％。其中,和家人一起用"红色主题游"为祖国庆生等更成为这个假期受欢迎的旅行方式之一。平台上各地"红色景区""红色教育基地"平均搜索涨幅超过 50％,广州、北京、重庆、上海、长沙是红色旅游热度最高的城市,其中"广州红色景点"热度上涨超过 100％。

在同程旅行平台上,"十一"期间国内红色旅游景区预订量也同比增长 15％。国庆节当天,打卡天安门广场的升旗仪式成为年轻群体的新潮流,上海中共一大会址纪念馆和嘉兴南湖是假期较热门的红色旅游景点。另外,飞猪数据显示,国庆期间平台红色旅游订单量较春节增长超 1.6 倍,"00 后"国庆红色旅游订单量增长超 4 倍。长沙、湘潭、南昌、遵义、延安、嘉兴、井冈山等成为红色旅游热门目的地。

在周边游趋势带动下,户外露营在这个国庆假期依旧持续火爆。飞猪平台上,国庆露营订单量较节前增长 1.3 倍,"露营＋飞盘""露营＋骑行""露营＋烧烤""露营＋自然写生""露营＋昆虫探秘"等个性化玩法受到欢迎。携程数据也显示,露营旅游订单量国庆期间同比增长超 10 倍,其中本地订单占比近八成,市外周边订单占比 15％。人均露营花费为 650 元左右,相较中秋露营人均花费多 30％左右。此外,"骑行"也是深受各个年龄段游客喜爱的假日户外玩法之一。"十一"期间,马蜂窝站内各地"骑行"相关热度平均增长超 75％,其中桂林"两江四湖骑行"热度涨幅达到 150％。

注:本案例引自新华网,经编者整理编写。

◇ 案例启示

➤ 市场营销调研对于旅游企业而言具有举足轻重的意义。通过市场营销调研收集的数据、信息和资料是旅游企业在市场竞争中的重要战略资源,其结果能够为管理决策人员提供切实有效的参考。旅游企业在进行市场定位、制定市场战略时,为了获得市场机会、解决市场困境等,必须进行科学的旅游市场营销调研,以获得全面可靠的信息供营销管理人员进行决策。合理安排市场营销调研内容、科学选择市场营销调研方法、客观分析调研结论,是市场营销调研成功与否的关键。

【知识准备】

一、旅游市场营销调研的作用和原则(functions and principles of tourism marketing investigation)

市场营销调研,顾名思义包括两个过程,一是调查,即到市场上了解情况或了解市场情况。美国著名市场营销管理大师菲利普·科特勒对市场调查的定义是:针对购买者与消费者群体的调研活动,包括:判定谁是现实和潜在的购买者与消费者;调研购买者与消费者的规模、结构、特征及变化趋势;购买者与消费者的购买行为模式、影响购买行为的各种因素、购买决策过程、品牌与产品认知程度、企业形象、消费者满意度、价格、新产品市场测试等内容。二是研究,即运用科学的方法对调查之后的数据资料进行分析整理,寻找问题及分析原因,并提出应对方案。

因此可以知道,旅游市场营销调研(tourism marketing investigation)是指运用科学的方法,系统、全面、准确、及时地收集、记录、整理和分析旅游市场现象的各种资料,并对数据、信息、资料进行加工处理、分析,从而发现旅游市场存在的问题并剖析其形成的原因过程,它可以为旅游企业营销提供必要的支撑资料和判断依据,是旅游企业和其他机构有组织、有计划地对旅游市场现象进行的调查研究活动。

【讨论一下】

结合您对旅游市场营销调研的基本理解,谈谈市场营销调研的主体是什么? 调研的对象是谁? 调研的目的和手段又是什么?

要点:

✓ 市场营销调研的主体即谁来调研,应是各种从事旅游市场营销活动的旅游企业。

✓ 调研的对象即向谁调研,应是旅游市场中的各种现象,包括旅游企业内部、竞争者、旅游消费者、旅游市场环境等。

✓ 调研的目的即为什么要调研,是为了收集各方面信息,为旅游企业制定正确的市场营销决策提供依据。

✓ 调研的手段即如何进行调研。应运用各种调研方法,系统、全面、准确、及时地收集、记录、整理和分析所需要的各种资料。

(一)市场营销调研对旅游企业的重要作用(functions of marketing investigation)

在国外,旅游企业或旅游政府部门对旅游市场营销调研工作十分重视。在我国,许多旅游企业虽然对旅游市场营销调研的意义有一定认识,但是在进行旅游市场营销调研方面仍相当薄弱。因此,认清旅游市场营销调研的作用显得十分重要。

1. 有助于旅游企业了解旅游市场态势和发现市场机会(help to realize the tourism market situation and discover market opportunity)

旅游市场是瞬息万变的,而旅游市场营销调研本身作为一种管理工具,它强调旅游企业在整个营销过程中都要时刻注意和了解市场动向,把握机会,发现旅游营销中的失误,随时改进旅游企业营销活动,使旅游企业的经营活动更好地满足旅游者的需求。因此,旅游企业通过旅游市场营销调研可以及时了解旅游市场发展态势,掌握旅游营销环境、旅游市场需求与供给状况等有关信息,分析有利于企业自身发展的市场机会。

2. 有助于旅游企业进行科学决策(help to carry out scientific decision-making)

从宏观环境来说,我国长期受计划经济体制的影响,企业对市场营销调研缺乏必要的认识,把握不足。旅游企业也经常因为缺乏市场营销调研工作,采取一些盲目的营销行为而造成巨大的损失和风险,甚至失去大量的市场机会。在全球经济一体化的今天,我国旅游企业不仅要立足于国内市场,而且要放眼于世界市场。尤其是中国加入WTO后,旅游企业面临着更大的机遇与挑战,必须对旅游市场有格外清醒的认识,要善于利用旅游市场营销调研这一工具,根据旅游营销环境和客户需求的变化来调整自己的营销策略。

3. 有助于充实与完善旅游市场营销信息系统(help to improve the tourism marketing information system)

信息化是旅游企业发展的未来趋势。旅游市场营销调研工作是对相关旅游市场营销信息广泛、深入地调查与分析的过程,而且因为旅游市场营销调研是一项基础性的长期工作,可以系统地、持续地搜集大量有价值的信息。这些信息被输入旅游市场营销信息系统后,可以使营销信息系统的内容日益充实与完善,可更好地为旅游企业及区域旅游业的发展服务。

(二) 旅游市场营销调研的基本原则(the basic principles of tourism marketing investigation)

1. 客观性原则(the objectivity principle)

在旅游市场营销调研中要有实事求是的态度,不能带有自己的主观偏见,不能任意歪曲和虚构事实。它要求以事实为依据,用事实和数据说话,不能以权威或个人判断为依据。对同一类事物应该建立统一的标准进行比较和评价。同时,调研过程中也不能受他人意志所影响,不要受个人思想框架的束缚。不要带着已有的结论去收集市场信息,不要对客观事实任意取舍、为己所用,不要从书本或权威理论出发,戴有色眼镜去调研市场。

2. 科学性原则(scientific principles)

调查研究的内容和结果要有实证性和逻辑性,不应该是个别的和偶然的现象。从事实到结论要有科学的逻辑推理。调研的结论必须能够接受实践的检验。不能以偏概全、凭个别事实就得出结论。不要一叶障目,看到什么就是什么。调研结果不能含糊其词,要有明确的结论。

3. 系统性原则(systematic principles)

调研内容要从整体出发,考虑到整体性、层次性和相关性。要对所调研的问题层层分解,注意处理好整体与局部、个性与共性、一般与特殊、宏观与微观的相互关系,最终形成一个统一整体。切忌眉毛胡子一把抓。也不要只见森林不见树木。既要从整体分析局部,又要从局部推论整体。

4. 理论与实践相结合原则(principle of combining theory with practice)

通过学习,将所掌握的市场营销调研理论运用到旅游市场营销调研活动中去,通过市场营销调研实践,检验和完善市场营销调研的理论和方法。要通过认真地学习和实践,系统、完整地掌握旅游市场营销调研理论,运用于今后的工作实践中去。防止教条主义,只掌握空洞的理论与实际脱节,不能运用到实际工作中去。也要防止经验主义,只罗列现象,不做分析和研究,要找出现象与本质之间的联系。

二、旅游市场营销调研的种类（types of tourism marketing investigation）

根据不同的调研目的,可以把旅游市场营销调研分为以下四类。

（一）探索性调研（exploratory investigation）

探索性调研的基本目标是收集初步信息以帮助调研者认识和理解所面对的问题,确定调研重点。例如,某旅游饭店在入住高峰期时开房率却比往期下降了,是市场环境发生了变化,还是旅游目的地的吸引力发生了变化? 是竞争者改变了营销策略,还是旅游饭店自身产品和服务的原因? 面对以上诸多影响因素,旅游营销者一时难以分清,又不可能逐一进行调研。这时就可以访问一些旅游顾客、旅游中间商,收集一定量二手资料,请教内行、专家,或参照过去类似的实例等,以此来确定到底是哪些因素造成了开房率的下降,以便展开进一步的调研。当然,对一些简单的问题,如果探索性调研已经弄清来龙去脉,也可不必再做进一步调研。

（二）描述性调研（descriptive investigation）

在明确所要研究问题的内容和重点后,通过详细的调查和分析,对旅游市场营销活动的某个方面进行客观的描述。对已经找出的问题做如实的反映和具体回答的过程,就是描述性调研。如前例,假设旅游饭店开房率下降的原因是旅游目的地的吸引力下降,游客减少,就可对此问题进行详细调研,客观描述,如实反映各种情况和问题,提出建议。

在现实中,绝大多数的旅游市场营销调研均属描述性调研,与探索性调研相比,它的目的更加明确,研究的问题更加具体。一般需要由专业的调研人员制订详细的调研计划,采用科学的方法,按照严格的调研程序来进行,以确保调研取得满意的结果。

（三）因果性调研（casual investigation）

通过描述性调研,对旅游企业可以控制的因素(如产品数量、产品价格、促销费用、促销人员的安排等)、不可控的因素(如旅游产品的需求、供给、销售量等)以及这两类因素之间的关系进行详细的说明和描述。但要说明某个因素是否影响或决定着其他因素的变化,就要用到因果性调研。因果性调研的目的就是找出旅游市场上出现的各种现象和问题之间的因果关系,弄清原因和结果之间的数量关系,揭示和鉴别某种变量的变化究竟受哪些因素的影响,以及各种影响因素的变化,对变量产生影响的程度。因果性调研同样需要正式地设计和扎实地实地调研。

一般来说,旅游营销者常常以探索性调研为开端,然后再进行描述性调研或因果性调研,所以三种调研方式在很多时候是相互补充的。

（四）预测性调研（predictable investigation）

预测性调研是为了预测市场未来的变化趋势,收集和分析过去和现在的各种信息、资料的调研活动,是对市场未来预期所做的调研。预测性调研是市场预测的一个重要步骤,它建立在描述性调研、因果关系调研的基础之上。需要对某一市场活动进行预测时,如要预测某旅游饭店未来三个月入住情况如何,首先需要对市场相关信息进行调研。它是市场营销调研在预测中的应用,把调研和预测有机地结合起来。预测性调研的资料具有较高的实用价值,是旅游企业生产和营销活动的重要依据。

三、旅游市场营销调研的内容（contents of tourism marketing investigation）

实际上，旅游市场营销调研的内容就是旅游市场营销信息，它既包括旅游市场需求、供给、旅游者购买行为、旅游企业营销因素等直接信息，也包括旅游市场宏观环境等间接信息，不同的信息需要就形成了不同调研的内容。图 4-1 旅游市场营销调研内容体系，概括了不同种类旅游市场营销调研应该着重调研的内容和要素。

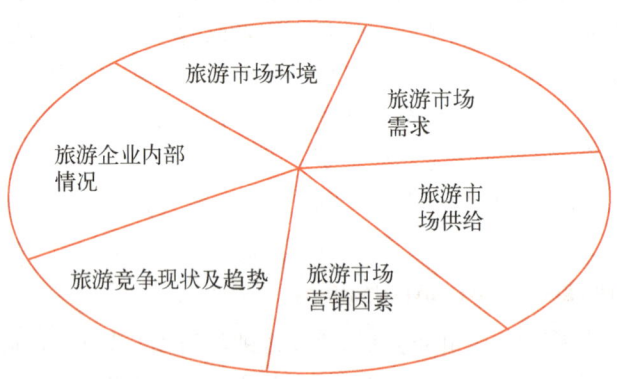

图 4-1　旅游市场营销调研内容体系

（一）旅游市场环境（tourism market environment）

旅游市场环境主要是指旅游企业的宏观环境，包括旅游客源地和目的地的政治法律、人口、经济、社会文化、自然等环境信息的调研。这些因素通过旅游企业的微观环境对旅游营销活动产生最深远的影响，最终决定旅游企业的生存与发展。旅游企业的生产与营销活动必须与之相协调和适应。

（二）旅游市场需求（tourism market demand）

旅游市场需求是指在一定的时期内，在某一价格水平下，旅游者在旅游市场上愿意且能够购买的旅游产品的数量。它由旅游者的需要（或欲望）和购买能力两个因素直接决定，旅游市场需求调研就从这两个方面展开。

具体来说，旅游市场需求将涉及如下内容：一定时期经济发展水平、人均可支配收入、旅游支出占家庭总支出的比例、现实旅游者和潜在旅游者的数量；旅游者的国籍、年龄、性别、职业、民族、地区；旅游者的需要、动机、习惯、个性、生活方式；旅游者的旅游时机、旅游地点、旅游方式；旅游者对旅游产品质量、价格、服务等方面的要求和意见；旅游者对竞争产品的态度，等等。通过旅游市场需求调研，可以使旅游企业把握有利时机，制定最佳的旅游营销组合策略，进入有利可图的旅游目标市场。

（三）旅游市场供给（tourism market supply）

旅游市场供给是指一定时期内为旅游市场提供的旅游产品或服务的总量，它涉及以下几个方面。

1. 旅游吸引物（tourism attractions）

旅游吸引物是指能够吸引旅游者到来并引发其旅游兴趣的一切事物、现象和事件，它的数量和质量决定着旅游者对旅游目的地的选择。

2.旅游设施(tourism appliances)

旅游设施是直接或间接向旅游者提供服务所凭借的物质条件,分为旅游服务设施和旅游基础设施两类。

3.可进入性(accessibility)

可进入性是指旅游者从居住地进入旅游目的地的难易程度,表现为从居住地到达旅游目的地以及在目的地旅游期间为食、住、行、游、购、娱等方面所付出的时间和费用。可进入性主要包括交通工具、旅游目的地的交通设施和服务能力、地方政府的旅游政策和管理措施等内容。对于国际旅游者而言,还包括旅游签证手续的繁简、出入境的验关程序及旅游服务的总体效率等。

4.旅游服务(tourism services)

旅游服务是旅游产品的核心,其调研内容可以概括为售前服务(旅游咨询、签证、办理入境手续、保险等)、售中服务(旅游活动过程中向旅游者直接提供食、住、行、游、购、娱及其他服务)、售后服务(办理出境手续、托运服务及旅游者回家后的跟踪服务等)。

5.旅游形象(tourism images)

旅游形象是旅游企业、旅游产品各方面的信息在旅游者心目中的整体印象。旅游形象作为一种无形资产,其好坏是由旅游者的满意程度决定的。旅游者对旅游企业和旅游产品的评价和态度将直接影响他们的旅游消费决策。因此,必须高度重视旅游形象的调研。

6.旅游容量(tourism capacity)

旅游容量涉及某一旅游目的地在一定时间内接纳旅游者的最大数量,这是保护旅游资源使其免遭退化或破坏,维持生态平衡,保证旅游景点质量和旅游者的体验质量的需要。旅游容量包括:旅游基本空间标准、旅游资源容量、旅游感知容量、生态容量、经济发展容量和旅游地容量等。

(四)旅游市场营销因素(tourism marketing factors)

旅游市场营销因素主要是指旅游产品、价格、渠道、促销等因素,它们的综合运用就构成了现代旅游市场营销的基本活动内容。旅游市场营销调研不仅要对不可控因素进行调研,更要对可控的旅游市场营销组合因素进行调研。

1.旅游产品(tourism products)

旅游产品调研既包括对现有旅游吸引物的综合评价,对新开发的旅游吸引物的调研,也包括对旅游品牌的知名度、美誉度、忠诚度以及旅游者对品牌的认知途径和评价标准的调研。

2.旅游价格(tourism price)

价格高低与旅游需求休戚相关,应随时摸清价格变动趋势对旅游需求的影响情况。旅游价格调研一般包括相关旅游产品的比价研究、同一产品的差价研究、旅游者的价格敏感度研究和新的旅游产品的定价研究等。

3.旅游分销渠道(tourism distribution channel)

旅游分销渠道调研主要是指对旅游分销渠道运行状况和机构成员情况的调查分析,具体包括旅游分销渠道的数量、分布和营销业绩,旅游中间商的市场形象、资金实力和经营能力,现有分销渠道是否畅通,旅游者对分销渠道的印象等。

4. 旅游促销(tourism promotion)

旅游促销调研要着重了解旅游企业在不同市场情况下采用的各种促销方式的实际效果,并据此提出促销改进的建议。

(五) 旅游竞争现状及趋势(the situation and trends of tourism competition)

旅游竞争调研包括针对一般竞争状况的调研和针对主要竞争对手的调研两个方面,其中重点是对主要竞争对手的调研。调研内容是:现实的和潜在的竞争对手的数量,竞争对手所在地区及活动范围,竞争对手的销售组织形式、规模和竞争实力,竞争对手的市场占有率,竞争对手的市场营销组合策略,竞争对手的市场满足程度和市场形象,竞争对手的优势和劣势等。

(六) 旅游企业内部情况(internal situation of tourism enterprises)

内部调研除了前面提到的旅游市场营销因素的调研外,还包括旅游企业的人才、资金、技术、管理实力,旅游企业的战略和所处竞争位置等的调研。

四、旅游市场营销调研的程序(procedures of tourism marketing investigation)

旅游市场营销调研的全过程可划分为调研准备、正式调研和分析处理三个阶段,每个阶段又可分为若干具体步骤,如图 4-2 所示。

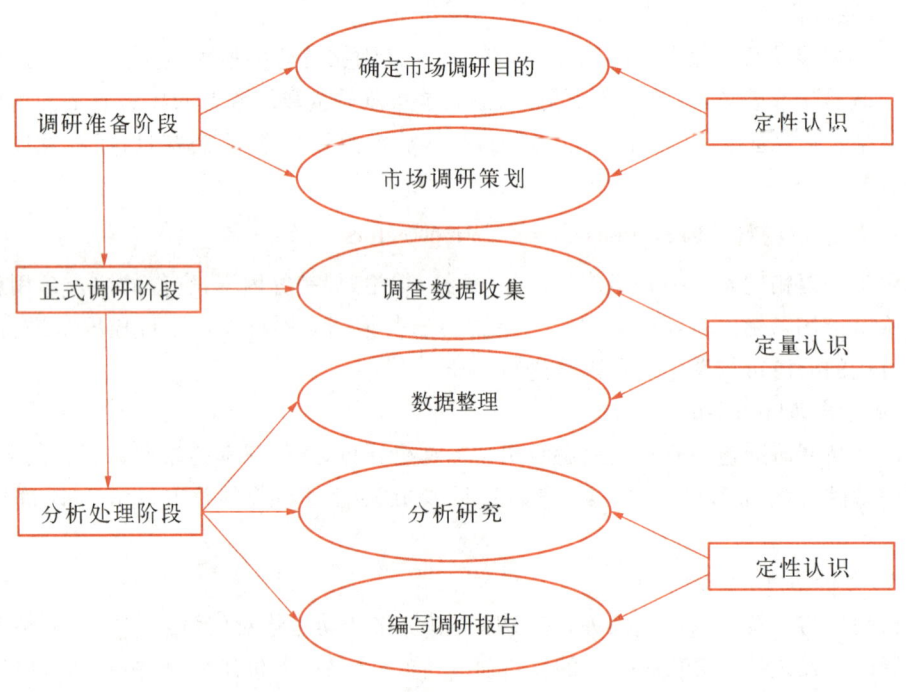

图 4-2　旅游市场营销调研程序

(一) 调研准备阶段(stage of preparation)

旅游市场营销调研的准备阶段是旅游市场营销调研活动的开始。这个阶段的主要工作是对所要进行的旅游市场营销调研课题进行非正式的摸底,一般包括如下步骤。

1. 确定市场调研目的(determining the purposes of tourism marketing investigation)

确定市场调研目的即要确定为什么要进行市场营销调研,市场营销调研的目标和调研的项目有哪些,调研的主题是什么。旅游市场瞬息万变,其影响因素众多,需要了解和分析的问题不一样,在调研过程中采取的方法和途径千差万别。因此,在调研的初始阶段,首先应该确定本次调研的目的,根据目的来筛选资料和确定方法。例如,某旅行社需要对上年度的旅游者构成进行分析,必然会收集上年度游客的性别、年龄等信息,若要对旅游者的热点线路进行分析,那么游客的目的地选择、流向、旅游方式等则成为重点收集信息。

2. 市场调研策划(planning the tourism marketing investigation)

在明确调研目的的基础上,旅游市场营销调研人员根据自己的知识和经验,对已掌握的资料进行初步分析。通过分析,对调研内容的总体情况有初步的认识和大致的了解。同时,调研人员应该就调研问题对一些相关或熟悉这方面情况的人士进行访谈,目的是进一步了解有关情况,积累调查素材。它可以弥补调研人员自身经验和掌握资料的不足,为判断是否需要做进一步调研提供更充分的条件。在了解了尽可能多的情况之后,调研人员依据本次调研的目的对调研工作进行统一的筹划和准备,也就是所谓的调研策划过程。一般情况下,调研人员应明确本次调研的内容和范围、调研的主要方法、时间进度和经费预算等,并形成调研策划方案或计划书,同时对调研工作人员进行技术培训,使调研工作有章可循。

(二) 正式调研阶段(stage of investigation)

正式调研阶段的主要任务是组织调研人员,按照调研计划书的要求,采取相应的调查方法系统地收集资料,听取被调查者的意见。这个阶段是整个旅游市场营销调研过程中最关键的阶段,对调研工作能否满足准确、及时、完整的基本要求有直接的影响。

调研人员按计划规定的时间、地点及方法,实地收集有关资料,不仅要收集二手资料(现成资料),而且要收集第一手资料(原始资料)。其中二手资料的来源包括内部资料和外部资料。内部资料是指旅游企业内部的各种记录、凭证、统计报表、用户来往函电等。大多数旅游业组织都有事先预订的程序,而旅游饭店在法律上需要顾客进行住宿登记。这种登记信息是现有文字资料的重要来源。销售和顾客记录是另一个重要的内部资料来源,因为它们是行业趋势和市场营销成功的指数。除此以外,旅游业组织通常会建立大型的有关个体客户的内部资料库,这也是信息的重要来源。从这些资料中可以了解旅游企业以往和目前的生产、经营、销售情况。外部资料指公开发布的统计资料和有关市场动态、行情的信息资料。外部资料的来源有政府有关部门、旅游目的地的市场营销组织、市场研究机构、咨询机构、广告公司、期刊、文献、报纸等。政府部门、旅游目的地的市场营销组织以及旅游协会和旅游局,它们是旅游业市场营销研究资料的主要提供者。

在搜集文字资料的过程中,要考虑还需要通过实地调研获得哪些资料对文字资料进行补充。为此,要制订实地调研的方案,为实地调研做准备。实地调研过程,首先是按照调研计划书或问卷的要求选择调研对象,然后是按照调研计划书或问卷的要求与顺序进行访问。访问结束以后还要对调研工作按一定的比例进行复核,目的在于:❶ 对访问工作进行检查;❷ 对调研计划书或问卷中不清楚或者不明确的地方进行再确认。实地调研的质量,取决于调研人员的素质、责任心和组织管理的科学性。

【讨论一下】

随着互联网的普及,越来越多的旅游企业将网络资源作为主要的调研信息获取渠道。请思考这种获取途径有何优点和局限。

要点:

✔ 优点主要包括:为实地调研提供经验和背景资料;不受时空限制;高质量的权威资料可靠性和准确性较强;节约成本。

✔ 局限主要在于:部分资料可得性差;缺乏相关性;部分资料准确性低,数据陈旧。

(三) 分析处理阶段(stage of analysis)

分析处理是旅游市场营销调研的最后一环,也是调研成果能否发挥作用的关键。包括以下三个步骤。

1. 数据整理(data collection)

数据整理是对通过旅游市场营销调研得到的数据进行分组、汇总的过程。在此之前首先要对数据进行加工处理,主要包括检查资料中是否存在潜在的错误,如剔除非有效调查问卷、将数据资料转化为数字形式、数据录入、对不完整的数据进行插补等,保证资料的真实、准确和全面。对经过审核的资料,根据调查研究问题的需要和旅游市场现象的本质特征,按一定标准划分为不同类型,使反映旅游市场现象个体特征资料系统化和条理化,以简明的方式反映旅游市场的总体特征。

旅游市场营销调研资料的审核要达到三个基本要求:去粗取精,从杂乱无章的调研资料中选择与调研目的有关的或有重要参考价值的资料;去伪存真,根据知识和经验对虚假或错误的资料进行鉴别和核实,将其剔除;尊重资料,对调研的资料不要主观臆断、自以为是或发挥自己的想象力对资料进行修改。因此,调研资料的审核包括以下原则。

(1) 真实性原则。需要根据实践经验和常识来判别,看是否真实可靠;发现疑问,要根据事实进行核实;排除其中的虚假成分,保证资料的真实性。

(2) 准确性原则。对所收集的资料要进行逻辑检查;检查调研资料中有无不合理的地方和前后相互矛盾的问题。

(3) 完整性原则。检查资料是否按照提纲或统计表格的要求收集齐全。如果资料残缺不全,就会降低甚至失去市场营销调研的价值。

(4) 标准化原则。检查调查资料指标的定义是否一致,计量单位是否相同,资料所涉及的事实是否具有可比性。

2. 分析研究(analysis and research)

在汇总调研资料的基础上,应对资料反映的具体问题进行分析。分析分为两种:一是定性的分析。比如,旅游饭店的入住率是上升还是下降,景区的效益是增加还是减少,游客满意度是提高还是降低,等等。这类分析常常以描述现象为主。二是定量分析。目前在旅游市场营销研究中常常用统计分析方法对调研数据进行分析,运用统计学的有关原理和方法,研究旅游市场现象总体的数量特征和数量关系,从而揭示旅游市场现象的发展规模、水平、趋势和速度,揭示旅游市场现象总体的结构比例。

经过统计分析得到的旅游市场现象数据既是旅游市场现象的反映,又可作为对旅游市场现象进行定性分析、定量预测的资料。通过定量分析和定性判断，可以准确发现旅游市场出现的问题及其形成原因，进而为解决出现的问题提供依据。

3. 编写调研报告（compiling report）

当对旅游市场某一现象或问题进行了深入细致的调查研究后，必须将市场营销调研活动的整个过程和最终结果以一种书面报告的形式加以总结，并以口头报告的形式简明扼要地予以表达。市场营销调研工作是否能够被委托人认可，调研报告是一个主要衡量指标。调研报告既是调研活动的产品、调研过程的历史记录和总结，也是评价调研活动的主要指标，更是管理决策的重要依据。一般来说，旅游市场营销调研报告应具备以下内容。

（1）标题。标题可直接陈述调研的对象或调查的问题，使调研的主要内容一目了然，例如《对成都市五星级酒店经营情况的调查报告》。也可以某种结论式的语言或判断句作为标题，例如《服务不到位，旅行社难以生存》。还可以提问的形式作为标题，例如《本土旅行社如何面对国际竞争？》。另外，也可用主副标题形式，例如《他们为什么热衷于促销活动——对成都市旅行社经营情况的调查报告》。

（2）前言。前言要简要地说明调研的由来和调研的原因，简介调研对象和内容及采取的主要方法，包括调研的时间、地点、对象、范围、调研要点及所要解答的问题等。

（3）主体。主体部分要写得具体深刻、层次分明、详略得当、逻辑严密、层层深入。注意总体的概括性，用数据说话，用事实说话。可以按调研顺序写，就调研的问题逐个阐述清楚，也可按事情发生、发展、变化的过程写。如事情发生的时间、地点、原因、作用、经验教训，使之先后有序，条理清楚。还可以把两种事物加以对比来写，每个部分加上小标题，使之脉络清楚。总之，在写这部分内容时，应注意使用的调研材料一定要经过分析研究，集中概括，不能简单地堆砌，并注意一切结论产生于调研情况的末尾，而不是在它的开头。

（4）结尾。结尾主要是小结调查研究所得的成果，包括调研的结论，解决问题的方法、建议等，供有关部门决策时参考。这也是撰写市场营销调研报告的主要目的。结尾部分在写法上要求简明扼要，抓住调研结果中最关键、最有价值的结论，起到"画龙点睛"的作用。结尾的写法也比较多，可以提出解决问题的方法、对策或下一步改进工作的建议；或总结全文的主要观点，进一步深化主题；或提出问题，引发人们的进一步思考；或展望前景，发出鼓舞和号召。结论和建议与正文部分的论述要紧密对应，不可以提出无证据的结论，也不要没有结论性意见的论证。结论的提出可以采取列举几种可供选择的方案的形式，说明企业可以自主地采取哪些步骤，以及每种方案可能的开支和达到的结果。调研人员对此应进一步提出自己的建议，即企业应当选择哪一种实施方案。每一点建议都要说明其可行性，以及要注意的问题。

（5）附件。附件是正文的补充或详细说明，包括样本的分配、图表、附录等。

五、旅游市场营销调研的常用方法（methods of tourism marketing investigation）

旅游市场营销调研方法的选择和技巧的运用直接关系旅游市场营销调研结果的可信度。调查了解旅游市场必须选用科学的方法。旅游市场营销调研方法主要有文案调研法、询问法、观察法、实验法和网络调研法。

（一）文案调研法（the methods of documents investigation）

文案调研法就是通过收集各种历史和现实的动态统计资料（二手资料），从中摘取与旅游市场营销调研课题有关的信息。一般是在办公室内进行统计分析的调研活动,所以也称间接调研法、资料分析法或室内研究法。使用此种方法统计数据的收集相对快捷,成本较低。通常情况下,获取统计数据主要有三种方法。

1. 文献资料筛选法(the method of documents selection)

这种方法通常是根据旅游市场营销调研的目的和要求,有针对性地查找有关文献资料,从中分析和筛选出与旅游企业市场营销有关的信息。由于文献资料具有传播广泛、查找记录方便的优点,因而文献资料是旅游企业获取技术与经济信息的最主要来源。

2. 报刊剪辑分析法(the method of newspapers editing)

这种方法是指调研人员通过平时的积累,从各种报刊中收集并分析旅游销售信息。旅游企业应积极订阅与旅游相关的报纸杂志,同时应该充分利用广播、电视、网络等现代化宣传媒介,收集信息,以及时发现市场机会。

3. 情报联络网络(the method of information contacting network)

这种方法是指旅游企业在全国范围内或国外某些地区设立情报联络网,使商业情报资料收集工作的范围呈网状触及四面八方。旅游情报网的建立,一般由旅游企业派遣专门人员在重点营销地区设立固定情报资料收集点,或同旅游相关部门以及有关信息中心定期互通信息,以获得有关旅游市场供求趋势、旅游者购买行为、旅游产品价格情况等方面的信息。

需要特别指出的是,采取文案调研法收集的信息基本上都是二手资料,其可信度和准确度应斟酌。通过该方法收集的信息一般要进行多次筛选和甄别。

(二) 询问法(the methods of enquiry)

询问法是指旅游营销调研人员以口头或书面形式询问被调查者的方式收集与营销调研计划有关信息的一种方法。依据与被调查者的接触方式,询问法可以分成以下几种形式。

1. 面谈式询问(enquiry by face-to-face)

面谈式询问是指旅游市场营销调研人员当面访问被调查者以获取有关信息的方法。该方法经常被使用,其具体形式有个别交谈、小组交谈、一次性面谈或多次面谈等。面谈式询问法的优点是:能直接获取被调查者的意见,得到第一手的真实资料,方式灵活,自发性好,可以针对不同的调查者采取不同的询问方法。该方法的缺点是:调研的时间长、费用高,因而调研的成本高,调研结论受调查者和被调查者的主观因素影响比较大。

2. 电话式询问(enquiry by phoning)

电话式询问是指旅游市场营销调研人员根据抽样要求选取样本,用电话询问被调查者,以此获取相关信息的方法。该种方法的优点是:获取信息的速度快,经济省时。它适用于那些工作繁忙、不愿接待来访者的被调查者。由于被调查者不受调查人员在场的拘束,对那些当面不便回答的问题易于表达,所以它不失为一种有效的调研方法。该种方法的缺点是:电话询问受通话时间的限制,提问不能太多,不能做深入的交谈,因此很难判断所得信息的真实性。

3. 邮寄式询问(enquiry by posting)

邮寄式询问是指旅游市场营销调研人员将设计好的调查表邮寄给被调查者,请他们根据要求填写调查表,填好后按时寄回的一种获取有关信息的方法。该种方法的优点是:调研面广,成本低;可以避免调查人员的主观偏见;被调查者有思考、讨论的余地;适合敏感性问题的调查。其缺点表现在:问卷回收率低;信息反馈时间长;代表性和准确性难以把握;

只适用于有一定文化程度的调研对象和简单、易于回答的问题的调研。

4. 留置式问卷调研（enquiry by questionnaire）

留置式问卷调研是指旅游市场营销调研人员把调查表送交被调查者，请他们填写，再定期收回填写好的调查表，由此而获取有关信息的方法。留置式问卷调研可以避免邮寄式询问回收率低的缺点，还可以克服面谈式询问的某些不足之处。

（三）观察法（the methods of observation）

观察法是指调研人员直接到现场或通过仪器设备观察调研对象的行为的研究方法。观察法的特点是调研人员以旁观的形式直接观察，而不对被调研者直接询问，往往能获得更客观的调研结果。因为被调研人员未意识到自己正在被人观察，不会做出不自然的反应，也不会因为自己的主观偏见故意做出某一行为。但是，观察法只能观察到客人的消费行为，而不能观察到具体的消费动机。调研人员只能通过自己的分析推断结果，并且有时需要很长时间的观察才有结果，所花费的资金也较多。

（四）实验法（the methods of experiment）

实验法是指把调研置于特定的环境中，通过控制外来变量和检查结果差异来发现变量间的因果关系的调研方法，这种方式适用于因果性调研。实验法的应用范围比较广，凡是某一产品在改变其质量、价格、广告及推销手段等因素或其他营销因素发生变化时，为测定需求变化的情况，都可以先做小规模的实验性改变，以调研客户的反应，然后决定是否值得大规模推广。实验法也可以用来测定任何一个或几个影响营销活动的变量的关系。这种方法科学客观，通过控制外来变量的变化，可以比较准确地获得变量间的相关关系，从而较好地验证实验前对营销问题所做的不同的假设。但是，这种方式时间较长，费用较高，而且有时旅游市场研究人员往往难以控制各种变量，很难在纯粹的实验条件下进行。常用的实验法有两种。

1. 实验室实验（experiment in laboratory）

实验室实验即实验在特定控制的环境下进行，这种方式常用于传播媒体的选择和广告效应的研究。例如，某旅游企业进行广告媒体的选择时，就可以请来一批旅游者听取他们的意见。

2. 现场实验（field experiment）

现场实验就是在市场上进行小范围的实验，即把旅游新产品先投放在有代表性的旅游市场上试销，由此了解旅游者的反映，收集相关的信息资料，再进行分析、预测，最后决定是否全面推广。这种方法通常用在产品价格调整、功能改进、包装改进、造型、广告宣传、增加品种等方面。

（五）网络调研法（investigation on-line）

网络调研的适用范围随着移动通信技术和互联网技术应用的普及逐渐扩大。网络调研将成为 21 世纪应用领域最广泛的调研方法之一。网络调研是指在互联网上针对特定营销环境进行简单调查设计、收集资料和初步分析的活动。它有直接和间接的区分。网络直接调研是利用互联网直接进行问卷调查、网上访问等方式收集第一手资料，它主要采取利用企业自身网站或利用其他企业网站展开网上问卷调查，也可以电子邮件的方式向特定或不特定的群体发送问卷，还可以在网页上开辟专门的调查界面等形式收集旅游市场资料。网络间接调研是利用互联网的媒体功能，从互联网收集第二手资料，它主要采取利用搜索引擎搜索信息、访问专业信息提供网站、利用网上论坛等形式。由于越来越多的传统报纸、杂志、电台等媒体,以及政府机构、企业等纷纷上网,因此网上成为信息海洋,信息蕴藏量极其丰富。如何发现和挖掘有价值信息是关键。

六、旅游市场营销调研问卷的设计(design method of questionnaires)

旅游市场调研问卷是为了达到调研目的和搜集必要信息而设计的问题集合。问卷设计是旅游市场营销调研中极为重要的环节,已经大量运用于几乎所有的调研方法中。问卷设计质量的高低,将对信息或数据的准确性、可靠性产生影响,同时也影响着调研成本的高低。因此,一次成功的旅游市场营销调研与制作一份优秀的调研问卷是密不可分的。作为一份好的调研问卷应具备两方面的功能:一是能将所要调研的问题明确地传达给被调查者;二是设法取得对方合作,取得准确、真实的答案。具体来说,应满足以下几方面的要求:提供必要的决策信息、易于被调查者接受、编辑和数据处理的需要、服务于众多管理者。

(一) 调研问卷的结构(structure)

一份完整的问卷通常由引言、主体内容和问卷记录三部分组成。

1. 引言(introduction)

引言要简洁明了,有说服力,能很快地引起被调查者的兴趣。具体来说,应包括以下几项内容,如表 4 - 1 所示。

表 4 - 1   问卷引言部分的主要内容

项目	作用与要求
(1) 标题	简明扼要、一目了然,避免笼统和雷同
(2) 调研目的和意义	引起被调查者重视,保证调研质量
(3) 填表说明	说明如何填写表格及说明注意事项

此外,还应向被调查者解释选择被调查者的方式,如"您是在本酒店的客户名单中随机选择的";声明将对被调查者的回答完全保密;还可说明本次调研所需的时间等内容。

2. 主体内容(main body)

主体内容是旅游市场营销调研所需收集的主要信息,是调查问卷的主要组成部分,主要是由一个个精心设计的问题与答案所组成。应注意的是,问题除了在内容上要切合调研目的和被调查者外,还应注意问题的编排形式,应便于被调查者或调研人员的作答、记录等。

3. 问卷记录(records)

问卷记录是指对调研过程中有关人员和事项的记录。一般包括:调研人员姓名或编号;调查时间;调查地点;被调查者的姓名、地址、电话号码;审核员姓名;问卷编号等内容。

问卷记录一般置于问卷之首,但也可置于问卷的最后部分。主要用于对问卷的质量进行检查控制,如增强调研工作人员的责任感,出现问题时便于追究责任,有利于问卷的复核或追踪调查,避免问卷出现混乱等。如果一些问卷涉及被调查者的个人隐私,上述有关被调查者的情况则不宜列入。

(二) 问题设计的技巧(question designing skills)

问题构成一份问卷的主体部分,确定问题类型主要有两种形式,即封闭式问题和开放式问题。

1. 封闭式问题(enclosed questions)

封闭式问题是由问卷设计者列出问题的一系列答案,由被调查者从中进行判断和选择。包括以下几种具体形式。

(1) 两项选择题。两项选择题,也称是非题。是指对提出的问题,只给出两个答案,被调查者只能从中选其一做出回答。例如:您是否到××地旅游过:是□　否□。

(2) 多项选择题。这是指被调查者在预先给出的多个答案中进行选择。有些问题为了使被调查者完全表达要求、意愿,可采用多项选择法,根据多项选择答案的统计结果,得到各项答案重要性的差异。例如:❶ 您选择自驾出行的原因是:A. 经济实惠□　B. 追求时髦□　C. 时间安排充分□　D. 受周边人影响□　E. 其他(请写出)。❷ 您每月外出旅游的次数是:1次□　2次□　3次□　4次□　4次以上□。

选择题又可分为单选题和多选题。单选题只允许在多个答案中选择一个作为答案,多选题则可选择两个或两个以上的答案。多项选择题中还应注意问题顺序中的心理问题。对于没有强烈偏好的被调查者而言,选择第一个答案的可能性大大高于选择其他答案的可能性。解决这个问题是打乱排列次序,制作多份调查问卷同时进行调查。但这样做的结果是加大了制作成本。如果被选答案均为数字,没有明显态度的人往往选择中间的数字而不是偏向两端的数。对于 A、B、C 字母编号而言,不知道如何回答的人往往选择 A,认为 A 往往与高质量、好等相关联。解决这类问题的办法是用其他字母,如 L、M、N 等进行编号。

(3) 等级评定题。等级评定题是指对问题给出不同等级的答案,被调查者从中选择一个做出回答。通常用"很好""较好""一般""较差""差"等一类的回答来表述。例如:❶ 您在购买本公司的纪念品时,认为包装:A. 很重要□　B. 较重要□　C. 一般□　D. 不太重要□　E. 很不重要□。❷ 请问您是否愿意再次光临本酒店:A. 非常愿意□　B. 愿意□　C. 不一定□　D. 不太愿意□　E. 非常不愿意□。

封闭式问题有利于被调查者正确理解问题,作答容易;由于答案都是标准化的,有利于资料的整理与分析。因此,在大多数调研问卷设计中,问题类型多以封闭式问题为主。但封闭式问题也存在一些不足:问题答案比较机械,限制了被调查者的自由发挥;在两项选择题中,无法体现被调查者回答的差别程度;多项选择题中,问题答案的设计需要花费较多的时间与精力。

2. 开放式问题(opened questions)

开放式问题是指对所提出的问题,不提供具体的供选答案,被调查者可以根据自己的情况自由回答,没有限制。开放式问题的设计可以有以下几种具体的形式。

(1) 自由式问答。如:您对希尔顿酒店广告的印象是:＿＿＿＿＿＿＿＿＿＿＿＿＿

(2) 句子完成式。如:当您口渴时,您想喝:＿＿＿＿＿＿＿＿＿＿＿＿＿＿＿＿＿

(3) 字词联想式。如:光大＿＿＿＿＿＿　索菲特＿＿＿＿＿＿　欢乐谷＿＿＿＿＿＿

(4) 追问式。开放式问题经常需要"追问"。调研人员在最初提问时,问题涉及范围较为广泛,针对性不强,此时调研人员可以采用"追问"的方式更深层次地了解被调查者的态度、兴趣和感觉,获得更为详细的资料。追问可以分为两类,一类是勘探性追问;另一类是明确性追问,即澄清。前者是在被访者已经回答的基础上,进一步挖掘、询问问题的方法,目的在于引出被访者对有关问题的进一步阐述;后者是让被访者对已回答的内容做进一步详细的解释,目的在于进一步明确被访者给出的答案,下面是两个追问的例子。

❶ 问:您喜欢这个景区的哪些方面呢?

第一次回答:风景优美。

追问:您还喜欢什么呢?

第二次回答:气候舒适。

追问:您还有没有喜欢的呢?

第三次回答:没有了。

❷ 问:您喜欢这个景区吗?

第一次回答:喜欢,不错。

追问:你所谓的"喜欢,不错"是指什么呢?

第二次回答:舒适。

追问:怎么个舒适法呢?

第三次回答:气候凉爽、适合夏季度假。

第一个例子是勘探性追问的例子,通过追问,扩展了被访者的回答,完整地记录了被访者所喜欢的。第二个例子是明确性追问的例子,从"喜欢,不错"这一般化的回答中,访问人员得到了更确切、得体的答案。

开放式问题的优点在于:能为调研人员提供大量、丰富的信息;有利于发挥被调查者的能动性;有利于直接了解被调查者的态度、感觉;适合于答案复杂、数量较多或各种答案尚属未知的问题。

开放式问题的不足之处在于:资料的整理和分析费时、费力;受调研人员表达能力、访谈方式及技巧影响调研,结果容易产生误差;问题的答案有可能向善于表达自己意见、性格外向的被调查者发生倾斜;问卷答案中可能含有许多对调研人员来说没有多大价值的信息。

(三) 问卷措辞的技巧(expression skills)

一项市场营销调研工作中,信息资料是否真实、准确,问题的措辞至关重要。总的来说,市场营销调研问卷的措辞应注意以下问题。

1. 提问要尽量短而明确,避免使用过长而复杂的句子(brief)

提问部分如果太长,会使被调查者抓不住提问的重点,有可能将开头的提问内容忘记,甚至会感到厌烦,同时也会使调研人员的意图无法准确地传达。因此,提问内容应尽量短小。如需要更多的信息时,可将长句细分成几个小问题来提问。

2. 提问要具有针对性,避免一般性的问题(pertinent)

一般性提问往往缺乏针对性,其结果的实用价值较差。例如"您对××酒店的印象如何"这样的提问过于笼统,缺乏针对性,使被调查者无从回答。可以这样提问,如"您认为××酒店服务态度怎么样? 服务种类是否齐全? 酒店环境是否理想? 营业时间是否恰当?"等。

又比如,将"您为什么要买××牌旅行背包"改为"您是怎样知道××牌旅行背包的? 它最吸引您的一点是什么?"前后两个句子比较,后者较易回答。

还有,将"您在所有杂志中,喜欢什么杂志?"改为"请问您这一周,买过什么杂志?"这两种提问,以后者为佳。

3. 提问用词要准确（accurate）

这包括以下两方面的意义。一是问句要尽量口语化，避免用双重否定来表示肯定的意思。例如："您在景区购买食品时，是否不愿意看到不注明食品保质期的标签？"这显然不利于对问题的理解。可改为："您在景区购买食品时是否愿意看到注明食品保质期的标签？"二是提问用语应使用易为人理解的词，避免使用一些专业用语或模棱两可的词。如"经常""普通""时常""美丽""著名"等词语，每个人的理解往往不同，在提问中应尽量避免使用或减少使用。例如："您是否经常乘坐飞机？""您是否经常下榻知名酒店？"其中"经常""知名"可能引起不同的理解。类似这类提问，有可能产生两种结果，要么胡乱作答，要么放弃该题目。无论哪样，都将影响到调研结果的准确性和客观性。

4. 提问要中性化，避免带有诱导性或倾向性的提问（impartial）

调研人员在提问时，用词要注意"折中"，不要流露自己的见解或倾向；否则，就会影响被调查者的回答。例如："消费者普遍认为×××景区的风景好，您是否也是这样的看法？"这种诱导性提问会产生两种不良后果，一是被调查者不假思索地顺应倾向性意见，敷衍了事；二是诱导性提问大多是引用权威或多数人的态度，被调查者会产生"从众"心理。

5. 提问应是被调查者能够且愿意回答的，避免令人困窘的问题（voluntary）

困窘性问题是指被调查者不愿意在调研人员面前直接回答的问题，如个人隐私、有损声誉或不为一般社会道德所认可的态度或行为等问题。例如，年龄、收入、是否离过婚、受教育程度等问题非常敏感，多数被调查者不愿意作答，即使作答了往往也是不真实的。因此，不宜直接询问，要讲究技巧，重新设计。对于这类问题，可以给出几个档次，不过分具体询问。如，您的年龄属于哪一类？ A. 18 岁以下□　 B. 18～25 岁□　 C. 26～30 岁□　 D. 31～35 岁□　 E. 36～40 岁□　 F. 40 岁以上□。

6. 提问时要注意时间范围的表达（time range）

调研问卷中经常会涉及时间概念的一些提问，提问时要考虑时效性，避免超出人们记忆范围内的问题。时间过久的问题容易被人遗忘，造成调研结果不可靠。例如："您家前年的基本开支中用于旅游的费用是多少？"类似这种问题大概很少有人能记得起来。又如："请问自 2019 年以来，您去过哪些地方旅游？"被调查者很容易被难住。应该这样提问："这两个月您去过什么地方旅游？""最近两周周末您去过哪里旅游？"

同时，时间范围的表述要明确。否则，被调查者回答结果的含义就会各不相同。例如："您最近去过×××餐馆吗？""您平均每周用于外出就餐费用的支出是多少？"在这两个提问中，"最近""平均"指的是什么时间段，表达不清楚，得到的回答也就不会准确。

7. 每项提问只能包含一项内容，避免一问两答（exclusive）

如果在一项提问中包含两项或两项以上的内容，就会使被调查者不知所措，难以回答。例如："您认为×××旅行社的产品和服务怎么样？"这种提问，实际上包含了"产品"和"服务"两项内容，使被调查者难以做出回答。应将问题拆开，分别进行提问。

（四）问题的排序技巧（sorting skills）

一份调研问卷往往是由许多提问（问题）组成的。在每个单独提问设计好之后，下一步就要考虑如何将它们按一定的顺序纳入问卷之中。如果提问顺序设计得合理，将有助于资料的收集获取；反之，将有可能影响被调查者作答，甚至影响到调研结果。问题（提问）编排顺序的设计应注意以下几方面。

1. 预热效应(preheating effect)

预热效应是指提问时应按照问题的复杂程度,先易后难、由浅入深地进行排列。最初的提问内容应能引起被调查者的兴趣和积极性,难度较大的问题和开放性问题、敏感性问题应尽量放在后面,以避免被调查者由于感到费力而对完成问卷失去兴趣或者干脆拒绝接受访问。

2. 逻辑效应(logical effect)

在一份问卷中,通常会包含有好几类问题。同类性质的问题应尽量安排在一起,以利于被调查者集中思考,方便作答、记录。尤其是针对被调查者自己填写的问卷,更要充分考虑到各种可能,最好能把问卷分成若干部分,并分别标上编号。例如:A. 甄别部分　B. 品牌认知　C. 消费行为　D. 媒体习惯　E. 背景材料等。对调研人员的提示、对被调查者的提示都要用特殊字体醒目地印出来。

此外,调研人员应将一些无关紧要或被调查者难以回答的问题予以剔除或采用"跳答"的形式,请与该问题有关的被调查者回答,以增加提问的针对性。

3. 漏斗效应(funneling effect)

在问题排列次序上,可运用"漏斗法",即最初提出的问题较为广泛,然后根据被调查者的回答情况逐渐缩小提问的范围,即由广泛性问题到一般性问题,最后是某个专题性问题。

4. 激励效应(incentive effect)

在调研过程中,被调查者可能会随着问题的深入,出现厌烦的情绪,甚至拒绝继续接受访问。此时,调研人员应适当添加一些鼓励回答的语言。如"下面的几个问题比较简单""再有3个问题就结束了"等,并配置以卡通形象或者风景图片,以此不断增加被调查者的兴趣。

5. 提示顺序(prompt ordering)

使用提示方式提问时,要注意提示顺序,在不同的问卷中做合理的顺序变换,以保证回答的客观性。如果几个选择项提示顺序相同,位于前面的项占优势,使回答者容易先入为主,因此需要准备几种选项不同的提示表,以便交互向被调查者提示,保证回答尽量客观、真实。

(五) 敏感问题处理技巧(the handling skills of sensitive problems)

在市场营销调研问卷中,有些问题可能是敏感的、私人的或服从于强烈的社会观念的话题。对于这类问题在进行提问设计时应尽量加以避免。但有时为了研究的需要又必须了解这类信息,此时就需注意问题表述的技巧和方式,以减少被调查者的顾虑,得到真实的信息。

1. 第三人称法(the method of third party)

第三人称法指将要向被调查者直接询问的问题,改成关于第三人称的问题,使被调查者处于纯客观的地位来回答问题。如"邻居将会怎么说"。

2. 关联提问法(the method of correlation enquiry)

对于被调查者不愿意直接回答的问题,可以换一个角度,对与之相关联的问题进行提问,然后由调研人员根据被调查者对关联问题的回答进行判断、推测。例如,对于女士的年龄,调研人员可以提问:"您的生肖是什么?"然后由此推断出被调查者的实际年龄。

3. 释难法(the method of explaining the difficulties)

这种方法是指通过在提问之前加一段有助于不使被调查者感到为难的文字,或在问卷引言中声明替被调查者保密并说明将采取的保密措施。这样将有助于打消被调查者的顾虑,使提问易于被被调查者所接受。

4. 数值归档法(the method of filing)

数值归档法是把被调查者不愿问答的问题放在一组问题中提出,如收入、年龄等敏感性问题。例如,对经济收入问题,可将收入分成几个连续的区间,由被调查者选择:请问您的家庭月总收入属于下列哪个范围?(单选)A. 1 000 元以下□　B. 1 001～3 000 元□　C. 3 001～5 000 元□　D. 5 001～7 000 元□　E. 7 001～9 000 元□　F. 9 000 元以上□。

5. 假设法(the method of hypothesis)

假设法是在询问被调查者的观点之前,先用某一假设的条件作为问句的前提,然后再询问被调查者的看法。

案例分析

四川省成都市大邑县安仁古镇旅游调查问卷

一、填表说明

1. 请将你所选答案填入_____,或者在_____处填上适当的内容。

2. 若无特殊说明,每一个问题只能选择一个答案。

3. 填写问卷时,请不要与他人商量,保持自我意识的选择。

二、调查内容

1. 您的性别为:_____。　　　A. 男　　　　　　　　B. 女

2. 您的年龄在_____。

A. 20 岁以下　　　B. 20～25 岁　　　C. 26～30 岁　　　D. 31～40 岁

E. 40 岁以上

3. 您的居住地点区域为_____。

A. 城市　　　B. 县城　　　C. 乡镇　　　D. 农村

4. 您的职业是_____。

A. 企业　　　B. 事业单位　　　C. 学生　　　D. 教师

E. 个体　　　F. 退休

5. 您最近一次旅游是在_____。

A. 1 个月内　　　B. 3 个月内

C. 半年内　　　D. 很少出游

6. 您获得旅游资讯的渠道有_____。

A. 朋友、家人、同事的介绍　　　B. 旅行社的介绍

C. 互联网的广告,电视广告　　　D. 其他

7. 您一般选择旅游景点的原因是_____。

A. 景色　　　B. 特产　　　C. 交通方便

8. 您出行的主要开销是_____。

A. 交通　　　B. 住宿　　　C. 购物　　　D. 门票

E. 饮食　　　F. 娱乐

9. 您每次能接受用于旅游的花费是_____。

A. 500 元以内　　　B. 800 元以内　　　C. 1 000 元以内　　　D. 1 500 元左右

E. 2 000 元以上

10. 您旅游时一般选择带回家的物品是_____。

A. 特产→请写出理由

B. 旅游纪念品/文创商品→请写出理由

C. 其他→请写出理由

11. 您旅游购物一般会花费_____。

A. 100 元以内　　　B. 100～300 元　　　C. 301～500 元　　　E. 500 元以上

12. 如果您选择购买纪念品回家,您会选择的物品有_____。(可多选)

A. 小手工艺品　　　B. 观赏品　　　C. 日常用品　　　D. 配饰

13. 您外出旅游的形式有_____。

A. 随旅行社出游　　　　　　　B. 自助旅游

C. 班级或社团组织出游　　　　D. 其他

14. 您认为外出旅游时最注重的因素是_____。(可多选)

A. 费用　　　　　　　　　　B. 舒适度

C. 安全　　　　　　　　　　D. 旅游目的地的吸引力

E. 购物　　　　　　　　　　F. 其他

15. 您选择一起出游的对象有_____。(可多选)

A. 同学　　　B. 家人　　　C. 恋人　　　D. 自己单独出游

E. 其他

16. 您选择出游的时间有_____。(可多选)

A. 周末　　　　　　　　　　B. 寒暑假

C. 国庆,"五一"假期　　　　D. 任何时间

17. 出游时,您愿意游玩的时间天数为_____。

A. 一天　　　B. 两天　　　C. 三天　　　D. 四天或四天以上

18. 关于安仁古镇,你_____。

A. 去过一次

B. 去过多次

C. 听说过安仁古镇,但并不想去→请写出原因

D. 想去

19. 您知道并了解安仁古镇的方式是_____。

A. 听人介绍　　　B. 以前来过　　　C. 报纸杂志　　　C. 其他

20. 安仁古镇吸引您的地方有_____。(可多选)

A. 可以锻炼爬山　　　　　　B. 休闲娱乐

C. 风景比较好　　　　　　　D. 没有

21. 您知道安仁古镇历史背景的程度是_____。

A. 了解　　　B. 知道一点　　　C. 完全不知道

22. 您到安仁古镇旅游的主要目的是_____。（可多选）

A. 休闲/度假　　　B. 学习/体验　　　C. 观光/购物　　　D. 访亲/交友

E. 亲近自然　　　F. 寻求刺激　　　G. 其他

23. 您到安仁古镇旅游的交通工具是_____。

A. 坐公共汽车　　　B. 骑自行车　　　C. 骑摩托车　　　D. 坐小轿车

E. 其他

24. 您认为安仁古镇风景_____。

A. 很好看　　　B. 一般　　　C. 不好看

25. 您认为安仁古镇景区内的各种标识_____。

A. 很好，标识很清楚，找景点很容易

B. 还行，标识清楚，基本能找到景点，但一些景点容易错过

C. 不太好，标识不清楚，很多景点容易错过

D. 很不方便，标识复杂，很不清楚

26. 您对安仁古镇印象最深刻的地方是_____。

27. 您在景区的总消费金额(元/人)是_____。

A. 50以下　　　B. 50～100　　　C. 101～200　　　D. 200以上

28. 您对安仁古镇比较满意的地方有(可多选)_____。

A. 景点　　　B. 导游服务　　　C. 餐饮　　　D. 交通

E. 娱乐　　　F. 购物(包括纪念品等)

29. 您认为安仁古镇需要改进的方面是_____。

30. 您在结束了安仁古镇旅游之后有没有感到物有所值：_____。

A. 有　　　　　　　　　B. 没有

31. 有机会，您是否还会再来安仁古镇：_____。

A. 会　　　B. 有可能　　　C. 不会　　　D. 再也不来

再次感谢您能填写该调查问卷，我们将认真仔细地记录您所填写的信息。祝您有愉快的一天！

注：本案例引自百度文库，经编者整理编写。

案例提示：一份优秀的调查问卷结构完善、层次分明，所涉及的问题类型多样，能够反映市场的现状。

【实训任务】　制作旅游市场营销调查问卷

请与你的团队成员紧密合作，在老师的指导下，应用所学到的知识，自选主题设计一份旅游市场营销问卷调查表，并综合运用网络调研、文献收集、现场观察等调研方法进行旅游市场营销调研。

【操作步骤】

◇ 第一步：确定市场营销调研主题

➤ 项目团队集思广益，遴选市场营销调研主题。

➢ 对确定的调研主题进行初步研究,确定调研对象、范围、调研的目的和需要解决的问题。

◇ **第二步：市场营销调研策划**

➢ 深入研究调研对象,确定调研的时间、地点和方法。

➢ 收集相关背景资料,咨询相关专业人士,拟订工作方案。

➢ 对团队成员进行分工和必要的技术培训。

◇ **第三步：收集调研资料**

➢ 收集调研主题相关的静态资料(二手资料),对收集的资料进行研究,熟悉调研主题和调研对象。

➢ 设计调查问卷,进行问卷测试并修改完善问卷。

➢ 实施问卷调查。

◇ **第四步：调研资料的整理与分析**

➢ 对采用各种方法收集的市场信息进行筛选、勘误和整理,形成资料库,存档以供今后调研使用。

➢ 对整理后的资料和数据进行问卷调查的简要分析。

【自我评估】

1. 什么是旅游市场营销调研？它对于旅游企业有何重要作用？
2. 旅游市场营销调研重点需要调查哪些情况？
3. 旅游市场营销调研有哪些种类？举例说明。
4. 旅游市场营销调研如何进行？
5. 旅游市场营销调研常用方法有哪些？各自有哪些优缺点？
6. 根据所在团队进行的调研,讨论问卷设计有何技巧。
7. 如何进行旅游网络市场调研？

项目四案例

【知识拓展】　态度测量表的使用

在旅游市场营销调研中,经常要取得被调查者的态度、意见、感觉等心理活动方面的信息,如消费者对某旅游企业促销活动的反应、对某知名品牌酒店的喜欢程度等。对于这类信息往往要借助各种数量方法加以判别和测定,即态度测量表法。

一、测量尺度(measurement scale)

(一) 名义尺度(nominal scale)

名义尺度是最简单的测量尺度,是为区别事物而指定不同数字。在大多数情况下,这些数字是作为符号来区别事物,具有分类作用,而不具备数学性质。例如,在市场营销调研中,表示被调查者的不同性别,可用1代表男性,2代表女性。

(二) 顺序尺度(ordered scale)

顺序尺度具有分类作用的同时,还能表示各类别之间不同程度的排列关系。例如："您认为×××酒店价格如何?"答案可为:A. 非常昂贵　B. 贵　C. 一般　D. 不太贵　E. 不贵。
顺序尺度所用的数字仅表示事物某些特征的顺序,并不表示量的绝对大小。

(三) 间距尺度(spacing scale)

间距尺度不仅能表示分类和顺序关系,还可确定顺序位置之间的距离。为了便于度量和计算,间距尺度一般都设计为等距关系,但没有绝对零点。例如,温度计的温度数值,它不仅可以比较温度的高低,而且还可表示 40~60℃ 的温差与 10~30℃ 的温差是相等的。但不能说 60℃ 为 30℃ 的两倍。在上例中,如用 1 分、2 分、3 分、4 分、5 分分别表示消费者对×××酒店价格的认可度,那么,1 与 2、2 与 3、3 与 4、4 与 5 之间的距离是相等的,但不能说 4 分是 2 分的两倍。间距尺度可以进行加减计算,但不能进行乘除计算。

(四) 比率尺度(ratio scale)

比率尺度除具有间距尺度的所有功能外,又有绝对零点,可以进行加减乘除计算。主要用于事物特征之间的相对比较,较常用的如身高、体重、收入等的测量。但这种尺度对被调查者态度等进行的测量有一定的难度。例如,我们可以说家庭月收入 4 000 元的是家庭月收入 2 000 元的两倍。但如果消费者对两种旅游产品价格认可度打分分别是 4 分和 2 分时,只能说明消费者对两种产品的价格认可度有差别,并不能表示对第一种旅游产品的价格认可度是第二种的两倍。

以上四种测量尺度所表达的信息内容逐渐增加,其测量值的数量化程度也依次加深。但也应注意到,间距尺度及比率尺度在计量人们态度时也有一定的限度。因此,调研人员在问卷设计过程中,应正确把握各种尺度的含义,根据调研的目的和采用的分析方法来确定测量尺度,从而确保信息资料的正确性,减少误差。

二、旅游市场营销调研中采用的几种量表(measuring scales of tourism marketing investigation)

(一) 评比量表(appraising scale)

评比量表是旅游市场营销调研中最常用的一种顺序量表。评比量表由刻度和两端组成,两端为极端性答案,中间刻度表示态度程度的渐变顺序,可以分为若干等级,少则 3 个,多则 5 个、7 个或 7 个以上,如图 4-3 所示。

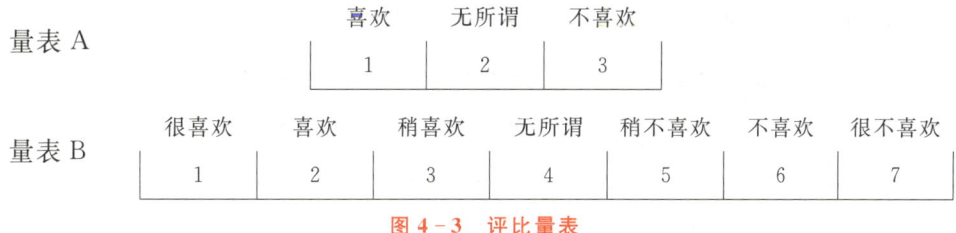

图 4-3　评比量表

在使用评比量表时,应注意中间刻度的划分不宜过细,否则会使被调查者难以作答。

(二) 语义差异量表(semantic differential scale)

语义差异量表首先是确定要进行测定的事物,如企业形象、品牌形象等。然后将对该事物加以描述的形容词列于量表的两端,在两个反义词之间划分为若干等级(一般为 7 个),每一等级的分数分别为 1、2、3、4、5、6、7 或 +3、+2、+1、0、-1、-2、-3。最后,被调查者在每一量表上选择一个答案,由调研人员将答案汇总,从而判断被调查者的意见或态度。表4-2是调查某航空公司机上杂志形象的语义差异量表。

表4-2　　　　某航空公司机上杂志形象的语义差异量表

描述词	-3	-2	-1	0	1	2	3	描述词
枯燥无味								趣味性强
时代性差								时代性强
文笔差								文字优美
跟随潮流								领导潮流
不受欢迎								很受欢迎
可靠性差								可靠性强
插图差								插图好
适用男性								适用女性

(三)顺位量表(sequence scale)

顺位量表是指调研人员向被调查者列出若干不同项目,由被调查者按其偏好程度进行比较,然后按要求的标准排列出先后顺序。在调查消费者的品牌偏好时,可采用这种方法。例如,请您按喜欢的程度对下列景区服务质量进行打分,最喜欢为6分,最不喜欢为1分(顺序为1~6):都江堰-青城山( )　峨眉山( )　安仁古镇( )　欢乐谷( )　金沙博物馆( )　九寨沟( )。

顺位量表存在着一些不足:第一,量表中所列出答案的顺序会影响到被调查者的选择顺序;第二,如果在所有的选项中没有包含被调查者的选择项,那么结果就会对被调查者产生误导。

(四)图解量表(graphic scale)

图解量表实际上是语义差异量表的一种变形,即将语义差异转化为图形差别。采用图解量表可以跨越年龄界限(从儿童到老人),适用范围更广,更具吸引力,从而调动被调查者的回答兴趣,如图4-4所示。

喜欢　　　　　　　　无所谓　　　　　　　　不喜欢

图4-4　图解量表

(五)李克特量表(Liket scale)

李克特量表是市场调研问卷设计中运用十分广泛的一种量表。这种量表是由能够表达对所测量的事物是肯定还是否定态度的一系列陈述所构成的。然后,要求被调查者按照对每一条陈述的肯定或否定的强弱程度进行表态,并折合成分数。最后将这些分数进行加总,并以此测定被调查者的态度。

李克特量表的设计过程可分为以下几个步骤。

第一步,拟订 50～100 条关于态度对象陈述的语句。其所表达态度的倾向有肯定的和否定的两个方面,每一陈述语句的答案相同,均为五个(或七个)等级。例如:❶ 非常同意 ❷ 同意 ❸ 未定 ❹ 不同意 ❺ 非常不同意。

第二步,把所有陈述语句分为两类,肯定态度的语句和否定态度的语句。记分方式是:表示肯定态度的五个等级的分数依次为 5、4、3、2、1;否定态度的五个等级的分数依次为 1、2、3、4、5。如果被调查者的态度是肯定的,他就可以在"非常同意"或"同意"中进行选择;如果被调查者的态度是否定的,他就应在"不同意"或"非常不同意"中选择;如果既不赞成也不反对,则选择"未定"。

第三步,选定若干被调查者,要求他们针对态度对象,根据自己的看法就所列出的每一陈述语句进行评分。这样就可以获得选择陈述语句制定量表的数据资料。

第四步,陈述语句的选择决定。可采用平均值差数法来进行。平均值差数法是先将被调查者对每一陈述语句所作的答案换成分数,然后将所有被调查者按其总分大小由高到低顺序排列,截取最高分数段的 25% 为高分组,最低分数段的 25% 为低分组。求出这两个组中每一语句的平均值,计算高分、低分组的平均值的差额,即辨别力分,作为语句筛选的标准。差值大者说明该语句的辨别力强,则入选,差值小者,说明语句辨别力差,则剔除掉。所有入选语句即可组成量表,可用于正式的调查。表 4-3 是经过陈述语句筛选后形成的关于顾客对某商场服务质量态度测评的李克特量表。

表 4-3　　　某商场服务质量态度测评的李克特量表

问 题 陈 述	评 分 标 准				
	非常同意	同 意	未 定	不同意	非常不同意
该商场服务员专业知识精通	5	4	3	2	1
该商场商品种类齐全	5	4	3	2	1
该商场货架摆放合理	5	4	3	2	1
该商场收银系统偶尔有故障	5	4	3	2	1
该商场服务员耐心解答顾客问题	5	4	3	2	1
该商场售后服务好	5	4	3	2	1
该商场安保措施得力	5	4	3	2	1

项目五　旅游目标市场定位

【素养目标】

1. 培养学生严谨客观的工作态度和求真务实的职业精神。
2. 引导学生关注细分市场的多元化需求,树立"以人为本"的服务理念。

【岗位能力】

1. 能够进行旅游市场细分,选准适合自己的目标市场。
2. 能够科学分析旅游目标市场,并能制定出有效的旅游市场定位策略。

【知识目标】

1. 了解旅游市场细分、旅游市场定位的基本概念。
2. 掌握旅游市场细分的标准和程序。
3. 掌握旅游目标市场的选择依据和五种选择模式。
4. 掌握旅游市场定位的基本步骤与基本策略。

案例引入

◇ **案例:旅行社重视细分市场,推陈出新应对需求变化**

　　随着互联网的崛起,旅游市场环境发生变化,旅行社业务面临巨大挑战。新时代的消费者在出游目的、出游方式、交通工具、目的地选择以及产品购买渠道等方面都存在较大差异性。旅行社要想生存,要突破传统的业务范畴,从细分市场的角度出发,根据不同客群的特征,调整产品内容,转变运营模式,才能持续应对市场变化。

　　1. 应对消费习惯变化:加强产品精准度、个性化

　　旅行社的经营者们从消费者行为中意识到旅游业真的变了。不仅游客的消费能力、消费标准、消费需求变了,连游客的消费路径也变了。他们不再像以前那样到旅行社门店咨询、报名,而是开始热衷于自助旅游、自驾出行,传统的跟团游大幅减少。

　　旅行社也早有准备,既然散客拼大团已不是跟团旅游的主流,旅行社就开始主打小

团、落地团产品，专为满足自驾游和自助游的旅客。在旅游服务方面，也一改以导游讲解为主的模式，而是提供更加精细化、个性化的服务，根据团队需求进行定制成为旅行社产品调整的必选项。

某旅行社的负责人表示"以前拼一个团，既有老人，又有亲子，还有情侣，但他们的需求是不同的，这种拼大团的模式不适应发展了。现在针对不同人群研发不同产品，精准度更高，比如中老年人的团，就不建议亲子和情侣参加。"另外，旅行社还改变了过去旅游产品大而泛的模式，更注重产品的沉浸式体验，要让游客们更好地感受当地美食、民族风情、地域文化等。

2. 注重社交属性：新媒体平台发力获客

近年来，人们获取旅游信息的渠道悄然转变，更喜欢通过新媒体获取旅游信息并下单。现在的游客，尤其是年轻人，很少到门店咨询，都是通过新媒体查找旅游信息。为应对这一变化，旅行社也开始在抖音、视频号等新媒体平台运营上发力。抖音数据显示，2021年10月至2022年9月，抖音旅游万粉级达人直播带来了158亿多人次的观看，抖音旅行短视频共计被看到14 128亿次，酒旅达人订单增长达862%；2022年3月至9月半年时间，入驻抖音生活服务的酒旅商家增长了192%。

某国际旅行社负责人表示，他们旅行社的产品已经具备网红化、社交性的特点，他们很早就着力打造自媒体矩阵，目前已有1 000多个自媒体账号，在小红书、抖音等自媒体平台通过博主宣传推荐而获客。

在产品内容方面，传统的旅行产品每天行程安排比较满，走马观花地游览多个景点，而年轻人更喜欢打卡网红旅游产品，通过社交平台分享获得点赞。在跟团旅行的选择上，年轻人客群更喜欢与有共同爱好和兴趣的人出去玩，在旅行过程中交朋友。为了满足年轻人对网红产品的需求，旅行社在产品内容设计上要更注重社交属性。

2023年春节旅游市场异常火爆，这也让旅行社经营者们对文旅行业的信心大涨。他们纷纷表示会注重游客需求的变化，充分研究年轻人、亲子、中老年等细分市场的出游需求和个性化特征，有针对性地推出新产品。相信在旅行社经营者们的共同努力下，旅行社业务一定会有很大的起色。

注：本案例引自湖南省文化和旅游厅官方平台（订阅号），经编者整理编写。

◇ 案例启示

➤ 年龄、性别、职业、生活方式、经济水平等个人特征都会影响旅游者的购买决策，企业可以通过细分市场了解不同消费者群体的相似需求特点，有针对性地设计产品来满足需求。相对传统的跟团游，自助游、自驾游旅客的出游需求更加多元化，旅行社推出定制服务可以更精准地满足消费者个性化的出游需求。同样，亲子、情侣、老年人等客群，在出游目的、产品偏好等方面的需求存在较大差异，以小团的形式代替拼团，可以更好地提升游客的满意度。

➤ 旅游市场细分也影响旅游企业的经营决策，企业可以根据细分市场的规模，调整经营策略和营销渠道，以实现自己的经营目标。新媒体的崛起创造出一个全新的运营平台，巨大的流量为旅游市场带来商机。旅行社抓住机遇调整企业经营策略，从线下转向线上,着手布局自媒体矩阵和打造网红旅游产品,依托新媒体平台拓展客源和开展营销,依托产品的"网红"定位,不仅抓住了年轻人客群,自身也成为网络时代的新晋"网红"。

➤ 以上案例充分说明旅游市场细分对旅游企业经营的重要性,全面分析和了解细分市场,掌握如何根据市场细分情况进行准确定位是非常有必要的。

 【知识准备】

一、旅游市场细分(tourism market segmentation)

市场细分是按照购买者的需要和欲望、购买态度、购买行为特征等不同因素,将一个市场划分为若干不同的购买者群体的行为过程,这个过程就是市场细分。市场细分的思想最早是由美国学者史密斯(Wendell R. Smith)提出的,他认为旅游企业所面对的市场同样是一个由许多具有不同需求和要求的顾客所组成的异质市场。实践已经证明,旅游企业必须在市场细分的基础上,选择一个或几个适合自己的细分市场,然后制定具有针对性的营销组合战略,才能获得成功。近年来,旅游企业中取得成功的几乎没有一家不是用市场细分这一营销武器的。

(一)旅游市场细分的含义(concept of tourism market segmentation)

旅游市场细分是指旅游企业根据旅游者特点及其需求的差异性,将一个整体市场划分为两个或两个以上具有相类似需求特点的旅游者群体的活动过程。经过市场细分后,每一个具有相类似需求特点的旅游者群体就是一个细分市场。旅游企业可以根据旅游者特点及其需求的差异性,把一个整体市场加以细分,即划分为具有不同需求、不同购买行为的购买者群体。属于一个细分市场的旅游群体是假设他们有相同的需要和欲望,但他们并非等同于一个人。某些细分市场成员希望增加基础产品和服务以外的附加功能和利益;而另一些却希望放弃他们不想要的那一部分内容。比如,一个酒店的目标群体是比较"富有"的人,因此在房间里提供许多方便、舒适的物品,以提高顾客的满意度。但在这些目标群体中,有些顾客并不需要某些多余的东西,如传真机;而另一些顾客却希望减少一些奢侈品以降低房价。因此,对市场的细分不可能精确到每个人,但比大众化营销要精细得多。它可以使得旅游企业有效地分配和使用有限资源,进行各种营销活动并向市场提供独特的服务产品以及相关的营销组合。旅游企业的市场细分包括以下几个方面。

(1)旅游企业的营销人员从纷繁复杂的消费者群体中找出具有相同特征的一类,之后加以归类,采取一定的营销措施,使得旅游企业的有限生产能力得以充分的发挥。

(2)市场细分的标准是不同消费者的消费特征。比如,需求特点、购买动机、购买行为等特征。旅游市场消费者的消费特征越鲜明,越有利于旅游企业制定行之有效的营销策略。

(3)旅游市场细分的最终目的是使得旅游企业现有的生产能力、产品供应能够最大限度地满足消费者的需求,以此来实现旅游企业的经营目标,从而维持和扩大旅游企业的市场占有率。具体地说,旅游市场由许多不同使用者和购买者所组成,它包括观光旅游者、商务旅游者、度假旅游者、奖励性旅游者、探险旅游者等。这些旅游者具有不同的需求和不同的消费行为。旅游市场还包括许多只购买旅游企业的产品,但不做最终使用的购买者,如旅行社、旅游批发商、航空公司、铁路办事处等。任何一家旅游企业都不可能同时使旅游市场中的每一个使用者或购买者满意。所以,旅游企业只有通过市场细分来划分出一个或几个目标市场作为主要经营对象。例如,有些规模大、地理位置好的旅游企业,就可以通过市场细分,选择豪华旅游团及商务旅游团作为其目标市场,主要经营业务活动和营销活动应集中在这两个目标市场上。一些规模不大、实力不强的旅游企业,则适宜在细分市场的基础上,选择团体包价旅游观光者等作为目标市场。总之,每个旅游企业都应根据自己的特点进行市场细分,寻找适合自己经营的目标市场。

(二) 旅游市场细分的作用(function of tourism market segmentation)

旅游市场细分对旅游企业的经营有很大的影响,它对旅游企业来说是分析自己需求的重要手段,也是旅游企业做营销决策的重要依据。具体来讲旅游市场细分对旅游企业有以下作用。

1. 旅游市场细分是旅游企业衡量市场机会与企业实力的依据(the basis of measuring market opportunities and enterprises strengths)

市场机会的大小,必须与企业自身的经营实力相匹配。如果一个细分市场机会很大,但需要企业投入大量的基础设施、资金规模、人力资源等,这对规模较小的旅游企业而言,即使进入该细分市场,由于自身实力不能满足市场需求,也难以形成自身的竞争优势,将很快被其他竞争对手打败。同样,如果细分市场机会太小,而旅游企业规模与实力较大,企业即使完全占领该市场,仍难以维持企业的生存与发展。因此,通过对旅游市场的细分,旅游企业能够对市场机会与企业自身实力之间进行比较和评估,从而保持市场机会与企业实力之间的相对平衡。

2. 旅游市场细分是旅游企业进入与退出细分市场的依据(the basis of entering or exiting market)

通过市场细分,旅游企业才能对各个细分市场的需求容量进行有效的评估,才能准确判断该细分市场主要竞争对手的实力与优势,并通过企业自身优势与竞争对手的对比,决定是否进入该细分市场,或者是否适时退出该细分市场;否则,又会进入下一轮的重复建设和恶性竞争,出现盲目的企业行为。

3. 旅游市场细分是旅游企业确定企业目标和营销战略的依据(the basis of determining enterprises objectives and marketing strategies)

通过市场细分,旅游企业才能有效地确定目标市场,进而确定在该市场参与竞争的营销战略。旅游企业到底应该占领哪些细分市场;重点为谁提供产品和服务;获得什么样的地位;是否是把产品销售给全世界的每一个人;只有经过市场细分之后,才能确定。

4. 旅游市场细分是旅游企业确定市场发展的优先级和重要性的依据(the basis of determining the priorities and importance of market development)

在众多的细分市场中,对旅游企业而言,到底哪些细分市场相对吸引力更大,如何确定先后次序和轻重缓急,只有经过市场细分,并进行评估以后,才能分清细分市场的主次。

(三) 旅游市场细分的原则(principles of tourism market segmentation)

旅游市场细分的结果是否科学合理,可从以下四个方面来进行评判,这四个方面也是进行有效市场细分时所应遵循的基本原则。

1. 可衡量性(the principle of measurability)

细分标准是用来描述细分市场的特征的,这些标准应该可以明确细分出来,而且描述这些市场特征的资料应该能够获得。如消费者的年龄不但可以衡量,而且有相关资料可查,因此它可以作为一个细分标准。相反,例如生态环保型产品可能是细分除草机市场的一个细分标准,但该标准不易衡量,资料也难以获得,因此不能算作是一个好的细分标准,或者说细分出来的细分市场对营销的意义不大。

2. 可实现性(the principle of realizing)

可实现性是指旅游企业所选择的目标市场是否易于进入;在企业现有资源条件下,企业能否利用现有营销力量进入细分后的某个细分市场。企业营销工作要有可行性,企业的营销组合通过适当的营销途径必须能达到目标市场。譬如,通过适当的营销渠道,产品可以进入所选中的目标市场;通过适当的媒体可以将产品信息传达到目标市场,并使有兴趣的消费者通过适当的方式购买到产品等。

3. 可盈利性(the principle of profitability)

细分市场应具备给企业带来盈利的潜力。每一个市场必须足够大,能够保证企业在其中经营可以盈利。

4. 可区分性(the principle of distinguishing)

可区分性是指在不同的细分市场之间,在概念上可清楚地加以区分。

(四) 旅游市场细分的标准(criteria of tourism market segmentation)

要进行有效的市场细分,必须找到科学的细分依据。每个旅游者都具有许多特点,如年龄、职业、文化程度、购习惯等。这些特点正是导致顾客需求出现差异的因素。每一个这样的因素都可以作为对市场实施细分的依据。不同类型的市场,细分的因素也有所不同,而且这些因素又处于动态之中,因此被称为"细分变量"或"市场细分标准"。总体上来说,旅游市场可以按照以下几种标准进行细分。

1. 地理细分(segmentation according to geography)

旅游活动本身是以旅游者的空间位移为典型特征的,因此按照地理因素对旅游市场进行细分有着非常重要的意义。例如,世界旅游组织根据地区间在自然、经济、文化以及旅游者流向等方面的联系,将世界旅游市场细分为六大旅游区域:欧洲市场、美洲市场、东亚及太平洋市场、南亚市场、中东市场和非洲市场。我们通常所说的"国内旅游市场"和"国际旅游市场"是按国界进行市场细分,这是旅游目的地国家或地区细分国际旅游市场最常用的形式。此外,地区、城市、乡村、不同的气候带、地形地貌等都可以作为地理细分的标准。旅游企业可以在一个或一些地理区域开展业务,或者面向全部地区。但是,要注意地区之间的需要和偏好的不同。

2. 人文统计细分(segmentation according to demography)

人文统计细分是将市场按人文统计学变量,如年龄、家庭人数、家庭类型、家庭生命周期、性别、职业、教育、文化、宗教、种族、国籍、社会地位、社会阶层、个人喜好等,以此为基础划分成不同的群体。根据这些不同的群体可将旅游市场划分为若干个细分市场。由于人文统计变量是区分旅游消费者群体最常用的基础,它与顾客的欲望、偏好以及对旅游企业产品使用频率的关系比较密切,因而是旅游企业细分市场的常用依据。我们可以用以下人文统计因素来进行旅游市场细分。

(1) 年龄和生命周期阶段。

由于旅游者的欲望和消费能力是随着年龄而变化的,所以旅游企业可以根据游客的年龄差异,将自己的客源市场细分为老年人市场、中年人市场、青年人市场和儿童市场。各个年龄阶段的旅游者对旅游企业产品的需求有不同的偏好,而且消费能力也是不同的,旅游企业应该结合自己的特点去选择服务的主体对象。

(2)性别。

性别细分一直用于服装、理发、化妆品、杂志和汽车等行业,旅游领域的市场营销者偶尔也会注意到性别细分的机会,但是还远远不够,因为性别细分市场的潜力是很大的。在旅游企业总体市场中,男性顾客和女性顾客的需求是不同的。旅游企业应针对不同性别顾客设计旅游产品。比如说,对女性顾客设计赴韩国美容整容旅游、购物旅游等。

(3)家庭类型。

在亚洲的许多国家,父母和自己的已婚子女住在一起,这是一种扩展型家庭。这种生活方式具有一定的营销意义。因为该家庭的每个成员都要参与旅游产品的购买或使用。

另外,一个国家的家庭数目和每个家庭的平均人口多少,也是旅游市场细分的依据。如没有小孩的家庭出外旅游的可能性更大,消费额也更高。子女的因素往往会影响全家对旅游目的、旅游时间、活动内容和消费项目的选择。当中老年夫妇的孩子开始经济独立,父母就可以摆脱子女的约束外出旅游了。因此,旅游企业可以根据不同家庭对旅游企业产品的服务预期和需求的不同来选择自己的细分市场。

(4)宗教。

在亚洲有各种各样的宗教,主要有伊斯兰教、印度教、基督教、天主教、佛教、道教和儒教。对于旅游营销者来说,能了解各种宗教派别的特殊要求是非常关键的。例如,穆斯林消费者在印尼和马来西亚较多,并且在印度、新加坡和中国也有一部分。因此,旅游企业可以根据不同宗教派别标准和需求,来选择自己的细分市场。

3. 行为细分(segmentation according to behavior)

不同的旅游者在行为上往往会有很大的差异。因此,按照旅游者的行为进行市场细分是很有效的。依据购买组织形式变量将旅游市场细分为团队市场和散客市场,是旅游市场最基本的细分形式之一。而近些年来散客市场得到很大的发展,成为世界旅游市场的主体。在这一市场中,形式也日益复杂多样,出现了独自旅游、结伴同游、家庭旅游、小组旅游等形式。又比如,有些旅游者在旅游时只乘坐某一家航空公司的飞机或只住一家旅店,因此航空公司和饭店可以按照这种行为习惯将旅游者分为坚定的品牌忠诚者、转移型的忠诚者和无品牌偏好者,然后通过一系列市场营销活动来扩大市场占有率。

一些旅游方面的专家认为,随着旅游市场全球化进程的加快,用来划分国际市场的一些传统变量,如地理变量和国家界限等,将会逐渐被心理变量、行为细分所代替。因为它能够更加准确地反映顾客之间的文化异同,从而更加有利于确定目标市场。在西方发达国家里,新出现的一些细分市场包括:老年人市场、年轻的单身者、旅游探险者、文化探索者、高尔夫爱好者以及其他特殊兴趣团体。

4. 心理细分(segmentation according to psychology)

在心理细分中,根据旅游者的社会阶层、个性特征和生活方式等心理因素进行旅游市场细分。在同一人文统计群体的人可能表现出差异极大的心理特征。在定义一个旅游市场时,既要了解旅游者的需求,也要了解需求背后的原因。人们为了生存会有一些基本的需要,这些是人类生理需求,如吃、喝、睡、保暖和生育。人们同样也有精神需求,如被爱、自尊、成就感和社会认同感。

根据马斯洛的五个需求层次，旅游者的旅游动机可以分为以下几类：❶ 度假旅游；❷ 商务旅游；❸ 保健旅游；❹ 会议旅游；❺ 宗教旅游；❻ 购物旅游；❼ 主题旅游（教育、运动、养生、美容）；❽ 探亲访友。

每个细分市场的旅游者需求都不同，虽然有些特征是重合的。最明显的区别是度假和商务游客，他们对不同的产品有不同的需求值，他们的消费模式也不同。度假游客需要较高的服务质量，在做决定时需要时间和指导意见，不断地做价格比较。他们通常度假时间较长，并且受季节、社会和经济因素的影响。

商务游客和会议游客决定较快，通知的提前时间较短，出行时间短、次数多，因为是公司付账对价格不太敏感。对于他们来讲，旅游不是个人选择，不受季节的影响，他们需要的是快捷、方便、灵活和单据齐全。探亲访友的游客往往出游预算较低，对旅游产品和服务的需求低于商务游客和会议游客。

5. 多种态度的细分（segmentation according to multi-attitude）

旅游营销者现在不再谈论消费者的一般态度，他们甚至把分析只集中在少数几个细分市场，而且日益交叉几种变量以力争确定更小的、更确定的目标群体。因此，一个旅游企业做细分市场时还要根据消费者的当前收入、财产储蓄和对风险的态度来进行细分。

（五）旅游市场细分的步骤（steps on tourism market segmentation）

旅游市场细分的标准确定后，旅游企业经营者如何按照这个标准对复杂的旅游市场进行划分、分析和评估，进而确定自己的目标市场呢？美国市场营销专家麦卡锡（Jerome Mccarthy）提出市场细分一般由以下七个相互关联的步骤组成。

1. 选定市场范围，确定经营方向（selecting the market range and determining the business direction）

旅游经营者在确定了总体经营方向和经营目标之后，就必须确定其经营的市场范围。这项工作是企业市场细分的基础。市场范围是以旅游者需求为着眼点确定的，因此通过调查工作分析市场需求动态是必要的。同时，企业应充分结合自己的经营目标和资源，从广泛的市场需求中选择自己有能力服务的市场范围，不宜过窄或过宽。

2. 了解客源市场，确定潜在市场需求（understanding the customer market and determining the potential market demand）

在确定适当的市场范围后，根据市场细分的标准和方法，了解市场范围内所有现实和潜在顾客的需求，并尽可能地详细归类，以便针对旅游者需求的差异性，决定采用何种市场细分变量，为市场细分提供依据。

3. 分析可能存在的细分市场（analyzing the possible market segments）

通过分析不同旅游者的需求，同时找出旅游者需求类型的地区分布、人口特征、购买行为等方面的情况，做出分析和判断，构成可能存在的细分市场。

4. 确定主要的市场细分标准（determining the criteria of market segmentation）

企业应分析哪些需求因素是重要的。通过与企业实际情况和各细分市场的特征进行比较，寻找主要的细分因素，筛选出最能发挥本企业优势和特点的细分市场。

5. 为可能存在的细分市场命名（naming the possible market segments）

旅游经营者可以根据各个细分市场的主要特征，用形象化的语言或其他方式，为各个可能存在的细分市场确定名称。

6. 评价初步细分的结果,进一步了解各细分市场的消费需求和购买行为(appraising the preliminary result and understanding the consuming demand and purchasing behavior)

通过深入分析各细分市场的需求,了解旅游市场上消费者的购买心理、购买行为等,对各细分市场进行必要的分解或合并,这项工作将帮助饭店寻找并发现最终的目标市场。

7. 分析各细分市场的规模和潜力(analyzing the scales and potentials of markets)

在前面6个步骤完成后,各细分市场的类型已基本确定,此时企业应估算各细分市场的潜在销售量、竞争状况、盈利能力、发展趋势等,并找出市场的主攻方向,进而确定目标市场。市场细分的以上步骤有利于企业在市场细分中正确选择营销目标市场,但无须完全拘泥于某一种模式,可以根据实际情况进行简化、合并或扩展。

二、旅游目标市场的定位(selecting tourism target market)

一旦旅游企业确定了市场细分机会,他们就必须依次评估各种细分市场和决定为多少个旅游细分市场服务。

(一)评估细分市场(evaluating the market segments)

在评估各种不同的细分市场时,旅游公司必须考虑两个因素,一是细分市场结构的吸引力;二是公司的目标和资源。首先,公司必须自问这潜在的细分市场是否对旅游公司有吸引力。例如,它的大小、成长性、盈利率、规模经济、风险等。其次,旅游公司必须考虑对细分市场的投资与公司的目标和资源是否相一致。某些细分市场虽然有较大的吸引力,但不符合公司长远目标,因此不得不放弃。即使这个细分市场符合公司的目标,它也必须考虑本公司是否具备在该细分市场获胜所必需的技术和资源。无论哪个细分市场,要在其中取得成功,必须具备某些条件。如果公司在某个细分市场缺乏一个或更多的能力并且无法获得,该细分市场就应该放弃。但是,公司光凭必要的能力是不够的,如果它要真正赢得该细分市场,它需要发挥其压倒性的竞争优势。公司如果不能制造某些优势价值,就不应该进入该市场或细分市场。

(二)选择细分市场(selecting the market segments)

旅游企业在对不同细分市场评估后,就必须对进入哪些市场和为多少个细分市场服务做出决策,为自己选择一个适合自身发展的目标市场。我们现在假设整个旅游市场一共有甲、乙、丙、丁四个顾客群,每个顾客群的需求基本是相同的。同时,该市场共有A、B、C、D四种旅游产品和服务。按旅游企业对不同的细分市场的选择,可以得出五种选择模式,如图5-2至图5-6所示。

产品	甲	乙	丙	丁
A	■			
B				
C				
D				

图5-2 密集单一市场

产品	甲	乙	丙	丁
A	■	■	■	■
B				
C				
D				

图5-3 产品专门化

产品	甲	乙	丙	丁
A	▨			
B	▨			
C	▨			
D	▨			

图 5-4　市场专门化

产品	甲	乙	丙	丁
A				
B	▨		▨	
C				▨
D		▨		

图 5-5　有选择的专门化

产品	甲	乙	丙	丁
A	▨	▨	▨	▨
B	▨	▨	▨	▨
C	▨	▨	▨	▨
D	▨	▨	▨	▨

图 5-6　完全覆盖市场

1. 密集单一市场(concentrated market)

如图 5-2 所示,旅游企业只向甲类顾客提供 A 类旅游企业产品服务。这是一种典型化的集中模式,无论从产品角度看还是从市场角度看,旅游企业的目标市场都是过度集中在一个市场面上,旅游企业只提供一类产品,服务于一类顾客群。许多小旅游企业,由于自己的规模和资源有限,往往采用这种模式。单一市场模式使得旅游企业的经营对象单一化。这样,旅游企业就可以集中一切力量,在一个细分市场上获得较高的市场占有率。我们说,此时该旅游企业只选定了一个目标市场。

2. 产品专门化(product specialization)

如图 5-3 所示,旅游企业提供 A 类产品或服务,同时为甲、乙、丙、丁四类顾客群服务。此时,该旅游企业的目标市场已扩大到四个。市场面扩大了,旅游企业有可能摆脱对个别细分市场的依赖,减少经营风险。

3. 市场专门化(market specialization)

市场专门化即顾客专门化,从图 5-4 看,旅游企业专门为甲类顾客提供 A、B、C、D 全部产品服务,满足甲类顾客的全部需求。这种做法能建立旅游企业与这群顾客之间良好的关系,降低成本。

4. 有选择的专门化(selective specialization)

如图 5-5 所示,旅游企业在对市场进行详细细分的基础上,有计划地选择并进入几个不同的细分市场,对不同的顾客群提供不同的服务:旅游企业对甲类和丙类顾客提供 B 类服务,对乙类顾客提供 D 类服务,对丁类顾客提供 C 类服务。

5. 完全覆盖市场(full coverage market)

如图 5-6 所示,资金雄厚、实力强大的旅游企业,同时进入所有的细分市场,它提供多种产品服务,几乎可以满足所有顾客不同的需求。这是大旅游企业为在市场上占据领导地位而采取的策略。

在运用上述五种模式时,旅游企业一般总是首先进入最具吸引力的细分市场,只是在条件和机会成熟时,才会逐步扩大目标市场范围,进入其他细分市场。

(三) 评估和选择细分市场的其他因素(other factors of evaluating and selecting market)

旅游企业在评估和选择细分市场时,除了考虑上述因素外还必须考虑以下四个因素。

1. 目标市场的道德选择(moral selection on target market)

旅游市场目标有时会引起争议。公众关注对容易被侵入群体(如孩子)或有弱点的群众或促销潜在的有害旅游产品等的不公平的营销者手段。当这些问题被涉及时,旅游营销者需要担负起社会责任。因此,在市场目标的选择上,问题不在于向谁推销,而在于怎样和用什么内容推销。社会责任营销要求旅游市场细分和目标化的服务,不仅要考虑旅游公司的利益,也要考虑整个目标的利益。

2. 细分相互关系与超级细分(interrelationship and supper segment)

旅游公司在若干个服务的细分市场中进行选择的时候,应该密切注意在成本、经营管理或技术方面的细分相互关系。旅游公司经营其固定成本可以增加产品以吸收和分摊成本的一部分。因此,销售队伍的成本应加入销售产品的成本,这就需要调查与规模经济同样重要的范围经济。

3. 逐步进入细分市场的计划(plan on gradually entering)

即使公司计划要进入某个超级细分市场,明智的做法应该是一次进入一个细分市场,并将全盘计划保密。不能让竞争者知道本公司下一步将要进入哪个细分市场。旅游公司应该制订包括进入细分市场的顺序和时间安排在内的长期发展计划。应该先在市场上找到立足点,然后再推出其他旅游产品,以求发展。

4. 内部细分合作(internal cooperation)

管理细分市场的最好方法是任命细分市场经理,他有足够的权力和对细分业务负责。同时,细分市场经理还要与其他公司的人事进行合作,以便提高整个公司的绩效。这种方法称为跨部门合作。

(四) 选择目标市场的依据(basis of tourism target market selection)

目标市场选择的好坏直接决定着旅游企业营销的成败。那么,目标市场选择的依据是什么?目标市场选择依据包括以下几个方面。

1. 有一定的规模和发展潜力(the certain scale and development potential)

企业进入某一市场是期望能够有利可图。如果市场规模狭小或者趋于萎缩状态,企业进入后难以获得发展。此时,应审慎考虑,不宜轻易进入。当然,企业也不宜以市场吸引力作为唯一取舍。特别是应力求避免"多数谬误",即与竞争企业遵循同一思维逻辑,将规模最大、吸引力最大的市场作为目标市场。大家共同争夺同一个顾客群的结果是,造成过度竞争和社会资源的无端浪费,同时使消费者的一些本应得到满足的需求遭受冷落和忽视。现在国内很多企业动辄将城市尤其是大中城市作为其首选市场,而对小城镇和农村市场不屑一顾,很可能就步入误区。如果转换一下思维角度,一些目前经营尚不理想的企业说不定会出现"柳暗花明"的局面。

2. 细分市场结构的吸引力（attraction of structures of the market segments）

细分市场可能具备理想的规模和发展特征，然而从盈利的观点来看，它未必有吸引力。波特认为有五种力量决定整个市场或其中任何一个细分市场的长期的内在吸引力。

这五个群体是：同行业竞争者、潜在的新参加的竞争者、替代产品、购买者和供应商。他们具有如下的威胁性。

（1）细分市场内激烈竞争的威胁。

如果某个细分市场已经有了众多的、强大的或者竞争意识强烈的竞争者，那么该细分市场就会失去吸引力。如果出现该细分市场处于稳定或者衰退期，生产能力不断大幅度扩大，固定成本过高，撤出市场的壁垒过高，竞争者投资很大，那么情况就会更糟。这些情况常常会导致价格战、广告争夺战、新产品推出，使公司要参与竞争就必须付出高昂的代价。

（2）新竞争者的威胁。

如果某个细分市场可能吸引会增加新的生产能力和大量资源来争夺市场份额的新的竞争者，那么该细分市场就会没有吸引力。问题的关键是新的竞争者能否轻易地进入这个细分市场。如果新的竞争者进入这个细分市场时遇到森严的壁垒，并且遭受到细分市场内原来的公司的强烈报复，他们便很难进入。保护细分市场的壁垒越低，原来占领细分市场的公司的报复心理越弱，这个细分市场就越缺乏吸引力。某个细分市场的吸引力随其进退难易的程度而有所区别。根据行业利润的观点，最有吸引力的细分市场应该是进入的壁垒高、退出的壁垒低。在这样的细分市场里，新的公司很难打入，但经营不善的公司可以安然撤退。如果细分市场进入和退出的壁垒都高，那里的利润潜力就大，但也往往伴随较大的风险。因为经营不善的公司难以撤退，必须坚持到底。如果细分市场进入和退出的壁垒都较低，公司便可以进退自如，然而获得的报酬虽然稳定，但不高。最坏的情况是进入细分市场的壁垒较低，而退出的壁垒却很高。于是在经济良好时，大家蜂拥而入，但在经济萧条时，却很难退出。其结果是大家都生产能力过剩，收入下降。

（五）确定目标市场的步骤（steps on determining tourism target market）

确定目标市场是旅游企业最重要的营销活动之一，它能帮助旅游企业营销人员解决许多营销决策问题。旅游企业的目标市场是那些最有潜力并且旅游企业自己最有能力经营的细分市场。它可能是一个，也可能是多个，要看实际情况而定。旅游企业目标市场的确定有一定的过程，具体步骤如图5-7所示。

1. 收集不同细分市场资料（information collection）

这些资料包括销售额、预期的利润、竞争力和所需要的市场营销渠道。一般来说，旅游企业只去选择有较大的销售额、高的销售增长率、大的利润幅度、微弱的竞争状态和要求简单的市场营销渠道的细分市场作为目标市场。通常每一个细分市场都难以在以上各个方面都做到最好，这时候就需要旅游企业做出权衡。

收集不同细分市场资料

制定细分因素表进行市场细分

对各细分市场进行定性分析

对各细分市场进行定量分析

对各细分市场进行评估，确定目标市场

图5-7　确定旅游企业目标市场的步骤

2. 制定细分因素表进行市场细分(formulating criterion)

市场细分的因素很多,包括地理因素、人口特征因素、消费行为因素等方面。旅游企业营销人员可以根据实际情况来选择合适的市场细分因素。不过要注意细分因素的综合性,即要避免只从单方面去选择细分因素。营销人员可以从多方面选出的细分市场制定简表以供参考,再根据细分因素表将市场划分为若干个细分市场。

3. 对各细分市场进行定性分析(qualitative analysis)

定性分析是指对各细分市场的性质进行分析。如细分市场消费者的消费态度、价值观念、细分市场的发展趋势、变化情况、增长方式以及专家们对各细分市场的看法等。

4. 对各细分市场进行定量分析(quantitative analysis)

定量分析是指用具体的数量标准来衡量和预测各细分市场的现实容量和潜力。市场定量分析的衡量标准有市场的需求量、销售量、营业额、市场占有率、市场增长率等。营销人员常利用统计图示法、均数分析法、交叉影响分析法、开平方分析法、回归法等对各细分市场进行定量分析。

5. 对各细分市场进行评估,确定目标市场(assessment and determining)

经过定性和定量分析,旅游企业营销人员能基本认识自己应经营的细分市场。但在最终选定旅游企业目标市场时,营销人员还得用以下五条原则对可能成为旅游企业目标市场的细分市场进行衡量和评估,以便真正找准自己的目标市场。这五条原则如下。

(1) 可衡量性。一个细分市场应当能用某种数量指标和计量单位(如市场需求量、消费者购买力等)来衡量。

(2) 可达性。即旅游企业能通过广告和其他促销手段有效地到达细分市场。

(3) 大量性。即细分市场必须具有足够潜力使旅游企业值得开发和经营,并能帮助旅游企业确定营销策略,带来可观的利润。

(4) 持久性。即细分市场能持续较长时间,具有较强的生命力。

(5) 可防御性。指旅游企业能按照分出来的细分市场确定较为有效的营销策略。同时,细分市场能保证旅游企业的竞争能力,使它在竞争中处于领先地位。

营销人员可以把需求和成本两个因素结合起来对细分市场进行评估。需求是指旅游企业经营的细分市场所能得到的收入潜力;成本是指旅游企业为了获得这一收入所需要的费用。营销人员可以根据收入和成本的比较来确定市场潜力。值得注意的是,旅游企业营销人员应该从多方面去分析市场潜力,而不是单单从市场潜力来判断市场的优劣。例如,除了考虑市场潜力外,还应该考虑经营同一细分市场的竞争者的多少以及市场的发展变化趋势等。

(六) 目标市场营销策略(marketing strategy of target market)

目标市场营销策略是指企业在市场细分的基础上,决定和选择目标市场的方法和策略。旅游企业可应用的策略一般有三种:无差异性目标市场策略、集中性目标市场策略、差异性目标市场策略,如图 5-8 所示。

1. 无差异性目标市场策略(undifferentiated strategy)

无差异性目标市场策略是指旅游企业不考虑市场内消费者的潜在的差异,将整体旅游市场看作一个大的目标市场,也不考虑细分市场之间的区别,旅游企业只推出单一的产品、运用单一的营销组合来满足所有旅游者的需求,致力于顾客需求中的相同之处。

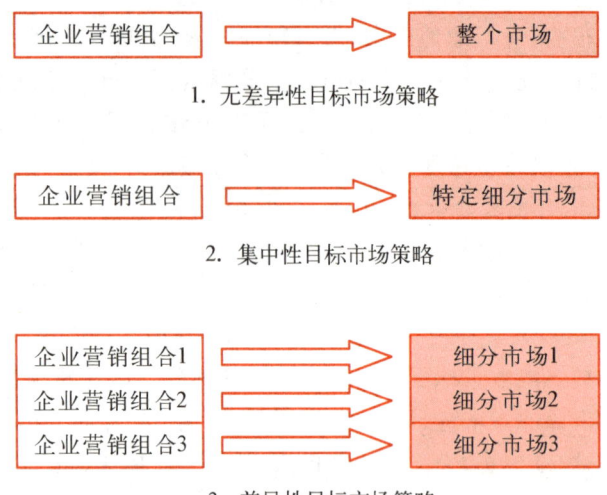

1. 无差异性目标市场策略

2. 集中性目标市场策略

3. 差异性目标市场策略

图5-8　旅游企业可应用的策略

2. 集中性目标市场策略（concentration strategy）

集中性目标市场策略就是旅游企业营销人员使用某种特定的营销细分来满足某个单一的目标市场，这种策略主要表现在旅游企业将人力、物力、财力集中于一个小的、特定的子市场。

3. 差异性目标市场策略（differentiated strategy）

差异性目标市场策略是旅游企业同时经营几个细分市场，并为每个细分市场设计不同的营销策略。这种策略适合实力强大的旅游企业或者竞争对手采用差异性营销策略时使用；若旅游企业实力不强，竞争不激烈时，应避免采用差异性市场营销策略。

（七）目标市场选择的一般过程（general process on tourism target market selection）

1. 评估各细分市场的市场容量及其发展趋势（evaluating the capacity and tendency of the different market segments）

包括各细分市场的销售量及其发展趋势和本企业各细分市场的销售量及其发展趋势。

2. 评估各细分市场的盈利能力（evaluating the profitability of the different market segments）

企业应该选择能给自己带来较大利润的细分市场作为目标市场。

3. 评估各细分市场的季节变化模式（evaluating the seasonal changes of the different market segments）

企业要分析各细分市场旅游者需求的旺季、平季、淡季，把营销精力放在能充分利用旅游企业接待能力的细分市场上。

4. 分析本企业对各细分市场的招徕能力（analyzing its own soliciting ability for the different market segments）

企业选择目标市场时，除了考虑各细分市场是否值得招徕以外，还必须分析自己是否具有足够的招徕能力。

5. 分析竞争对手对各细分市场的招徕能力（analyzing the soliciting ability of competitors for the different market segments）

在选择目标市场时，还必须分析在各细分市场上企业竞争对手在满足各类细分市场的需要和要求方面，与本企业相比有哪些优势和弱点。

三、旅游产品的市场定位（market position of tourism products）

（一）旅游市场定位的定义和作用（definition and function of tourism market position）

1. 旅游市场定位的定义（definition）

旅游市场定位是指旅游企业根据目标市场上的竞争者和企业自身的状况，从各方面为本旅游企业的旅游产品和服务创造一定的条件，进而塑造一定的市场形象，以求在目标顾客心目中形成一种特殊的偏好。简单地说，旅游市场细分和旅游目标市场的选择是让旅游企业如何找准顾客，而旅游市场定位则是让旅游企业如何赢得顾客的"芳心"。

2. 旅游市场定位的作用（function）

旅游企业进行准确的市场定位，其作用主要体现在以下几个方面。

（1）有利于企业建立竞争优势。

所谓竞争优势，按照战略管理大师波特的描述，是产生能为顾客创造的价值，而这个价值量大于企业本身创造这个价值时所花费的成本。顾客愿意花钱购买的就是价值，花费低于竞争对手的价格而获得等值的利益，或者得到足以抵消较高价格的独特利益（即超值），顾客均会感到满意。而旅游企业要建立竞争优势，最大限度地让顾客满意，就必须事先明确企业在哪些方面与竞争对手不一样，在顾客心中处于什么位置，即定好位。

（2）有利于企业营销组合的精确执行。

解决旅游企业市场定位问题的好处在于，它能够帮助企业解决好营销组合问题，并保证营销组合的精确执行。营销组合——产品、价格、渠道和促销——是执行定位战略的战术细节的基本手段。如果说，确定目标市场是让营销人员知道为什么要制定相应的营销组合的话，那么准确的定位战略则是告诉营销人员如何设计营销组合的内容。例如，一个定位于"优质产品和服务"位置的企业知道，它必须提供优质的产品和服务。相应地，制定一个较高的价格，通过高档的销售渠道进行分销，以及在品位高的杂志上登广告，这是塑造一种始终如一的、令人信服的高质量形象的主要途径。

（3）避免企业间的恶性竞争。

旅游企业如果不能突出自身优势，让企业与竞争对手区别开来，在争夺同样的目标旅游者时，由于客源的有限性，必然会进一步加剧市场竞争，甚至会出现恶性竞争的局面。由于没有进行有效的市场定位，企业产品雷同，在产品品种、服务、人员、形象等方面没有明显的差异，企业间的竞争就会更多地反映在价格上。价格竞争又会进一步降低企业的利润，使企业缺乏技术改造和提高服务质量的资金，最终影响到企业和整个行业的发展。

（二）旅游市场定位的原则（principles of tourism market position）

如果说定位就是要突出旅游企业自身产品的差异化，那么被选择的差异化特征是否有价值，能不能成为顾客选择购买的理由，非常值得思考。因为每种差异化特征都有可能增加企业的成本和顾客的利益，所以旅游企业要细心选择每种区分自己和竞争对手的途径。一种差异化利益值得开发的前提条件要符合以下这些原则。

1．重要性（importance）

被选择的差异化利益能提供给足够数量的顾客以高度的利益，能够成为顾客"非买不可的理由"中的重要组成部分。

2．区别性（differential）

被选择的差异化利益，要么是其他旅游企业（尤其是主要竞争对手）不能提供的，要么是由企业以一种十分与众不同的方式提供的，能够很容易给顾客留下深刻印象。

3．独特性（peculiarity）

旅游企业向目标顾客提供的这种差异化利益，在技术、设备、人才、服务、环境、资源等方面，不易被竞争对手模仿。

4．沟通性（communication）

这种差异化利益对于顾客来讲，是容易理解和接受的，并且是可见的。旅游企业能够通过一定的方式与顾客进行有效的交流与传播。

5．可负担性（affordable）

顾客能够接受因企业提供这种差异化利益而增加的成本费用。

6．盈利性（profitability）

旅游企业通过提供这种差异化利益有利可图。

同时，随着企业的不断扩大，要防止以下可能出现的定位错误：

（1）定位不够。

一些企业发现顾客对自身产品和服务（或者说差异化利益）只有一个模糊的概念，顾客并不真正知道它的任何特殊之处。

（2）定位过分。

这引起顾客产生过于狭窄的印象，未来将难以进一步拓展。

（3）定位模糊。

对定位有着过多的说明或者时常改变产品和服务的定位，均有可能使顾客产生混乱的印象。

（4）定位疑惑。

顾客可能会从产品和服务特征、价格或提供者的角度很难相信企业宣传的各种利益。

（三）旅游市场定位的方法（methods of tourism market position）

1．初次定位（firstly position）

初次定位是指新成立的旅游企业初入市场、旅游新产品投入市场，或者旅游产品进入新市场时，企业为满足某一特定目标旅游者的需要，采用所有的市场营销组合而使其竞争优势与特色为目标旅游消费群体接受的过程。

2．避强定位（avoiding position）

这是一种避开强有力的竞争对手进行市场定位的模式。当企业意识到自己无力与强大的竞争者抗衡时，则远离竞争者，根据自己的条件及相对优势，突出宣传自己与众不同的特色，满足市场上尚未被竞争对手发掘的需求，这就是避强地位。这种定位的优点是能够迅速地在市场上站稳脚跟，并在旅游者心中尽快树立起一定形象。由于这种定位方式市场风险较小,成功率较高,常常为多数旅游企业所采用。

3. 迎头定位(facing position)

这是一种以强对强的市场定位方法。即将本企业形象或产品形象定在与竞争者相似的位置上,与竞争者争夺同一目标市场。例如,2018年4月,京沪高铁二线正式开通了,从上海到北京,乘坐复兴号最快只要4小时18分钟,综合时间与飞机相比几乎差不多,高铁以其舒适便捷、快速高效、价格合理的优势,吸引了更多的乘客,与航空客运展开了针锋相对的竞争。实行迎头定位的旅游企业应具备的条件是能比竞争对手设计出质量更好或成本更低的旅游产品;市场容量大,能容纳两个或两个以上的竞争者;拥有比竞争者更多的资源和能力。这种定位存在一定风险,但能够激励企业以较高的目标要求自己奋发向上。

4. 重新定位(reposition)

重新定位是指旅游企业通过改变产品特色等手段,改变目标旅游者对产品的认识,塑造新的形象。

即使企业产品原有定位很恰当,但当出现下列情况时,也需要考虑重新定位。❶ 竞争者推出的市场定位侵占了本企业品牌的部分市场,使本企业产品市场占有率下降。❷ 旅游者偏好发生了变化,从喜爱本企业品牌转移到喜爱竞争对手的品牌。所以,一般来说,重新定位是企业为了摆脱经营困境、寻求重新获得竞争力的手段。当然,重新定位也可作为一种战术手段,并不一定是因为陷入了困境;相反,可能是由于发现了新的市场引起的。

(四) 旅游市场定位的策略(strategies of tourism market position)

1. 属性定位(tourism market position by attributes)

根据旅游产品的某项特色属性进行定位。

2. 质量、价格或服务定位(tourism market position by qualify, price and service)

强调与众不同的质量、价格和服务。

3. 旅游者定位(tourism market position by tourist)

根据旅游者的不同类型而确定旅游产品在他们心目中的位置。

4. 使用场合或特殊功能定位(tourism market position by occasion and function)

根据旅游产品的某项使用或应用定位,突出产品在特定场合的作用或产品的独特功效。

5. 竞争者定位(tourism market position by competitor's position)

通过使用竞争者作为参考点来区别产品。

(五) 旅游市场定位的过程(processes of tourism market position)

1. 明确竞争对手(pinpointing competitors)

旅游企业的竞争对手,也就是本企业产品的替代者,或者说谁与自身企业争夺同一个目标市场,包括企业面对的现实的竞争对手,以及潜在的竞争对手。

2. 对竞争对手产品进行分析(analyzing competitors products)

在确定竞争对手后,企业必须从静态和动态两个方面了解分析和比较竞争对手的情况,特别是竞争对手的产品种类、设备设施状况、服务质量及价格等情况,以了解本企业产品的优势及不足。

3. 确定产品特色(ascertaining characteristics of products)

确立产品特色是市场定位的关键。首先,要了解市场上竞争对手的定位情况,了解其产品有何特色;其次,要研究旅游者对产品各属性的重视程度,并在市场定位时突出强调旅游者所关心的产品属性;最后,要考虑企业自身的条件。

4. 评估差异化利益(appraising profits)

当初步确定旅游产品的差异化和产品利益后,需要对这些差异化利益进行评估。

(六) 旅游市场定位的步骤(steps on tourism market position)

旅游企业在完成上述一系列工作之后,就应该进入它所选定的最后市场的定位。旅游市场定位的关键是企业设法在自己的产品上找出比竞争者更具有竞争优势的特性,根据竞争者现有产品在细分市场上所处的地位和旅游者对产品某些特性的重视程度,塑造出本企业产品的市场定位。因此,旅游企业市场定位的全过程可以通过以下三个步骤来完成。

1. 识别企业的竞争优势(distinguishing competitive advantages)

旅游者一般都会选择那些给自己带来最大价值的产品和服务。因此,赢得和留住顾客的关键是要比竞争对手更好地理解顾客的需要,并向他们提供更多的价值。正如美国学者波特在《竞争优势》一书中所指出的:"竞争优势来自企业能为顾客创造的价值,而这个价值大于企业本身创造这个价值时所花费的成本。""竞争优势有两种类型:成本优势和产品差别化。"据此,可以明确,旅游企业的竞争优势取决于其旅游产品开发设计和经营管理方面的成本优势及其旅游产品的创意设计能力。

要想确定企业的竞争优势,需要具体了解以下问题:竞争对手的产品定位是怎样的?目标市场上旅游者的需要和欲望的满足程度如何,哪些需要和欲望是尚未得到满足的? 针对竞争对手的市场定位和目标市场上旅游者需要的利益,企业可以做什么? 通过回答以上三个问题,旅游企业就可以从中找出与竞争对手的差异所在,并由此确定自己的竞争优势。

2. 选择有价值的竞争优势(selecting valuable advantages)

并不是所有的差异都能成为竞争优势,旅游企业要做的就是区分哪些差异能够成为有价值的竞争优势。通常,企业要通过对以下问题的回答来衡量。

(1)重要性:要能够给相当数量的旅游者带来实惠。

(2)独特型:既没有其他企业使用,也不能再以更独特的方式被竞争对手使用。

(3)可沟通性:易于被旅游者见到并理解。

(4)可负担性:旅游者能够负担得起由于差异带来的费用。

(5)获利性:旅游企业能够从中获得利益。

大多数旅游者对各个旅游企业之间的细微差异并不十分感兴趣,旅游企业也没有必要费时、费力去深入探求每一处的不同。一般来说,旅游企业只需要对那些最能体现企业风格、最适合目标市场需要之处进行必要宣传即可。这就要求企业确定需要突出多少种差异和需要突出哪些差异。

3. 沟通及传播企业的市场定位(communicating and diffusing the market position)

在确定了市场定位后,旅游企业就必须要把它准确无误地传递给目标旅游者,使其独特的竞争优势在旅游者心目中留下深刻印象。旅游企业要通过营销活动使目标旅游者了解、熟悉、认同本企业的市场定位,并在旅游者心目中建立与其定位相一致的形象。如一家旅游企业定位于"质量上乘",那么它就必须努力地把这种信息传播出去。优质产品的信息可以通过营销的其他要素表达出来,如高价格、高品质的旅游产品设计、高质量的广告媒体选择、高素质经销商的合作等,因为在人们的观念中高价格往往意味着高质量。这一切必须与企业"质量上乘"的定位相一致。

此外,旅游企业还要不断强化其市场形象并保持与目标旅游者的沟通,以巩固其市场地位。如果目标旅游者对企业的市场定位理解出现偏差,或者由于企业宣传上的失误而造成目标旅游者的误会,企业要及时纠正与其市场定位不一致的形象。

 【实训任务】 分析旅游企业目标市场与市场定位

请与你的团队成员紧密合作,在老师的指导下,应用所学到的知识通过课后查找资料、拜访企业等方式,以小组为单位各自分析本市一家旅游企业的目标市场和市场定位,以掌握旅游企业目标市场和市场定位的基本步骤,初步具备目标市场分析和市场定位的能力。

【操作步骤】

◇ **第一步**:收集不同细分市场的资料。

◇ **第二步**:制定细分因素表进行市场细分。

◇ **第三步**:对细分市场进行定性分析。

◇ **第四步**:对细分市场进行定量分析。

◇ **第五步**:对细分市场进行评估,确定目标市场。

➤ 确定本旅游企业的目标市场。

➤ 确定目标市场顾客主要的选择标准。

➤ 根据客人选择旅游企业的重要标准,将本企业与竞争对手进行对比。

➤ 积极主动地传播旅游企业的企业特色形象和市场定位观念。

 【自我评估】

1. 划分市场的过程又被称为什么?

2. 心理需求会如何影响旅游促销?

3. 有些问题的回答可以帮助旅游企业进行市场细分,请列出四个这样的问题。

4. 什么是市场细分?市场细分有哪几个步骤?说出市场细分的三种方法。

5. 根据心理因素对市场进行划分可以分出很多细小的细分市场,请列出五个。

6. 什么是目标市场?如何进行旅游企业的目标市场定位,有哪些策略?

7. 案例研究:

"有票则旅"(Have Ticket Will Travel)是澳大利亚东海岸一家新兴的大型连锁旅行社,大部分网店都设在商业园区或科技园区内。园区内企业的商务旅行及其员工家庭的休闲旅游都是这些网点的业务机会。马克斯·惠丁是企业管理层中的智囊,现在是企业董事会中的重要成员。企业近年来的快速发展既是马克斯创业智慧的结晶,也是各网点经过努力在各自地区推销产品的结果。不过,近几个月公司的业务增长有所减缓,董事会担心在市场细分、确立目标市场和研制适销产品方面的调研力度不够。董事会认为企业现在已经到了需要更专业的市场规划的时期,因此准备设立一个新的职位——市场销售经理,其主要职责是:对连锁店所覆盖的地区市场进行分析,评价市场需求,分析所供产品的市场可行性。根据这分析对企业销售的产品品种组合提出建议。

玛格丽特被任命为市场销售经理,她以往的销售业绩很好,而且工作目标明显,分析能力强。马克斯刚结束一个线路考察,这是一个针对企业高层管理人员的豪华野营团,野营不用睡袋,而是用专门的折叠床,交通工具很豪华,导游对当地情况几乎无所不知。此外,随团的厨师厨艺很高,每天都能为团员提供精美的膳食。这个团的团费很高,但马克斯认定这个产品能成为市场上的赢家。

但玛格丽特却不能肯定这个产品试销于企业网点覆盖的地区,她准备对此进行一次市场调研,同时她自己建议的产品已经开始销售而且情况不错。

注:本案例选自(澳)唐·约翰逊《旅游业市场营销》,经编者整理编写。

请讨论:

(1)在市场调查时玛格丽特应该采取哪些步骤划分细分市场?

(2)如果玛格丽特在构架促销战略时考虑影响决策群体,她应该如何划分出这些影响群体?

(3)玛格丽特构架了四个野营团促销的细分市场,她应该如何向这些细分市场进行促销呢?

(4)为了扩大连锁企业的利润,企业准备自行组合产品,玛格丽特下一步应如何确定企业在市场上的定位呢?她应该采取哪些步骤?

项目五案例

【知识拓展】 旅游饭店的市场定位策略

一、"拾漏补缺"定位法(filling the blank of the market)

这种定位法就是利用竞争对手市场定位的疏漏或偏差对旅游饭店目标市场进行定位。任何一家旅游饭店在市场定位时都带有一定的倾向性。旅游饭店进行市场定位时要避免空泛性,纠正"面面俱到"的错误观念,要善于利用竞争对手的"漏洞"。经营者必须了解市场竞争对手的主要定位方向,要熟悉客源市场的构成并能分析潜在市场的变化及变化的趋势,从而掌握定位的灵活性,做到既能吸引不同类型的顾客又要主次分明。旅游饭店还可针对客源市场上较为隐蔽而被竞争者所忽略的市场选择有代表的客源进行目标市场定位。

二、"由此及彼"定位法(proceeding from this market to that's)

这种定位法是旅游饭店在确定了某一目标市场之后,期望从这个目标市场给饭店带来新的目标市场。从营销角度看这是一种十分重要的销售策略。饭店在经营中应充分发挥熟客、常客的作用,这是因为顾客的多次光顾表示饭店信誉良好;另一方面老顾客又是饭店的"活广告",可以带来更多的可靠客源。这种方法关键在于服务质量和对常客提供的优惠措施。旅游饭店在进行市场定位时一定要实事求是根据客源市场的实际需求,以不同特色产品来树立起自身形象。

三、"避强就弱"定位法（choosing a weaker opponent with avoiding stronger competitors）

这种定位法是指旅游饭店根据自身的接待能力有意识地避开竞争对手的优势选取自己层面的客人。在选择时以对饭店价格较为敏感的客人作为目标市场。旅游饭店在市场定位时切忌好高骛远，应把目光瞄准适合自己饭店的客人。当然这并不是在确定市场定位时排斥一些消费客人，而是要把饭店主要的精力放在具有相当规模、能给本饭店创造经济效益的顾客群体上。在宣传时旅游饭店也要根据自己的实际情况重点突出饭店自身的特点和优势，让客人明白这个饭店值得一住。

四、"顺风转舵"定位法（conveniently adjusted strategy according to the actual situation）

这种定位法是指旅游饭店要随时关注一些影响旅游市场的主客观因素，如国家的产业政策对饭店业的发展影响。国家一些新的政策与措施可能会给其带来不好的后果。旅游饭店要根据国家政策的动向适时调整或转换市场定位的方向，要针对变化的政策结合自身经营的灵活性来掌握主动性。另外，旅游饭店进行定位时应充分考虑到旅游市场变化趋势。如在一些旅游资源丰富的地区的饭店可向度假型饭店转换以适应当前人们追求自然、崇尚休闲的潮流。

5

项目六　旅游产品策略

【素养目标】

1. 引导学生树立产品创新意识,激发创新创业热情。
2. 引导学生树立品牌意识,尊重知识产权保护。

【岗位能力】

1. 能够运用旅游产品生命周期理论来制定旅游企业在各阶段的营销策略。
2. 能够提出旅游企业新产品开发的方向及步骤。
3. 能够对旅游企业的品牌策略进行分析。
4. 能够挖掘、利用地方生态、文化等资源优势,开发设计旅游产品。

【知识目标】

1. 了解旅游产品的概念和内容。
2. 理解旅游产品生命周期的概念,掌握旅游产品生命周期各阶段的营销策略。
3. 了解旅游新产品开发的概念及类型,并掌握旅游新产品开发策略。
4. 识记旅游品牌的内涵与特点,理解旅游产品品牌策略。

案例引入

◇ **案例:秦皇岛北戴河新区阿那亚跨年活动安排精彩纷呈**

　　岁末相约时间之海,邂逅冬日浪漫童话。2022 年是阿那亚举办跨年仪式的第六个年头。12 月 31 日,阿那亚这座海边小镇化身为一座露天的复古歌剧院,五光十色的彩灯犹如点点星辰洒落街道,歌剧、合唱、市集、乐队、快闪……丰富多彩的活动在 2022 这个特别的岁末轮番上演。温馨光影、童话市集、圆梦礼物、复古剧场、围炉暖屋、萌宠出街……人们在童话小镇中信步漫游,童话树间缀满礼物,千万盏彩灯仿佛连接起天上的星河,盛大的童话点灯仪式将童话月热烈与欢乐推向顶点。在音符与舞步之间,欢愉的人们在海边的梦幻之夜踏歌而行,在美丽的童话世界中获得全新治愈和满满能量。

阿那亚商业管理有限公司相关负责人介绍,2022年12月阿那亚童话月活动当月,阿那亚各酒店和民宿的住宿量达到日均450套,远超往年同期水平。2023年元旦假期,日均订房量更是达到了1 100套。

阿那亚园区在北戴河新区工、管委的大力支持指导下,全面细致组织各服务要素点位,为切实做好2022年童话月和2023年元旦春节高峰游客康养度假旅游服务全方位准备,阿那亚园区首先做到自营的15家左右餐饮、零售、娱乐场所在童话月和元旦春节等节假日全部运营,同时积极协调组织提供园区各种物质及文化生活服务的25家合作商家,也同步做到精心周密准备,在童话月和元旦等节假日全面开放运营,满足旅游社区度假游客要素丰富化多样化生活必需及文化艺术服务需求。

同时,阿那亚2023年新春佳节活动安排也已经全面策划完毕,凸显阖家团圆年味儿、偏重传统文化的打铁花、相声演出、苏州评弹、年夜饭等传统文化活动,在阿那亚精彩呈现。

注:本案例引自搜狐网,经编者整理编写。

◇ 案例启示

此案例讲述了北戴河新区阿那亚借助自身优势,设计、营销旅游特色产品。对于旅游景点来讲,首先要明确自身的资源优势是什么,如何利用资源优势进行特色产品的开发,充分地利用自身资源寻找新的产品开发方向,这才是一个景区能持续发展的源泉。

 【知识准备】

一、旅游产品(tourism product)

(一) 旅游产品的概念(concept of tourism product)

旅游产品的概念可分为广义和狭义两个方面。广义的旅游产品从旅游者的角度看,是指旅游者通过支付一定的货币、时间和精力所获得的一系列旅游经历,在旅游过程中所消费的食、住、行、娱、游、购等所有要素。从旅游企业的角度看,旅游产品是旅游经营者向旅游者提供的一系列能够满足旅游者需求的物质产品和服务产品。包括物质商品,如旅游纪念品,也包括物质形态的劳动产品,如自然风光、人文景观等,而大量的则是非物化形态的劳动产品。狭义的旅游产品更有针对性,是指为满足旅游者审美和身心享受的需要而在一定的地域上生产或开发出来以供销售的物象与劳务的总和。

(二) 旅游产品的构成(consists of tourism product)

旅游产品由三部分构成,即旅游核心产品、形式产品和附加产品,如图6-1所示。三个部分分别代表旅游产品的不同层面,具有不同的内涵及作用。

1. 旅游核心产品(core tourism product)

旅游核心产品揭示的是旅游者所购买的基本利益或服务,是旅游产品的核心利益的体现。旅游者购买旅游产品,不是为了得到产品本身,而是为了体验一种经历,满足心灵上的愉悦、刺激或享受,即旅游者是为了从中获得满足其需要的效用和利益。不同的旅游企业提供的核心产品有很大差别。如旅行社提供的是一次旅游的经历,旅游交通运输部门提供的是出行的便捷,旅游饭店提供的是餐饮、休息和睡眠。

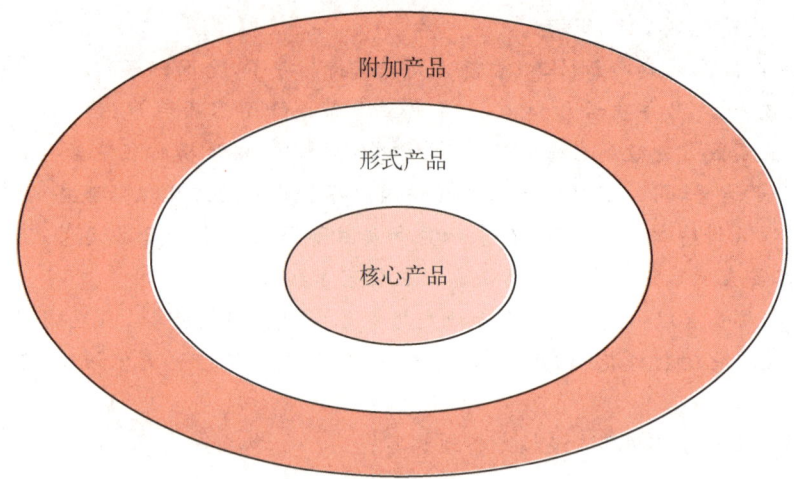

图6-1   旅游产品的构成

2. 旅游形式产品(formal tourism product)

形式产品是作为核心产品的"载体",是产品的外在表现形式,通过其满足消费者的需要。形式产品通常表现为产品的质量水平、外观特色、式样、品牌名称和包装等。形式产品对于有实物形态的产品来讲,就是有形产品。对于服务这种无形产品来讲,就是进行这项服务所采用的服务流程、服务设施、环境等。如酒店向客人提供的舒适的大床、干净的卫生用具。对于旅游产品来说,要以旅游者的核心利益为出发点,设计出旅游者需要的形式产品,使顾客利益得以实现。

3. 旅游附加产品(additional tourism product)

附加产品是指旅游企业在出售的基本产品上增加的服务或利益。附加产品主要的意义在于能使旅游者更好地享受到核心产品。旅游企业必须意识到,旅游者购买旅游产品是为了得到任何可以满足其需要的产品和服务,企业需要向消费者提供整体的消费系统。因此,旅游企业在基本产品的基础上要通过延伸产品来提高顾客的附加利益,诸如免费的接送服务、寄递服务等。同时,附加产品也成为当前企业获取竞争优势的一个来源。企业要形成差异化可以通过提供独特的附加服务的方式。因此,旅游企业要加强对旅游附加产品的开发。

(三) 旅游产品的特点(characteristics of tourism product)

1. 无形性(intangibility)

旅游业属于服务性的行业,其所提供的服务产品具有无形性的特征,这是其核心价值的体现。无形性的特征会使旅游企业在开展营销活动时面临一系列的问题,如展示旅游产品的困难性,当顾客无法看到服务时,企业应该如何让顾客体会到产品的优点呢? 由于无形性,要向消费者解释你的产品的价值是一种相当困难的事情。所以无形性的特点要求旅游企业在推广产品时,尽可能将无形产品有形化,利用各种方式,如有形展示向旅游者传递旅游产品的特点、优势,提高旅游者对旅游产品的信任感。同时,也要注重对旅游品牌的打造及维护。好的品牌代表了高品质的服务产品、优秀的服务人员和良好的企业声誉。通过品牌的建立和推广,向旅游者传递企业的信息,提高旅游者的服务感知质量。另外,也可以向旅游者做出关于服务质量的承诺,对旅游者加以利益上的保证或担保,从而减轻顾客心中的不确定感。

2. 生产与消费同步性(synchronization of production and consumption)

有形产品是先生产、再消费;而大部分的旅游产品的生产、销售与消费是同时进行的。这个特征意味着首先服务的提供者要参与到旅游产品的生产过程中,也意味着旅游者也会实际地参与到生产过程中,并且经常还有其他的旅游者也会同时出现在生产过程中。

有些产品从生产到消费是可以分离的,这就允许企业在生产过程结束后运用各种手段对产品的质量进行检验,凡不合格的产品要将其剔除,杜绝劣质产品进入市场。然而,旅游产品的生产和消费是同时进行的,在生产的同时也完成了消费。这无疑给旅游企业的生产人员、管理人员提出了更高的要求。由于服务的提供者要参与到生产过程中,其语言、行为、个人素质等都会直接决定旅游者的服务感受,所以旅游企业要特别重视对员工特别是一线员工的培训与管理。另外旅游者本身要参与到生产过程中,并且经常会有其他游客的存在,这也使旅游的生产过程的不确定性增加。不同的旅游者对于服务质量、服务类型有不同的要求,而且旅游者的个人行为也会影响旅游产品的质量。只要有一位游客不按照行程擅自行动,就会影响整个旅游团队的体验感受。因此,旅游企业还要制定措施对旅游者进行管理。

3. 不可储存性(non-storable)

有形产品可以储存起来在将来的某一天出售;而旅游产品与有形产品一个显著的不同就在于旅游产品不可储存。即如果旅游产品当天不能销售出去,那它当天的潜在收益就永远消失了。如一个旅游地的酒店房间在旅游淡季时不能被全部利用,本来可以得到的收益就永远失去了。酒店不能把未被使用的房间留到以后需求大于供应的高峰季节再加倍使用。不可储存性带来的一个严峻的挑战就是如何实现需求与供应之间的匹配。旅游企业可以通过创造性定价,如饭店为老年人、大学生推出午间用餐价格优惠措施来分流顾客。

4. 综合性(comprehensiveness)

为了满足旅游者的需求,旅游企业需要向其提供全方位的产品,包括食、住、行、游、购、娱等各方面的有形产品和无形服务。这些产品和服务涉及餐饮服务业、酒店业、交通运输业、商业、娱乐业、银行、保险、医疗卫生等各行各业。据美国工业标准分类(SJ)系统的一项调查表明,有 30 多种主要工业部门为旅游者服务,而涉及旅游业的其他行业和部门多达 260 多个。这些行业和部门组成了一个完整的旅游产品系统提供给旅游者,每一个要素都会影响到旅游产品的质量。因此,旅游企业需要协调好与各行业、各要素之间的关系,使旅游者能有一个愉快的经历。

【讨论一下】

　　请以某一旅行社、饭店、景区等旅游企业为例,每组选择一类旅游企业,讨论它们的产品构成。

　　要点:

✓ 阐述旅游产品的概念和内涵。

✓ 比较不同类型旅游企业的产品特征。

✓ 分别列举该类旅游企业的旅游产品的构成。

二、旅游产品生命周期及其开发策略（lifecycle of tourism product and its developing strategies）

（一）旅游产品生命周期概念（concept of tourism product lifecycle）

市场营销学认为,旅游产品会经历从构思、开发投放市场到最后被更新更好的产品或替代品取代而退出市场的过程。随着社会发展、科技进步、民众需求变化的加快,大多数旅游产品生命周期呈现越来越短的趋势。旅游企业必须紧跟时代发展的步伐,不断更新换代适应旅游者的需求变化。同时,不同的旅游产品类型,如商务旅游产品、主题公园和全国性观光旅游产品,其产品生命周期各有不同,相应的投资开发策略也大相径庭。

旅游产品生命周期是从旅游产品进入市场开始到旅游产品退出市场从市场上消失为止的全过程。它关注的是旅游产品是否被市场接受以及被接受的程度。旅游产品生命周期是旅游市场营销学中的一个重要理论,它能够对旅游企业产生重要的实践意义。通过运用相关理论,可以制定出各发展阶段的营销策略,发现导致旅游产品衰退的各种原因,并采取有效措施减缓衰退期的到来,从而改变旅游产品生命周期。

旅游产品生命周期可分为两种类型:一般生命周期和特殊生命周期。

1. 一般生命周期（general lifecycle）

一般生命周期类型的旅游产品分为四个阶段,如图6-2所示,即引入期、成长期、成熟期和衰退期。

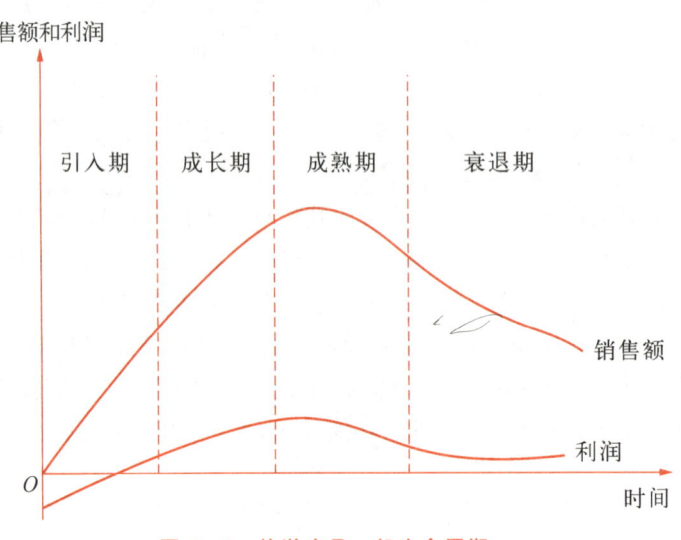

图6-2   旅游产品一般生命周期

2. 特殊生命周期（peculiar lifecycle）

旅游产品是一种特殊的服务性产品,一些特殊的旅游产品的生命周期并非都会经历四个阶段,主要有下面几种类型。

（1）夭折型。即旅游产品投入市场不久即被淘汰,如图6-3所示。

（2）直线型。即旅游产品一经投放市场就进入成长期,销量剧增,然后戛然而止,如时尚旅游产品、园博会,如图6-4所示。

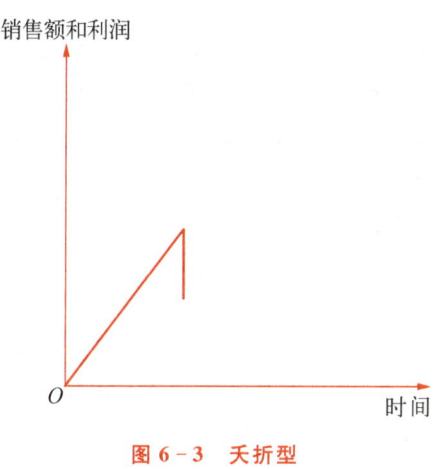

图 6-3 夭折型

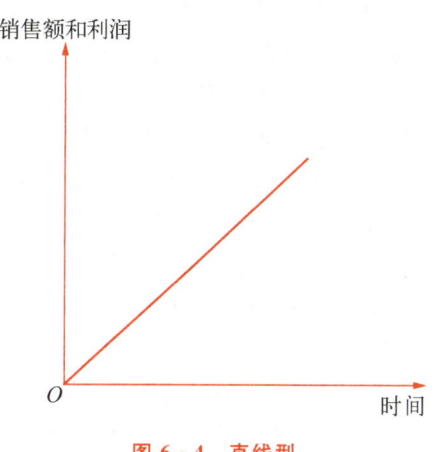

图 6-4 直线型

（3）成熟型。即旅游产品的引入期和成长期较短，而产品的成熟期很长，而几乎看不到其衰退期。如国内经典旅游景点故宫、东方明珠、泰山等，如图 6-5 所示。

（4）波浪型。即旅游产品的需求呈现波浪型，循环起伏。如节日旅游、宗教朝圣旅游等，如图 6-6 所示。

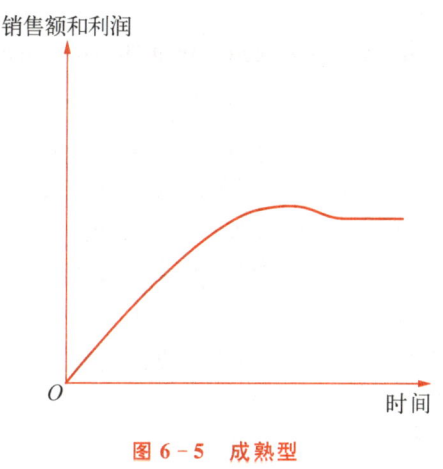

图 6-5 成熟型

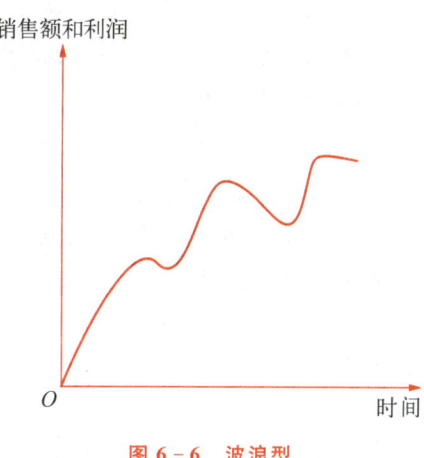

图 6-6 波浪型

（二）旅游产品生命周期的影响因素（influenced factors of tourism product lifecycle）

旅游产品生命周期的不同形态，受到政治、经济、自然资源、消费者需求和行业竞争状况等内外部因素的共同影响。具体来说，有以下几个方面。

1. **政治法律因素**（politics and laws）

国家和地区的政局稳定状况、政治经济制度、出入境政策法令、旅游政策等因素都会对旅游产品的生命周期产生影响。例如，假日立法使发达国家的居民有了两周的带薪假期，促成了远距离旅游的需求黄金时代的到来。我国"五一"小长假、"十一"长假制度也促成了相应的国内旅游高峰。同时，社会环境越稳定和谐，人们就越是乐观并享受生活，对旅游产品的需求就越多。如旅游地发生了恐怖事件、战乱或者严重的环境污染等，都会影响其形象，使旅游者望而却步，导致旅游需求急速衰退。

2．旅游产品的吸引力（tourism product attractions）

决定旅游产品吸引力大小主要是看旅游产品的资源禀赋，这是旅游产品开发的先天条件。一般来说，具有垄断性自然资源和深厚文化底蕴的旅游产品，对旅游者有着强大和持久的吸引力，因此产品生命周期呈现出长久不衰的状态。而那些缺乏独特资源和文化内涵的旅游产品容易被复制和模仿，市场上的同质化产品泛滥。例如，现在出现的很多雷同的古镇旅游产品就缺乏文化内涵，这些产品只能通过低价策略或广告噱头来吸引旅游者，但是这种旅游产品的生命力不会持久。

3．旅游企业经营管理（tourism management）

旅游企业对旅游产品的经营管理在一定程度上也就是对旅游产品的生命周期过程的管理。科学合理的企业管理方式可以延长产品的生命周期，甚至可以在产品进入衰退期时为产品寻找新的增长点，使产品再次进入成长期。而如果旅游企业经营管理不善，如景区服务人员素质过低、环境破坏严重等，就算拥有垄断性的资源也会使旅游产品过早地进入衰退阶段。

4．消费者需求变化（consumer demand changes）

消费者的需求是旅游企业开发旅游产品的出发点。旅游产品的生命周期取决于消费者需求的变化。当消费者的兴趣爱好、收入状况、文化教育水平等方面发生了变化时，必然使得旅游产品生命周期发生变化。如随着人们开始崇尚自然、环保、健康的生活方式，城市周边的度假村、农家乐开始兴起，越来越受到人们的欢迎。

（三）旅游产品生命周期各阶段的营销策略（marketing strategies on different stages of tourism product lifecycle）

1．旅游产品引入期的特征及营销策略（introduction stage and its marketing strategies）

（1）引入期的特征。旅游产品刚投放市场即进入引入期，如新旅游景点、饭店、娱乐设施的建成，旅游新线路的开通，旅游新项目和服务的推出。由于开发一种新的旅游产品、赢得消费者的认可、进行产品推广都是需要花费时间的，因此引入期的销售额增长缓慢。此阶段旅游产品的设计和生产有待进一步完善，服务质量不稳定。旅游产品尚未被旅游者了解和接受，潜在的旅游者对此持观望态度，购买不够踊跃，只有少数追求新奇的消费者尝试购买。例如，某内地酒店刚推出西餐时当地旅游业还不发达，外国游客基本上没有，除当地少数"海归"人士偶尔来品尝外，其他游客很少问津。如图6-2所示，利润基本为负或零，而促销费用占销售额的比例是最大的。在这一阶段，企业尚未建立理想的营销渠道和高效率的分销模式，但此时竞争者较少，如果开发的是具有垄断性资源禀赋的产品，几乎不会出现竞争对手。

（2）引入期的营销策略。在引入期制定营销策略，主要考虑的是价格水平和促销力度两个方面。根据两者的高低可组合成四种策略，如图6-7所示。

❶ 高速撇脂策略（高价格/高促销）。以较高的价格推出新的旅游产品，企业可以较快地获取更多的毛利。同时采用高强度的促销，支出大量的促销费用，以加快目标顾客认知和熟悉产品的速度。采用这种策略的条件是：a. 产品有较强的特色，对旅游者的吸引力较大；b. 该产品有较大的市场潜力，旅游者都渴望获取该产品并有能力支付较高的价格；c. 旅游产品开发成本较高，企业想尽快收回成本；d. 旅游企业希望树立一个良好的形象。如高端的异国游（欧洲、东南亚等）、邮轮游艇旅游等。

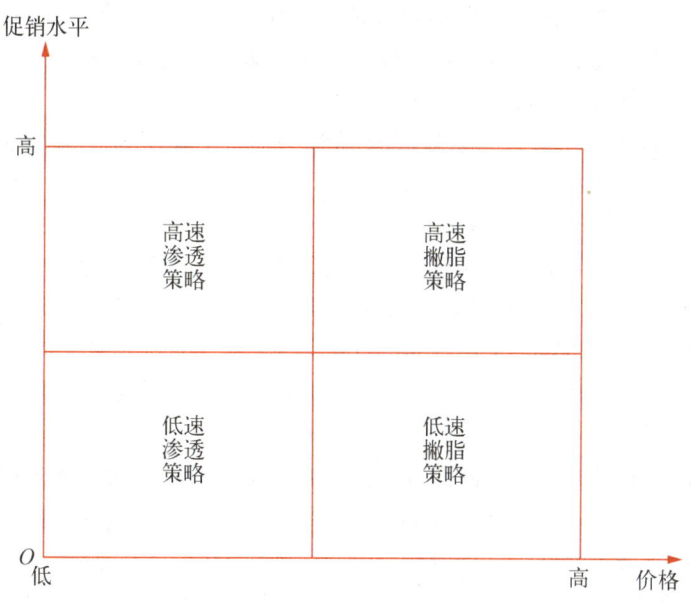

图6-7 引入期的营销策略

❷ 低速撇脂策略(高价格/低促销)。以高价格和低促销方式推出旅游产品。高价格可以获取更多的利润,低促销花费可以有效地降低营销费用。采用这种营销策略的条件是:a. 面对的市场规模有限,较低的促销水平就可以有效地传播产品信息;b. 有意购买该产品的旅游者愿意支付较高的价格;c. 竞争者的加入有一定的困难,因此潜在的竞争不会在较短时间到来。

❸ 高速渗透策略(低价格/高促销)。以较低价格和高水平的促销方式推出旅游产品。低价格可以使市场接受该产品的消费者更多,高促销水平又可以加快目标顾客认识和接受产品的速度。旅游企业通过此战略可以得到较高的市场占有率。采用该策略的条件是:a. 目标市场的规模较大;b. 目标市场的绝大多数消费者对该产品不熟悉;c. 绝大多数消费者是价格敏感型;d. 产品具有较陡峭的行业生产经验曲线,旅游企业通过规模扩大获得低成本生产的好处。如自驾车旅游、滑雪旅游和一般的出境旅游。由于市场上同类产品数量的增加和产品生产成本的不断降低,过去高不可攀的价位,如今一般百姓也可问津。

❹ 低速渗透策略(低价格/低促销)。以低价格和低促销水平推出旅游产品。低价格可以使旅游者较快接受该产品,而低促销水平又可降低营销成本,使企业能得到更多的早期利润。采用该策略的条件是:a. 目标市场的规模较大;b. 市场上的消费者大都熟悉或知晓该旅游产品;c. 目标市场的绝大多数消费者都是价格敏感型的。如海滨旅游、宗教旅游、乡村旅游等为广大消费者熟知的旅游产品,在某地区刚开始发展时,都可采取此种策略。

2. 旅游产品成长期的特征及营销策略(growth stage and its marketing strategies)

(1)成长期的特征。成长期的特征就是销售额迅速攀升。早期的旅游者喜欢这个产品,其他旅游者也开始购买它。市场逐步打开、新的旅游产品逐渐被消费者接受。旅游者从"先锋型"转型为"大众型"。销售渠道被打开,众多中间商愿意加入旅游产品销售队伍。由于经过一段时期的发展,旅游产品的质量日趋稳定并不断提高。因为看到该产品的市场前景,竞争者不断地复制模仿,他们推出新的产品特色,并扩展分销渠道。旅游产品的价格保持不变或者稍有回落,这取决于需求的增长情况。旅游企业保持促销花费水平不变或稍有增加,以维持竞争并继续培育市场。销售额增长速度远远超过促销花费,并且由于旅游企业的学习效应,这个阶段的利润得到了增长。

（2）成长期的营销策略。这一阶段的营销策略的核心就是提高竞争优势,维持旅游产品的市场增长率,尽可能延长旅游产品的成长期。具体来说有以下几个方面。

❶ 改进产品或提高产品的质量,以继续保持产品对消费者的吸引力。增加产品新的功能和品种,以系列化的产品满足不同目标市场的需求。不断完善产品品质,并跟进产品的服务,获得更好的市场信誉,以吸引更多的潜在旅游者。如开发出新的旅游资源、增加新的服务项目,满足更多旅游者的需求。

❷ 进入新的细分市场。如早期主要吸引探险爱好者,在这一阶段可以开发旅游爱好者。

❸ 为适应需求量的快速增长,应及时建立新的分销渠道。同时加强销售渠道管理,搞好渠道成员之间的协调,挖掘市场深度,将市场更加细化。如旅行社除了开设直营店外,还可以寻求与酒店、网络运营商之间的合作。

❹ 旅游企业的广告目标应从介绍和传达产品的信息转为说服和诱导消费者接受和购买产品。并借助媒体宣传树立产品形象,宣传产品特色,培养忠实顾客。

❺ 如果市场上的消费者是价格敏感型,选择一个适当的时机降价,以使下一层级的消费者能加入购买。

3. 旅游产品成熟期的特征及营销策略(maturing stage and its marketing strategies)

（1）成熟期的特征。随着销售额的增长率减缓,旅游产品进入一个相对成熟的阶段。这个阶段通常比前个阶段持续时间更长,对营销者提出更大的挑战。大部分旅游产品都是处于其生命周期中的成熟阶段。成熟期可以分为三个阶段:成长、稳定和衰退成熟。在第一个时期,销售额增长率开始下降,没有新的分销渠道要填补,新的竞争性力量出现。旅游产品成为名牌产品或老牌产品,如众多的旅游企业推出相同的热点旅游线路、热点旅游服务项目等,在市场中享有较高的知名度和美誉度。在第二个时期,由于市场饱和,人均销售额持平,大部分潜在消费者已经试过该旅游产品,连保守型人士也愿意购买。在第三个时期,绝对销售额水平开始下降,利润有下降迹象。同时顾客开始转向其他旅游产品。在这一阶段旅游企业面临最大的挑战,销售额下降导致产能过剩,这导致更加激烈的竞争。

（2）成熟期的营销策略。一些旅游企业在这一时期会摒弃衰弱的产品,专注于更多盈利的和新的旅游产品。然而,它们可能忽视了许多高潜力的成熟市场,老产品仍有潜力。许多旅游企业通过营销想象力的运用获得了销售额的复兴。这一阶段可以采取的策略主要有以下几种。

❶ 市场改进策略。一个旅游企业可以通过作用于构成销售量的两大因素,为其成熟产品扩展市场:销售量=消费者数量×每个消费者的使用率。一方面是扩大使用人数,首先是寻找新的消费者,航空业可以转变那些惧怕坐飞机的顾客的观念,告诉他们航空运输的安全性比地面运输更高。其次是进入新的细分市场,如深圳华侨城的"世界之窗"和"锦绣中华"最初的市场定位是港澳同胞,进入20世纪80年代末,随着特区建设步伐的加快,华侨城把目标市场由港澳市场转向内地市场,开发出新的细分市场。最后吸引竞争者的顾客。另

一方面是提高消费者的使用率,鼓励消费者转变生活方式,增加旅游产品的购买。

❷ 产品改进策略。旅游企业可以通过对产品质量改良、特色改进和风格改进调整产品特征,来刺激销售。一方面是增加产品的独特性、新颖性、技术的先进性、时代感等,以吸引不同需求的旅游者。根据旅游者的反馈信息,哪些旅游活动吸引人,哪些活动内容单调,现有的基础设施能否满足需要,给旅游地带来怎样的影响,如何应对这些影响,这些都是旅游产品质量改进的基本内容。另一方面改进服务质量,规范服务标准,提高服务技巧,同时增加服务项目,以此吸引旅游者。

❸ 营销组合改进策略。旅游企业根据市场特征,对原有的市场营销组合进行调整来刺激销售。如考虑是降价、量多优惠、特价等方式来实现更低的价格,还是提高价格来彰显高质量;企业能否通过更多的分销渠道来实现销售;是否应该增加广告费用、改变广告文案;企业是否应该增加促销;等等。

4. 旅游产品衰退期的特征及营销策略(degenerating stage and its marketing strategies)

(1) 衰退期的特征。该阶段的销售额不断下降,利润可能大幅滑落,导致产能过剩、价格持续下跌。旅游产品的内容和形式都不能满足旅游者需求,旅游者的兴趣发生转移,只有一些怀旧的客人光顾。如早期消费者热衷"卡拉OK",后来转向"迪吧",现在又转移到保龄球等运动上来。随着销售额和利润下降,一些企业退出市场,留下来的企业则减少产品数量。它们可能从较小的细分市场和较弱的分销渠道中撤退,也可能削减促销预算并进一步降价。

(2) 衰退期的营销策略。旅游企业在衰退期不一定就要退出市场,营销策略取决于行业的相对吸引力和企业在行业中的竞争力。如果处于不具吸引力的行业,但拥有竞争优势的企业可以选择性地考虑收缩,即将某些销售额过小的细分市场放弃,在较具潜力的细分市场保持原有的规模或扩大规模。如果处于有吸引力的行业,同时也有竞争优势的企业则应该考虑加大投资,通过为原有的产品增加价值而成功地重入市场或使衰退产品恢复活力。具体来说有以下几种策略。

❶ 立刻放弃策略。如果旅游产品的市场销售量急剧下降,甚至连变动成本也无法补偿,那么企业应该采取此策略,果断将产品撤出市场。如果旅游企业勉强坚持让产品继续存在于市场,可能会使企业付出太大的代价,衰弱的产品经常消耗不对称的管理时间,增加广告和人员销售的开支。而对于这些本可以更好地用于获利的健康产品如果不放弃衰弱产品,就会拖延对新产品的积极开发。

❷ 撤退和淘汰疲软产品。对于疲软产品,要维持其生产发展需要企业不断对其投入资源,这会给企业增添更多的负担,使企业的人、财、物不能分配到最优的产品上去,导致企业成本增加、收益减少,甚至还会影响到企业的整体形象。对于此类产品,企业在经过详细的分析后,应该采取相应的措施,处理好撤退和淘汰的相关工作。

❸ 收获策略。对于一些虽然销售额下降,但是仍有一定发展潜力的产品,旅游企业可以试图在维持销售额的同时逐步减少产品成本。首先是要削减管理成本、人员和资金投入。企业也可以通过降低产品质量、销售团队的规模、基本服务以及广告费用来实现。收获策略应尽可能做到不动声色,不让消费者、竞争者和员工知晓发生了什么。这种策略对成熟的产品是有保障的,能够大幅提高公司当前的现金流。

【讨论一下】

案例分析：

（1）曾经的西双版纳是云南旅游的老品牌，随着全省各地新兴旅游项目迅速崛起，逐渐被其他地方超越。如何改变落后、加快发展，成为西双版纳亟须解决的重大课题。2007年，西双版纳确定"二次创业、转型突出、再创辉煌"的奋斗目标，决心把西双版纳打造成为云南旅游二次创业的主战场，突出"热带雨林、避寒胜地、和谐家园、神秘风情"这个独特品牌，做好"热、傣、水、边"和"三个好地方"即南方人避寒过冬的好地方，东南亚傣民寻根访源的好地方，国内外游客亲近自然、追求健康的好地方。

（2）总投资16.5亿元，曾成功举办了历时半年之久的"昆明世界园艺博览会"。整个会展期间，前来参观世博园的游人多达943万人次。与当年大批涌来的游客相比，现在入园的人数已大为减少，在旅游淡季，有时一天仅2 000人左右。世博园占地218公顷，有2 500个植物种类，共建有77个园区。园内用工最多时达2 000多人，每天仅用电就3万多千瓦时。整个世博园一年的管理成本就要上亿元。世博园公司已将原有的2 000名工作人员减至现在的390人，全园的各项支出费用已明显减少，绿化营养及花卉更换费用也从1 885万元减少至1 270万元。

讨论：

✓ 以上旅游地各处于旅游产品生命周期的哪个阶段？

✓ 这些旅游地应该采取什么营销策略？

三、旅游新产品开发（new tourism product development）

旅游企业需要通过不断地开发新产品与新服务以及开拓新市场来增加收入。新的旅游产品开发决定着企业的未来。产品及服务的改进和更新对保持或增加企业的销售具有决定性影响，而一些全新性的产品与服务可能会改变整个行业、整个企业乃至改变生活。旅游企业应该努力探索更快、更有效的新产品与新服务的开发方法，以便开发出更好的新产品与新服务。

（一）旅游新产品的概念（concept of new tourism product）

旅游新产品是指旅游企业初次设计推出的全新产品，或者市场上已经存在，但在内容、方式、流程、性能上做了重大改进的，与原有旅游产品存在显著差异的产品。某旅行社开发了一条新的旅游线路，某饭店推出了一款新菜品，都是新产品的范畴。旅游新产品可以顺应消费者需求的变化而开发，也可以影响消费者的需求，引领消费潮流。

旅游新产品按照新颖程度可分为以下五类。

1. 全新型旅游新产品（brand-new tourism product）

在服务内容和方式上创造新的与原有产品完全不同的旅游产品。无论对企业还是市场来说都是绝对的旅游新产品，可以是新开发的旅游景点，可以是新开辟的旅游线路或新推出的旅游项目。全新型旅游产品创新具有革命性，它们往往给人们的生活方式带来巨大的质的变化。它们的产生都意味着一个新的行业或子行业的兴起。这种新产品能够满足旅游者的全新需求或引领新的消费时尚；可以拓展新的市场，增加旅游企业的市场份额。但是，这种类型的创新难度较大,开发周期较长,风险较大。一般旅游企业由于资金、技术等因素的限制而较少尝试这种旅游新产品的开发。

2. 替代型旅游新产品(substitute tourism product)

通过新的服务手段替代旧的服务方式,创造新的与原有产品不同的旅游产品。如在网上出现的网络导游来替代传统的导游,就属于这一类型。新的替代型旅游产品与原有产品相比,内容是相同的,不同的是提供产品的手段。替代型产品创新一般不是质的创新,创新程度比全新型低。替代型旅游产品创新一般不意味着一个新的行业或子行业的兴起,而意味着原有行业内部竞争的加剧。

3. 延伸型旅游新产品(extended tourism product)

在原有旅游产品的延伸领域(或相关领域)开发不同于原有产品的新旅游产品。由于旅游产品的综合性,使得旅游产品的内容丰富多样,也有利于不同的行业之间的融合,如旅行社可以和航空公司、餐饮企业、商业企业合作,就是开发在原有服务范围之外为顾客提供的新的产品项目。旅游企业推出的延伸型服务对自己而言是新产品,对市场而言并非新产品,而是其他行业已有的产品。

4. 拓展型旅游新产品(expanded tourism product)

在原有的旅游产品范围内开发新的品种类型。如饭店推出新的菜单、航空公司开设新的航线都属于这一类型。这些改进使原有产品的本质和核心价值没有改变,但却更好地满足顾客的需求,增加产品的销售量,提高企业的经济效益。

5. 改进型旅游新产品(improved tourism product)

对原有旅游产品(品种)的程序、方式、手段、时间、地点、人员等服务要素进行改进。改进型旅游新产品是量的意义上的创新,从改进型产品创新到全新型产品创新,是一个量变到质变的过程。一项全新型旅游产品创新往往建立在大量改进型产品创新的基础上。如某地有一家"催眠旅馆",以治疗失眠、神经衰弱而闻名于海内外,旅客不管患有多么严重的失眠症,入住该旅馆,上床五分钟后都能酣然入睡,至少能睡八小时。原来是因为旅馆在床上浸了一种叫"留安那"的草药,具有催眠作用。

【讨论一下】

案例分析:

南京市大塘金薰衣草庄园生命周期分析

南京市大塘金薰衣草庄园坐落于南京市江宁区谷里街道大塘金村,是江宁区重点打造的"十佳乡村旅游地"之一。经过多年的发展,薰衣草庄园经历了数个旅游地生命周期阶段。

2010年,江宁区在城市规划上将西部牛首山—云台河区域规划为乡村旅游发展区,大塘金薰衣草园位列其中。2013年在江宁区政府的主导下,谷里街道利用大塘金村的坡地地形,种植了大量"梯田式"薰衣草。同年5月大塘金薰衣草庄园免费开放,迎来了首个旅游旺季。2015年,大塘金引入马鞭草,因为马鞭草的花期可以从5月一直持续到10月,所以借此延长了大塘金的紫色"薰衣草"花期,也迎来了五一假期的最高游客接待量(270万人次)。

2016年,"江苏省大众创业万众创新活动周江苏省分会场南京大塘金香草小镇婚庆产业发展峰会"在大塘金薰衣草庄园召开。峰会确定了大塘金薰衣草庄园以婚庆产业发展为主题,从可持续发展的视角出发探讨婚庆产业及其关联的文创产业未来发展方向。区政府计划依托大塘金薰衣草庄园建设风情小镇,融合旅游、休闲、婚庆等相关产业。

依据旅游地生命周期理论,将大塘金薰衣草庄园的生命周期同样可以划分为6个阶段。探索(exploration)、起步(involvement)、发展(development)、稳固(consolidation)、停滞(stagnation)、衰落(decline)或复兴(rejuvenation)。

注:本案例引自汤文奇.基于旅游地生命周期理论的乡村旅游产品的发展与新,经编者整理编写。

讨论:

✔ 以上旅游地在复兴阶段应该采取什么样的策略?

✔ 乡村旅游产品与其他旅游产品相比,其生命周期各阶段有何不同?

（二）旅游新产品的开发程序（procedures of new tourism product development）

尽管新产品销售额通常远远超过原有产品,从而给企业带来丰厚的回报,但新产品开发风险极大。据估计,在不同行业,新产品失败的比例高达33％～90％。而且,即使是成功的新产品,其开发过程也不会一帆风顺,也要经过长期的努力和多次挫折。为了提高新产品开发的成功比例、减少开发风险,旅游企业有必要采取一套科学的新产品开发程序。

1. 收集创意（collecting ideas）

一切新产品均始于创意。寻求创意要牢记市场营销的出发点:消费者的需求和欲望。在寻求新产品创意过程中,技术推动和市场拉动都起着至关重要的作用。新技术、新材料、新工艺的不断发展推动着旅游业的进步。曾经是人类遥不可及的上山下海现在变成了可能,太空旅游和海底探险也应运而生。另一种是市场拉动。企业从市场收集大量信息,分析出哪些产品的哪些特征和功能可以进一步改进和提高、哪些市场需求还没有得到满足,等等。为获得创意,很多企业采取了灵活多样的方式:有的让员工轮岗,让平时不接触外界的员工分期分批到与顾客、竞争对手和中间商等有直接接触的岗位上轮岗;有的邀请外部人士参与企业的点子工程,如邀请科学家、业内权威、中间商等为公司建言献策;还有一些企业甚至邀请一些曾经投诉过企业的顾客来进行会谈,这些顾客一般更加挑剔,他们的一些建议就可以成为企业改进产品的一个出发点。即使这些意见目前看起来是不可能实现的,但将来随着技术的进步,企业就可能满足这些顾客的需求。因此,有长远发展眼光的企业应该有意识地收集这些顾客的信息,以备将来使用。

2. 创意筛选（selecting ideas）

创意筛选阶段的主要任务是对上一阶段收集的创意加以评估,挑选出可行性较高的创意,淘汰不可行或可行性低的创意,使旅游企业有限的资源集中于成功机会较大的创意上。那么什么样的创意会被淘汰掉呢?一种是和企业的战略目标不相适应的创意,如与企业利润目标、销售目标、销售增长目标和形象目标等不相适应的创意就会被淘汰;另一种是以企业目前的技术和资源难以成功开发的创意。企业要考虑资金、人力和销售能力能否满足新产品的开发。当然,企业切不可仅仅因为财力或技术原因就匆匆决定淘汰某些好创意。企业可以考虑同其他企业合作,结成战略联盟共同开发新产品。这样不仅可以使合作企业之间共享资金、技术和信息,扩展彼此原有市场,还可以将竞争对手变为合作伙伴。

3. 概念形成(concept formation)

旅游企业对筛选后的创意进一步升华,发展成旅游新产品概念。其任务是把创意转变成可供实际开发的现实产品,因此这一工作是关键性的环节之一。旅游企业要明确旅游产品创意、旅游产品概念之间的关系。旅游产品创意是旅游企业提出的能够向市场提供的可能产品的构想;旅游产品概念是旅游企业对这种创意所做的详尽的描述。旅游企业必须根据旅游消费者的要求把旅游产品创意发展为旅游产品概念。同时,旅游企业还要对旅游产品概念进行测试,用文字、图画描述或者实物影像等方法将旅游产品概念展示在目标顾客面前,观察他们的反应,了解他们的意愿。通过"概念测试",企业可进一步完善新产品概念,争取使新产品推出市场前能够更好地符合旅游者的需求。

4. 拟订营销计划(formulating marketing plans)

此阶段需完成以下任务。❶ 成立项目小组,明确其职责。❷ 对进入此阶段的新产品创意进一步评估,包括对生产、营销、财务、竞争因素等的分析。❸ 对产品进行初步设计,并列出产品特征、规格等方案。❹ 初拟营销方案,描述目标市场的规模、结构、消费者行为、新产品市场定位、短期销售额、市场份额和利润目标等。❺ 概述产品预期价格、分销渠道、促销策略的营销组合。❻ 最后写出详细项目计划,其中应包括对资金和人员的要求,以及详细的项目进度时间表,上报公司管理层审批。

5. 商业分析(business analysis)

旅游企业推出新产品必须讲求经济效益,所以在旅游新产品研制出来之前必须进行商业分析。商业分析是指对旅游新产品潜在盈利进行分析评估。在这一阶段,要预测该产品的潜在销售量、预期购买该旅游产品的市场规模、旅游产品的潜在利润以及现金流量,便于管理层清楚了解新产品多久才能实现盈利。

6. 新产品试制(new product trial-manufacture)

在经过商业分析后,如果可行就进入新产品试制阶段。这一阶段的任务就是把旅游新产品的概念转化成现实的旅游产品。除了有专业技术人员、工程人员和管理层参与外,市场营销人员一般也要参与,为新产品试制提供市场方面的咨询建议。旅游新产品的试制不同于一般产品。一般产品是由研发部门根据产品设计方案制作出实体产品作为样品。而旅游产品的开发是由旅游企业根据新产品的设计方案所规定的旅游产品内容、旅游活动项目、路线安排等,邀请旅游专家、同行企业代表、游客代表等进行试验性的体验,并请他们提供意见,不断完善新产品。

7. 试销(trial-sale)

旅游新产品在正式投放市场之前,必须要经过试销阶段。通过试销,旅游企业可进一步了解旅游者的需求偏好和消费习惯,了解他们对产品的质量、形式及价格方面的意见,发现设计过程中存在的缺陷,并加以改进,从而提高旅游新产品的成功率。试销主要是挑选具有代表性的小型市场进行新产品小批量的投放,接受市场检验。对于生产成本不高或对市场很有把握的新产品,可直接投放市场销售,以抢占先机。一般来说,试销的结果大致会出现四种情况:一是试用率和再购率都高,这是理想的结果,企业可以正式将产品投放市场;二是试用率高、再购率低,表现旅游者对新产品还不太满意,应进行修改和完善;三是试用率低、再购率高,说明对新产品的宣传不足,尚未被广大的旅游者知晓,但是试用后的反应较好;四是试用率和再购率都低,说明新产品不受市场欢迎,企业应考虑是否放弃或进行大的改进。

8. 正式投放市场(entering the market)

旅游新产品经过试销阶段,并且得到市场认可之后,就可以进入正式投放市场的阶段,旅游产品进入其生命周期的引入期。在这一阶段,旅游企业的高层管理者要做出以下决策:何时推出、何地推出、向谁推出、如何推出旅游新产品。旅游企业要大力进行宣传推广,包括广告宣传和人员推销等一系列方式。在投放市场的初期,一般会面临销量较小,成本较高,甚至会有一定程度的亏损的局面,这是正常现象。营销人员的任务是把亏损控制在一定的范围内。同时,还要密切跟踪销售信息,检验产品的使用效果,为企业新一轮的新产品开发和市场营销策略的调整做准备。

(三) 旅游新产品的开发策略(developing strategies of new product)

旅游企业在开发新产品时除了要完成每个阶段的任务以外,还要根据旅游企业所处的内外环境来选择适当的新产品开发策略。如政治、经济、文化等外部环境因素,以及消费者需求、企业自身资源实力等内部环境因素,都会影响到企业选择什么样的开发策略。具体来说,可供企业选择的开发策略主要是以下四种。

1. 长短结合策略(combining the long-term and short-term)

旅游企业在开发旅游新产品时,应着眼于企业的长远发展利益,制订新产品开发规划,保持企业生产的连续性和发展性,同时又要关注企业的短期利益。根据这一策略,旅游企业的产品应有四档:一是企业生产和销售的旅游产品;二是正在研制或研制成功,等待适当时机投放市场的产品;三是正在研究设计的产品;四是处于产品构思、创意阶段的旅游产品。

2. 主导产品策略(cultivating the leading product)

旅游企业应该培养自己的主导旅游产品,使其在旅游者心中树立良好的企业形象。主导产品是根据旅游企业自身的资源条件,在市场上拥有较大优势的产品。一般来说,根据我国资源特征和市场竞争情况,我国的旅游主导产品应选择垄断性、高品位的观光产品,如故宫、长城等,以及体现中国传统文化的非观光产品,如保健、修学、烹饪等。

3. 高低档旅游产品相结合的策略(combining the slap-up and low-end products)

为了满足市场上不同消费层次的旅游者的需求,丰富旅游产品的内容,增加与消费者的接触面,旅游企业经营的产品中应既有高档旅游产品,又有低档旅游产品。在使用这种策略时,要注意不同档次的产品之间的互相影响,避免低档旅游产品影响到高档产品的形象。

4. 新旧产品结合策略(combining the old and new products)

在新产品开发的过程中,还要注意与旅游旧产品的结合。新旧旅游产品并不是相互割裂的,它们经常是相互关联、相互影响的。新旧产品结合策略就是旅游企业在开发旅游新产品时要处理好与旅游旧产品之间的关系,如何实现两者的最佳组合。一种情况是,旅游企业继续对原有旅游旧产品的市场策略不变,同时推出新产品来争取更多的市场份额;另一种情况是,旅游企业开始将重心转移到旅游新产品的开发上,对旅游旧产品采取收获策略。

(四) 旅游新产品的发展趋势(developing tendency of new product)

随着人们生活水平的提高,旅游产品已经成为人们的日常生活必需品,人们对旅游产品的需求也逐渐多样化和复杂化。为了更好地满足市场需求,旅游新产品的开发设计层出不穷,出现了下列一些新的趋势。

1. 科技含量日益增高(high technologies)

以电子信息、生物工程、新材料、新能源为核心的世界新技术革命对人类社会的影响,在广度和深度上将大大超过前几次的技术革命,其影响也深入到旅游产品的创新中,包括饭店、景区、交通等各个方面。如许多饭店正在大力研发的设备自动化、办公自动化、通信自动化等新的功能和良好服务的"智能酒店"就具有极高科技含量。

2. 更具有多样性和个性化(diversification and individuation)

新的旅游产品层出不穷,呈现多样化趋势。国际上著名城市和度假胜地纷纷推出会展旅游,以期获得相应的经济效应及社会效益。我国源远流长的历史和灿烂丰富的文化底蕴,以及北京、上海等大城市良好的接待设施和服务,对国际会展旅游这一市场有着巨大的吸引力。近年来,随着人们度假观念开始从休闲向保健和追求生活品质转化,与体育有关的度假旅游方式不断升温。在德国,每年约有3 200万人从事与体育旅游有关的活动,占该国出国旅游人数的55%,荷兰和法国体育旅游的人数分别为700万人和350万人,分别占两国出国旅游人数的52%和23%。乡村旅游是以都市居民为目标市场,以满足旅游者娱乐、求知和回归自然等方面目的的一种旅游方式。它是顺应旅游消费市场的需要发展起来的,旅游者既可以享受田园风光,又可以了解农村生活。这种旅游方式满足了人们回归自然的情结。猎奇旅游主要以满足现代人求新、求奇的需要为目的,现在已有多位旅游者实现了太空之旅。这些多样化的旅游形式同时也是在满足个性化的需求。

3. 更具文化性(cultural)

旅游产品的设计首先应该尊重消费者的宗教信仰、文化传统、风俗习惯。但另一方面,也应该体现地方文化特色,使消费者感受到不一样的文化经历,并从中获得精神上的满足。我国是有五千年文化历史的文明古国,具有深厚的文化底蕴,在开发旅游产品时应该尽可能地体现中国的传统文化。同时我国是一个统一的多民族国家,每个民族有本民族的特色和风俗习惯,应在满足消费者需求的同时,尽量保持文化的原真性。要增加人们对自然文化产品的亲身体验,使人们有返璞归真的感觉。

4. 注重保护生态环境(environment protection)

旅游业在开始发展时被定义为"无烟产业",但随着社会发展,人们逐渐认识到旅游产业的发展对自然和人文环境存在着一定的破坏作用。追求生活品质的消费者,已不仅仅满足于优越的物质享受,他们更希望拥有美好的生活环境,这种希望也反映在他们对旅游业的要求中。因此,为了适应人类文明的进步和满足消费者的要求,旅游企业将更加重视研究开发保护生态环境的新产品。生态旅游产品是一种可持续性旅游,注重体验自然地区,促进对环境和文化的了解、欣赏和保护。要遵循旅游环境的承载力规律来开发旅游产品,要有步骤地进行发展,尽量维持旅游地的生态环境,保存生物多样性和多种旅游资源。旅游项目建设、基础设施建设和环境保护建设至少必须同步规划、同步实施。

四、旅游产品品牌策略(brand strategies of tourism product)

(一) 旅游产品品牌的概念及构成要素(concept and elements of tourism product brand)

旅游产品品牌,是指旅游产品的名称、标记、符号、图案或是它们的组合,用以标志一个旅游企业的产品或服务,并使之与竞争对手的产品或服务区别开来。品牌是旅游企业及其产品差异化的基本标志,是吸引消费者重复购买产品与服务的一个主要的决定因素。品牌不仅能够使消费者识别企业的产品,其更深层次的内涵在于其所体现出的旅游产品的文化、价值和个性。

品牌是一个集合的概念,包括品牌名称和品牌标志两部分。品牌名称是旅游品牌中能够用语言称呼的部分,是形成品牌概念的基础。例如,"张家界"风景名胜区、"阳朔"古城、"希尔顿"饭店。品牌标志是旅游品牌中能识别、易于记忆又不能用语言直接读出的部分,常常表现为某种符号、图案或其他独特的设计。比如,麦当劳的金色拱门、希尔顿的 H 字母。品牌标志是品牌的"视觉语言",它的独特性能使消费者马上识别出该品牌,并在消费者头脑中形成一个深刻的印象,培养企业的忠实顾客。

(二) 旅游产品品牌的作用(functions of tourism product brand)

1. 提供识别(identification)

品牌的建立首先是出于竞争的需要,用来与竞争对手的产品或服务相区别,便于消费者识别。这是品牌的基本功能。品牌的设计应具有鲜明的个性特点,能够突显出企业的特点、文化、个性,品牌的图案、文字等都应与竞争对手有显著的区别。品牌有利于保护消费者的权益。《中华人民共和国消费者权益保护法》规定:"消费者因购买、使用商品或者接受服务受到人身、财产损害的,享有依法获得赔偿的权利。""经营者应当标明其真实名称和标记。"另外,同一品牌的产品表明应该达到同样的质量水平和稳定的服务质量,这样便于消费者选购不同品牌的产品。

2. 体现核心价值(embodying core values)

品牌一旦形成一定的知名度和美誉度,旅游企业就可以利用品牌优势扩大市场,促成旅游者形成品牌忠诚。品牌是帮助消费者牢记产品或服务的有力武器。品牌不仅要将产品销售给消费者,还要使消费者通过使用对产品产生好感,从而选择重复购买,不断口耳相传,形成品牌忠诚。同时,消费者通过品牌和对产品的使用,形成满意,并将这种满意的消费经历储存在记忆中,为将来的消费决策提供依据。良好的品牌能够代表企业的文化,被赋予美好的情感,最终体现出企业的核心价值。

3. 保持竞争优势(keeping competitiveness)

很多旅游企业的产品一经推出市场,如果有良好的销售前景,就很容易引来竞争者,并且产品较易被竞争者所模仿,对于旅游企业是非常不利的。但是企业如果能创造出品牌特别是名牌,那就成为企业的一项特有的资产,企业还可以通过注册得到法律的保护,具有排他性的优势。另外,现在市场的消费者习惯于通过品牌对产品、企业进行识别从而做出购买决策。企业要顺应人们的这种心理特点,通过品牌来扩展市场,抵御竞争者。一旦形成了品牌忠诚,就能够形成进入壁垒。品牌忠诚是竞争者无法模仿的,这将成为企业保持竞争优势的一项有力工具。

4. 赚取高额利润(earning high profits)

品牌暗示一定水平的质量,所以满意的消费者很容易再次选择这种产品。当品牌具备了一定的知名度和追随度后,企业可以为品牌制定相对较高的价格,获得较高的利润。忠诚的顾客也愿意为得到某产品支付更高的价格,通常与竞争品牌相比多支付 20%～25%。同时,品牌还能够帮助企业节省成本,比如企业通过品牌延伸,在推出新产品时借助已成功的品牌知名度来进行推广,不仅降低了风险,也为企业节省了成本。因此,知名品牌在利润创造方面的能力非常高,这种优势来自消费者对该品牌产品价值的认同。

5. 增加资产价值(increasing property values)

品牌作为企业的一项无形资产,其价值可以通过一定的方法评估。品牌不同于产品的生命周期。产品会经历从投放市场到被淘汰退出市场的过程,但是品牌却不同,它可以超越生命周期。通过改进或创新产品并保持始终如一的品牌个性,企业的品牌就可以延续下去,成为企业不可代替的一项重要资产。

【讨论一下】

案例分析:

(1) 一次,一个台湾旅行团在游览某景点时,一位台胞突然生病。带团的导游经验丰富,在对病人做了简易处理后,询问是否去医院治疗。游客说是老毛病,休息几小时就好,不必去医院。导游为不影响行程,在征得游客同意后,毅然背起他继续旅游,这令台湾台胞以及整团游客都十分感动。回台后,这位台胞写下了《同胞背我大陆游》的文章在媒体上发表。这位导游提高了企业的品牌形象。

(2) 今年的"十一"国庆节,媒体曝光了云南香格里拉某导游的恶劣行为。在旅行过程中,该导游强制游客参加藏民家访等自费旅游项目,并且声称这个是行政性的变相收费。如果游客不配合,导游就威胁会把刀架在游客的脖子上。当游客不参加强制性消费项目时,竟然被导游赶下车。

讨论:

✓ 影响旅游企业品牌形象的因素有哪些?

✓ 以上两个案例给我们什么启示?

(三) 旅游产品品牌的决策与管理(decision-making and management on tourism product brand)

1. 品牌化决策(branding)

品牌化决策,是指旅游企业决定是否要给产品命名,设计标志、图案、符号等形象识别系统,以及与此相关的旅游形象设计、旅游形象代言人的征集、旅游口号的创作、旅游产品广告的制作等一系列决策活动。

对于目前的大多数旅游企业来讲,不管是生产什么类型的旅游产品,品牌化都是不可回避的必然趋势。饭店业中不管是高星级饭店、经济型饭店还是中小型饭店都在实施品牌化策略;其他旅游企业如旅行社、航空公司、餐饮企业、旅游景区等,品牌化也能够增加产品在市场的辨识度、认可度,形成消费者对产品的忠诚度。对于旅游城市、乡村或古镇来说,打造地区品牌,塑造良好旅游形象,不仅是发展旅游业,也是经营城市、改善投资环境的有利选择。

但是,并不是所有企业都有必要实施品牌化策略。对于小型旅游企业和一般不知名的旅游地和普通旅游景区来说,是否使用品牌,还必须考虑旅游产品项目和地区经济、旅游资源禀赋的实际情况。因为在获得品牌的各种利益的同时,建立品牌是要付出代价的,包括设计费、制作费、注册费、广告费等，并且还承担品牌在市场上失败的风险。所以，对某些产品使用品牌，如果对识别商品、促进销售的积极意义很小，就可能得不偿失。

2. 品牌使用者决策（using）

品牌使用者决策，是指企业决定使用本企业的品牌，还是使用经销商的品牌，或两种品牌同时兼用。对于旅游业来说，具体就体现在旅游产品制造者和渠道商之间，也就是在饭店、景区和旅游目的地等旅游产品生产者，和旅行社、旅游电子商务网站（如携程、去哪儿）等旅游产品销售渠道之间进行选择。

一种情况是使用制造商品牌。一般来说，旅游生产者的市场信誉好、实力较强、产品市场占有率高，宜采用制造商品牌。现在一些旅游企业为了摆脱对旅游经销商的依赖，正在采取一些措施，如加大广告投入、建立企业网站和电子预订系统，一些有实力的景区和旅游城市开始在主要客源地城市开设旅游产品直营店。这些措施有利于旅游产品生产者争取到有利的地位。

另一种情况是使用经销商品牌。一些旅游产品生产者由于自身的品牌影响力和营销能力较差，无法摆脱对旅游经销商依赖自行包装和销售旅游产品，或是经销商的实力强大，拥有较好的品牌声誉和完善的销售网络，能够控制饭店、景区和旅游地的产品销售，就会采用经销商的品牌。这种类型会使旅游产品的供给者在议价和利润分配中处于不利地位，如不得不答应经销商提出的一些不合理要求。到底企业应该选择哪种类型，要根据参与各方的实际条件及其他市场因素来做决定。

3. 品牌名称决策（naming）

品牌无论归属制造商还是中间商，或者两者共同拥有品牌使用权，都要考虑对产品的命名问题。品牌名称决策，是指企业决定所有产品使用　个或几个品牌，还是不同产品分别使用不同的品牌。如何决策会影响到品牌运营的成败。品牌名称决策大致有以下四种决策模式。

（1）个别品牌名称。个别品牌名称，即旅游企业对不同的产品使用不同的品牌。使用这种策略，为每种产品寻求不同的市场定位，便于旅游者识别不同质量、不同档次的旅游产品。这种策略可以保证旅游企业的整体信誉不至于受某一产品声誉不佳的影响，有利于分散风险；还有利于企业新产品向多个目标市场渗透，对抗竞争对手。但是这种策略的促销费用相对较高。目前大多数国际饭店管理集团都是采取这种策略，如美国万豪国际酒店集团旗下拥有万豪（Marriott Hotels & Resorts）、万豪居家（Residence Inn）、万怡（Courtyard）、丽思（Ritz-Carlton）、万豪度假俱乐部（Marriott Vacation Club）等不同档次的品牌，用来满足不同需求的消费者群体。

（2）统一品牌名称。统一品牌名称，即对所有产品使用共同的家族品牌名称。对于享有高声誉的著名企业，可充分利用其名牌效应，使企业的所有产品畅销，有利于展示旅游企业的实力，突显企业形象，如香格里拉饭店集团。同时在企业品牌已经取得了良好的市场信誉的情况下顺利推出新产品，降低推出新产品的成本。但是，这种策略的风险就在于，如果其中某一产品出现问题，可能会连带影响到企业的其他产品和整个企业的信誉。

（3）大类品牌名称。大类品牌名称，即企业在所有产品分类的基础上，对各大类产品使用不同的家族品牌。这是综合前两种做法的方式。这种策略主要是为了区分不同大类的产品,以便在不同大类产品领域树立各自的产品形象。例如,首旅集团分为景区、饭店、会展场馆和旅行社等业务部门,拥有海南南山、宁夏沙湖、长春长影世纪城、民族饭店、北京展览馆和神舟国旅等不同品牌。

（4）个别品牌与企业名称并用。这种策略是旅游企业对其各种不同的产品分别使用不同的品牌,但需在各种产品的品牌前面冠以企业名称。这种做法适合在推出新产品时使用。新产品前面加上企业的名称,可以使新产品享受到企业的声誉,有利于新产品的顺利推出。而采用不同的品牌名称,又可以使新产品显示出不同的特色,有利于顾客进行识别。例如,一些旅游目的地整体上市的旅游集团,集团旗下的景区和饭店在整体旅游地名称的基础上,会采用不同的品牌名称。

4. 品牌战略决策（strategy-making）

品牌战略决策是将品牌与产品组合的相关内容进行结合,从而形成了以下几种形式。

（1）产品线扩展策略。旅游企业在相同的产品种类和产品线中,引进新的产品项目,并对产品特点、功能和特色等做针对性变化,而使用的是相同的品牌名称。进行产品线扩展的原因主要是企业为了充分利用过剩的生产能力,满足新的消费者的需求,以及填补市场空隙,与竞争者推出的新产品进行竞争等。推出的新产品往往是现有产品的局部改进,如增加新的功能,改变包装、式样等。

（2）多品牌策略。多品牌是指旅游企业对同一个产品项目或同类产品,使用多个品牌,各品牌之间既有区别又有联系。企业运用多品牌策略可以在产品分销过程中占有更大的展示空间,而且不同的品牌代表了不同的产品特色,可以吸引具有不同需求的旅游者,有利于企业扩大市场,限制竞争对手。但是运用多品牌策略时要注意在企业内部的各品牌之间会造成过度竞争,因此企业要注意协调各品牌之间的均衡发展,根据各品牌市场份额的大小及变化趋势进行适当的调整。

（3）品牌延伸策略。即旅游企业利用现有品牌名称来推出与现有产品类别不同的产品。品牌延伸并非只是简单地借用品牌名称,而是对整个品牌资产的策略性运用,是实现品牌无形资产转移的有效途径。产品一般会受生命周期的限制,但是品牌不同。品牌作为企业的战略性资源,要不断地发挥企业的品牌资源潜力,其中一种方法就是品牌延伸。品牌延伸一方面在新产品上实现了品牌资产的转移;另一方面又以新产品延续了品牌的寿命。当然,在使用品牌延伸策略时,也存在一定的风险,如果新产品得不到市场的认可,就会影响该品牌的市场声誉。

（4）新品牌策略。旅游企业为新产品设计新品牌的策略称为新品牌策略。企业推出的新产品如果与原有产品在功能、质量、档次上有较大的区别,满足的是不同的消费群体,为了使消费者不会产生混淆,那么可以采用这种策略。也有一种情况是市场对原品牌的反应不太理想,新品牌的推出是为了强化市场的认同。

（5）合作品牌策略。合作品牌策略是指旅游企业将两个或更多的品牌在一个产品上联合起来,每个品牌都期望另一品牌能强化整体的形象。合作品牌的形式有多种。一种是中间商合作品牌,如旅行社和饭店共同开发一个品牌;另一种形式是合资合作品牌,如云南迪庆、西藏昌都、四川甘孜和青海玉树等联合打造的"大香格里拉"旅游品牌。在运用这种策略时,要注意协调好合作各方的利益分配问题,避免强势品牌占取更多的利润。

【实训任务】　策划新产品开发项目

　　将学生分组,运用所学到的知识,利用网络调研、资料收集或者实地访谈等形式,研判某旅游企业的产品,利用理论工具对该企业的新产品开发策略提出针对性建议。

【操作步骤】

　　◇ **第一步:梳理某旅游企业的产品构成**

　　➤ 根据旅游产品的概念,分析所选择的旅游企业的产品类型和特征。

　　➤ 阐述该旅游企业的各产品层次的具体表现。

　　◇ **第二步:确定适合该企业的新产品类型**

　　➤ 分析该旅游企业的战略目标。

　　➤ 总结该企业的资源现状及竞争状态。

　　➤ 确定新产品开发的类型。

　　◇ **第三步:提出、做出新产品开发的营销方案**

　　➤ 提出新产品开发的创意方案。

　　➤ 进行创意的评估,商业分析和营销方案策划。

 【自我评估】

　　1. 什么是旅游产品?它由哪几部分构成?

　　2. 旅游产品的生命周期分为哪几个阶段?简述生命周期不同阶段的营销策略。

　　3. 旅游新产品有哪几种类型?新产品开发的基本步骤是什么?

　　4. 旅游产品品牌有哪些特征?品牌策略包含哪些内容?

　　5. 旅游产品的创新、自觉抵制不正当竞争意识是否得到培养?

项目六案例

 【知识拓展】　旅游产品组合策略

　　旅游产品组合是指旅游企业所经营的全部旅游产品的整体构成。在旅游产品组合中,每一个具体的产品品种称为产品项目。在使用价值、销售渠道、销售对象等方面比较接近的产品项目,组成一个产品类别,称为产品线。旅游企业的各类产品线及其包含的全部产品项目,构成了一个旅游企业的产品组合。

　　旅游产品组合的测量尺度主要表现在以下三个方面。❶ 产品组合的宽度,指的是旅游企业经营的旅游产品线的数量。如一家旅行社经营观光旅游产品,那么观光旅游产品就是它的一条产品线;若该旅行社同时经营观光旅游产品、度假旅游产品、修学旅游产品等不同的旅游产品类型,那么这家旅行社就同时经营多条产品线。❷ 产品组合的深度,指的是旅游企业经营的每条产品线中所包含的产品项目的数量。如旅行社的观光旅游产品中有以山水旅游为主的产品,有以文物古迹旅游为主的产品。山水旅游中又有桂林、杭州、峨眉山等不同的旅游路线,文物古迹观光旅游又分为三国历史主题旅游、北京故宫旅游等不同的产品。因此,这家旅行社的每条产品线的深度都不尽相同。❸ 产品组合的关联性。各条产品线之间在生产条件、销售渠道、功能或其他方面如果比较接近,那么这家企业的产品线的关联性就高。如度假产品中一般包含酒店产品,也有健身和运动设施,那么度假产品与体育产品之间的关联性就较高。而有些企业进行多元化经营时,所拥有的产品线之间的关联性就较低甚至毫无关联性。

旅游企业应该根据产品组合的发展现状,包括每条产品线的经营状况、盈利能力,以及产品项目的发展状态对产品组合进行调整。旅游企业可以使用的产品组合策略包括产品线扩展、产品线延伸、产品线的特色化和产品线削减等。

6

项目七　旅游产品定价

【素养目标】

1. 引导学生树立以质定价、诚信经营的市场理念。
2. 引导学生树立市场风险防控意识。

【岗位能力】

1. 能够根据市场营销有关价格原理和方法进行市场分析，设计旅游产品价格策略。
2. 能够运用恰当的营销组合策略，进行旅游产品的价格营销。

【知识目标】

1. 了解旅游产品价格的概念及其影响因素。
2. 熟悉旅游产品的定价目标与定价方法。
3. 全面认识并掌握旅游产品的定价技巧及应用。

案例引入

◇ 案例一：机票价格跳水　错峰游时机来了

　　随着出境航线的陆续增多，部分目的地的机票价格也日渐走低。2023 年 2 月 1 日，据携程发布的数据，全国各地飞中国香港、中国澳门的机票相比春节期间有大幅回落，上海往返港澳只需千元左右。此外，直飞泰国机票价格也明显跳水。目前，多家航司都在不断新开、恢复国际航线，中国内地游客的出境意愿也在逐步增强，错峰游正当时。

　　春节出游高峰过后，多地机票价格出现走低的趋势。北京商报记者查询携程 App 发现，以北京—中国香港航线为例，2 月直飞航线最低价为 1 050 元，3 月最低价为 1 035 元，与部分境内航线机票价格趋于一致。

　　此外，部分中国内地飞往东南亚国家的机票价格也出现大幅跳水。携程数据显示，2 月上海直飞往返普吉岛出现 1 600 元低价，南京直飞往返普吉岛在 2 000 元左右，较春节期间 7 000 元左右的价格大幅跳水。

据去哪儿数据,1月下旬至2月初,成都—曼谷、成都—普吉、厦门—胡志明市等多条东南亚航线恢复,旅客量则较春节期间明显减少,机票价格随之下降。

有春节期间前往泰国度假的游客表示,即便选择了中转航班,春节期间泰国人均往返机票仍超过7 000元,远超酒店等其他花费。相比之下,2月出境游更为划算。

注:本案例引自《北京商报》2023年2月2日电子版,经编者整理编写。

◇ 案例二:"双11"狂欢节启动

一年一度的"双11"购物狂欢节战火重燃,除各大电商平台外,旅游市场各旅游企业的专题促销活动也同步开启。2022年的"双11"活动,岭南商旅集团旗下旅行社广之旅采取线上线下多渠道参与的形式,主题为"11·11旅游狂欢节",促销产品品类包含秋色、冬游、反季海岛避寒产品、温泉/美食/直通车产品、一家一团、精品小团及度假酒店套票等。

广之旅上架的"双11"爆款产品中有不少是11月、12月出发的应季旅游线路。如"长江三峡、宜昌、巫山、奉节、双动车5天游",逢周一、三、五出发,该线路原价2 999元/人,现直降1 000元,预售"一口价"仅需1 999元/人,游客即可观赏驰名中外的三峡红叶,乘豪华游轮,住江景露台房,饱览长江美景。

省内周边游方面,不少酒店预订套餐以预售形式上架,由于此类产品均有超长使用期限,适合出游时间比较受限的上班族提前以特惠价囤货。如全新开业的河源某民宿酒店,促销价仅需1 388元即可抢得入住叠墅/平墅一套一晚,可自由选择3房或2房房型,套餐还赠送最小棕榈温泉、石板浴及干蒸体验以及龙骨乐园套票;此外,某酒店豪华客房"双11"预售价仅需1 199元,含双早和双人温泉,超长使用期到2023年6月30日前可约。

注:本案例引自网易号"岭南控股",经编者整理编写。

◇ 案例启示

➢ 案例一讲述了供求关系直接影响着旅游产品的定价,供不应求时,旅游产品价格趋向于上涨,供大于求时,旅游产品价格趋向于下降,说明旅游产品淡旺季应采用不同的定价策略。

➢ 案例二讲述了现代市场竞争中,价格手段成为一种有效直接的竞争手段。旅行社经营目标对旅游产品价格的制定具有相当大的影响,心理定价法的应用在旅游行业屡见不鲜。

➢ 以上两个案例充分说明了旅游产品的定价对旅游企业经营的重要性。全面分析和了解影响旅游产品定价的因素,全面掌握旅游产品的定价技巧及应用是非常有必要的。同时,在制定旅游产品的价格时,旅游企业应自觉抵制不正当低价竞争,不以价格扰乱市场,要在合理合法的范围内综合考虑成本、预期效果等投入,提升风险管控意识。

7

【知识准备】

一、旅游产品价格（the price of tourism product）

价格是市场经济运行中最活跃的因素,直接影响生产者、经营者、消费者的利益。对于企业来说,当成本一定时价格决定了其利润,赚钱的多少直接和价格相关。价格高获利就多,价格低获利就少,而成本在短时期内的变动是非常小的,所以价格的高低在很大程度上决定了企业利润的高低。对于消费者来说,价格同样重要,因为价格直接决定了消费者的支出。对于国家来说,价格同样重要,因为对经济的宏观调控主要就是用价格机制来完成的。

那么,究竟什么是旅游产品价格呢? 旅游产品价格是旅游者为满足旅游活动的需求而购买单位旅游产品所支付的货币量,它是旅游产品价值、旅游市场的供求和一个国家或地区的币值三者变化的综合反映。在市场经济中,旅游者食、住、行、游、购、娱等需求必须通过交换活动,通过支付一定的货币量才能获得满足。旅游经营者在向旅游者提供旅游产品时,必然要求得到相应的价值补偿,于是在旅游者与旅游经营者之间围绕着旅游产品的交换而产生了一定货币量的收支,这就是旅游产品价格。从旅游经营者的角度看,旅游产品价格又表现为向旅游者提供产品和服务的收费标准。

(一) 旅游产品价格的构成（compositions of tourism products price）

从旅游产品经营者的角度看,旅游产品价格是由成本和盈利两部分构成的。成本是指生产费用,它包括生产旅游产品时用于建筑物、交通运输工具、各种设备、设施及原材料等物质的耗费和旅游从业人员旅游服务的劳动补偿部分。盈利是指旅游从业人员所创造的价值部分,它包括向政府缴纳的税金、贷款利息、保险费用和旅游商品经营的盈利等。在旅游单项价格构成中,旅游产品价格包括旅游经营者的成本与利润;但在统包价格中,旅游产品价格则由各个单项旅游产品的单价之和加上旅行社的成本与盈利所构成。

从旅游者的角度看,旅游产品价格的构成分为基本构成和自由选择两部分。基本构成是旅游者在出游前对旅游产品的感性认识和粗略理解基础上所预算的旅游支出构成;自由选择是旅游者在旅游过程中,通过对旅游产品的亲身体验和主观预测而对基本构成的调整,它包括对基本构成总量的增减和对基本构成的结构改变,以及调整下次旅游的预算。如某旅游者在某条旅游线路上旅游时,由于获得了非常独特的心理满足,于是决定多停留一些日子,并希望下次再来。对于旅游者的这种旅游价格构成要求,旅游经营者应充分注意两个方面:一是加强推销能力,通过较宽的营销渠道和较强的宣传促销让旅游者对旅游产品有更多的认识和理解,从而尽可能增加旅游者的旅游预算;二是提供优质的旅游服务,对旅游者产生较强的吸引力,从而增加旅游者的自由选择。

(二) 旅游产品价格的特点（characteristics of tourism products price）

由于旅游产品不同于一般产品,它是一种组合型产品,具有综合性、无形性、不可转移性等特点。它的这些特点决定了旅游产品价格具有不同于一般产品价格的特点,主要表现在以下几方面。

1. 综合性与协调性（comprehensive and coordinated）

旅游产品要满足旅游者食、住、行、游、购、娱等多方面需求,旅游产品价格必然是旅游活动中食、住、行、游、购、娱价格的综合表现,或者是这些单个要素价格的总体显示。同时,由于旅游产品的供给方分属于不同行业与部门,因而必须经过科学的协调,使之相互补充、有机搭配,因此旅游产品价格又具有协调性,以协调各有关部门的产品综合地提供给旅游者。

2. 垄断性与市场性(monopolistic and marketable)

旅游产品的基础是旅游资源,而独特个性是旅游资源开发建设的核心,这就决定了旅游价格具有一定的垄断性,它表现为一方面在特定时间和特定空间范围内旅游产品的价格远远高于其价值,高于凝结于其中的社会必要劳动时间;另一方面,旅游产品又必须接受旅游者的检验,随着旅游者的需求程度及其满足旅游者需求条件的改变,旅游产品的垄断价格又必须做相应的调整,从而使旅游价格具有市场性,即随着市场供求变化而变化。

3. 高弹性与高附加值性(high elasticity and additional values)

由于旅游需求受到诸多不可预测因素的影响,使旅游者的旅游需求及旅游动机也是千变万化的。相反地,旅游供给却又相对稳定,于是这种供求之间矛盾所造成相同旅游产品在不同的时间里价格差异较大,从而使旅游产品价格具有较高的弹性。从某种程度上讲,旅游活动就是旅游者获得一次独特心理感受的过程,在不同档次的旅游环境中,相同的旅游产品给旅游者的感受差异会很大。旅游产品的档次愈高,服务愈好,旅游者愿意支付的旅游产品价格也会愈高,其中便蕴含了较高的附加值。

4. 一次性与多次性(one-off and multiple)

旅游产品中,餐厅的食品、旅游纪念品等商品,是使用权与所有权都出售,其价格是一次性的;此外,诸如旅游景点、旅游交通和客房等均只出售使用权而不出售所有权,从而造成不同时间的价格有所不同,因而又存在多次性价格。因此,旅游产品价格实质上是一次性与多次性相统一的价格。

(三) 旅游产品价格的分类(classification of tourism product price)

旅游产品价格可按照不同标准进行不同的分类。从旅游经营的角度出发,常见的旅游产品价格分类主要有以下几种。

1. 基本旅游产品价格和非基本旅游产品价格(price of basic and non-basic tourism product)

这种分类是按照旅游者在旅游活动中对旅游产品需求程度的差异而分类的。旅游产品价格是旅游活动中必不可少的旅游需求部分的价格,包括食宿价格、交通价格、游览价格等。非基本旅游产品价格是指旅游活动中对每个旅游者来说可发生也可不发生的旅游产品价格,如纪念品价格、通信服务价格、医疗服务价格、娱乐服务价格等。基本旅游产品价格是满足旅游者基本需求部分的价格,基本旅游产品价格不合理,旅游者的基本需求得不到合理的满足,旅游活动要么无法进行,要么留下遗憾,从而直接影响到旅游客源的多少。因此,合理地确定基本旅游产品价格十分重要。大量非基本旅游产品价格是在旅游者基本需求获得满足基础上产生的,从而有利于刺激旅游者的进一步需求,影响旅游者的旅游消费结构,从而增加旅游目的地的收入。这就要求在制定非基本旅游产品价格时,必须充分考虑基本旅游需求的独特个性,并按照其功能特性,制定合理的价格。

2. 一般旅游产品价格和特种旅游产品价格(price of general and peculiar tourism product)

这种分类是按照旅游产品构成内容的不同而分类的。一般旅游产品价格是指以旅游产品价值为基础来确定的旅游产品价格,如餐饮价格、住宿价格、交通价格、日用生活品价格等。这些旅游产品与国民经济的其他相关行业、部门的产品具有明显的替代性,因而它必须按照社会平均利润率,以旅游产品的价值为基础来制定。特种旅游产品价格是价格与价值背离较大的旅游产品价格。如旅游购物品中的古玩、名画的价格,名人住过或游览过的旅游景点的价格。这些旅游产品在特定的时间和空间内具有独占性,其价格也可以视作垄断价格,价格制定不受成本高低的影响,而主要取决于市场的供求状况。

3. 国际旅游产品价格和国内旅游产品价格(prices of international and domestic tourism products)

这种分类是按照旅游者的国籍不同而分类的。国际旅游产品价格是向海外旅游者标明的价格,国内旅游产品价格是向本国旅游者标明的价格。由于不同国家的经济发展水平不一样,不同国籍的旅游者的购买力客观上有差异,因此区分国际旅游产品价格与国内旅游产品价格不仅符合旅游经济活动的实际,而且有助于经济相对落后的国家或地区吸收更多的外汇。通常的表现是,发展中国家的国际旅游产品价格比国内旅游产品价格要高得多。随着经济的区域化和全球一体化进程的加深,服务贸易将日益世界化,旅游产品价格的国际国内差异也将逐渐缩小。因此,区分和确定国际旅游产品价格和国内旅游产品价格的差异,必须以世界经济的发展,尤其是世界服务贸易的发展状况为依据,才能制定出既符合实际,又科学合理的旅游价格。

4. 包价、部分包价和单项旅游产品价格(price of package,half-package and single tourism products)

这种分类是按照旅游者购买旅游产品的方式划分的。旅游包价也叫统包价格,是旅行社为满足旅游者的需要所提供的旅游产品基本部分和旅行社服务费的价格。它由三部分组成:❶旅游出发地与旅游目的地之间的往返交通费;❷旅游目的地向旅游者提供的旅游产品的价格;❸旅行社的管理费用和盈利。旅游包价是旅游者一次性支付的价格。单项价格是旅游者按零星购买方式所购买的旅游产品的价格,亦即在一定时期内不同旅游经营者所规定的各种单项旅游产品的价格,如客房价格、餐饮价格、交通价格、门票价格等。部分包价是介于包价与单项价格之间的旅游价格,指旅游者一次性购买部分旅游产品的组合,同时又以零星购买方式而购买另外的单项旅游产品,如参加某次运动会、某项球赛、某种娱乐的价格,或以某个特殊地方为目标的参观游览所提供特殊产品和服务的价格。随着旅游客源由团队向散客方向的发展,部分包价和单项价格将逐渐增多。

【讨论一下】

请以你所在城市的旅行社、饭店、景区等旅游企业为例,每组选择一类旅游企业,讨论它们的旅游产品定价情况。

要点:
✔ 阐述旅游产品价格的概念和构成。
✔ 分别举例说明该类旅游企业旅游产品价格的特点。
✔ 比较不同类型旅游企业的旅游产品价格类型的异同。

二、影响旅游产品定价的因素(influenced factors of tourism product pricing)

(一) 旅游产品的价值(values)

在市场经济中,旅游产品的价值在很大程度上决定了该旅游产品的价格。

(二) 旅游产品的成本和利润预期(costs and profits)

旅游企业单件产品在一般情况下定价不会低于单件产品的成本;否则,企业亏本经营,理性的投资者不会这样做的。当然,旅游企业低于成本定价有其特殊的目的,如新旅游产品低于成本价销售是为了先期占领市场。还有投资者把预期利润看得较高,当然旅游产品的定价就较高;相反,看得较低的话,旅游产品的定价就较低。因此,旅游产品的成本和利润预期在很大程度上影响了旅游产品的定价。

(三) 旅游产品的价格弹性(price elasticity)

所谓价格弹性,是指价格变动引起的需求量的变化程度,即需求的灵敏度。如果某种旅游产品的价格弹性大,那么旅游企业就有可能通过价格的提高或降低手段进行销售;反之,某种旅游产品的价格缺少价格弹性,那么旅游产品的价格就相对比较少变动。

(四) 旅游企业定价目标(pricing objectives)

旅游企业定价目标即定价所要达到的目的。旅游企业定价的主要目标有:追求最大的利润,保持或者扩大市场占有率,稳定价格水平,适应或者防止竞争,创名牌等。定价目标不同必然会影响价格的选择。

(五) 国家政策(policies)

国家政策对旅游产品定价的影响表现在许多方面。例如,国家的价格政策、金融政策、税收政策、产业政策等都会直接影响旅游企业的定价。

(六) 竞争者价格(prices of competitors)

现代市场竞争中,价格手段成了一种有效直接的竞争手段,旅游同行的定价策略、方法会直接影响其他旅游企业的定价。

(七) 旅游产品的差异性(differentiations)

如果某旅游产品与别的旅游产品差异性较大,别的旅游企业不能提供,那么该旅游产品就可以定较高的价格。因为,旅游者缺少了选择旅游产品的替代品,并且缺少了该旅游产品价格比较性。

【讨论一下】

以你熟悉的旅行社、饭店、景区等某一类旅游企业为例,分析其为什么会进行价格调整。
要点:
✓ 分别阐述影响该类旅游企业旅游产品定价的主要因素。
✓ 找出影响该类旅游企业产品定价的最主要因素。
✓ 总结该类旅游企业产品价格调整的原因。

7

三、旅游产品价格制定的目标(targets of tourism products pricing)

价格制定的目标,是指企业在对其生产或经营的产品定价之前,预先设定的、有意识地要求达到的目的和标准。旅游企业在制定旅游产品价格时,必须首先确定旅游产品价格制定的目标,因为它是旅游产品价格决策的依据,直接关系到价格策略和定价方法的选择。因此必须慎重对待,科学地确定旅游产品定价目标。旅游产品定价目标是由旅游企业生产经营目的决定的,它是生产经营目标的具体化。定价目标必须与旅游企业生产经营的总目标相适应,为总目标服务。旅游企业作为市场经济的主体,其生产经营的根本目的是价值的增值,是追求收益的最大化。因此,判断旅游产品定价目标制定得正确与否,取决于一个较长时期内最终是否给企业带来尽可能多的利润总量。由于影响旅游企业收益大小的因素很多,这些因素又具有不确定性和多变性,因而旅游企业生产经营的总目标在根本目的一致基础上又呈现出多样化的特点,于是旅游产品定价目标也是多种多样的。通常围绕收益最大化而展开的旅游产品定价目标,概括起来主要有三大类。

(一) 以反映提高产品质量为目标(targeting for improving qualities)

产品质量是产品价值的表现,是产品价格的基础。旅游产品价格必须反映旅游产品质量,做到质价相符,才能吸引旅游者,增大销量,实现收益的最大化。旅游产品定价选择这种定价目标具体又可分为以下三种类型。

1. 反映旅游产品特色的目标(targeting for characteristics)

旅游产品特色指产品的造型、质量、功能、服务、品牌、文化氛围的全部或部分,它反映了旅游产品对旅游者的吸引力。旅游产品有特色,旅游者不仅对该产品满意,而且还会期望通过消费这种旅游产品来炫耀与众不同,显示其经济上的富有或地位上的优越,以获取精神上的满足。因此,这种旅游产品在定价时具有有利地位,其价格也相应要比同类旅游产品高。

2. 反映旅游产品垄断的目标(targeting for monopoly)

旅游资源是旅游产品形成的基础,一定的时空环境里旅游资源科学开发和组合而形成的旅游产品具有稀缺性,其价格也便具有垄断性。如深圳锦绣中华、西安兵马俑和云南石林等。这类产品的稀缺性使之与同行业竞争对手相比具有很强的竞争能力,旅游者的边际需求评价较高,因此其定价可以取较高的价位,高于其他同类旅游产品的价格。

3. 提高旅游者满意度的目标(targeting for satisfaction)

旅游者通过旅游获得精神上的体验,留下长久的回忆。旅游服务对旅游者的心理感受和满意度影响很大。由于旅游者的文化背景、个人素养不同,阅历各异,因此相同的旅游服务(即使是标准化的、规范化的服务)对不同的旅游者来说也会有不同的感受,从而形成不同的评价。旅游企业针对不同旅游者的需求提供有针对性的服务,得到旅游者的较高评价,提高旅游者的满意度,可以确定较高的旅游价格。

(二) 以保持和扩大市场占有率为目标(targeting for expanding the market shares)

市场占有率,又称市场份额,指某旅游企业产品销售量或旅游收入在同类产品的市场销售总量或旅游总收入中所占的比重。市场占有率是企业发展的基础,代表着潜在的利润率。旅游企业的市场份额越大,增加利润的机会就越多,就越有发展潜力。特别是旅游产品既不能贮存,又不能运输,因此保持和扩大市场占有率尤为重要。以保持和扩大旅游市场占有率为目标,具体又分为以下三种类型。

1. 以稳定价格为目标(targeting for stabilizing prices)

旅游企业采取稳定价格的目标,实质是想通过本企业产品的定价或少数几家旅游大企业产品的定价左右整个市场价格水平。选择这种定价目标的,应当是那些实力雄厚、市场占有率较高的大企业。

2. 以有助于市场推销为目标(targeting for promotion)

旅游产品价格与旅游产品配置,促进销售和分销渠道结合,共同构成旅游目的地或旅游企业的营销组合。产品、价格、分销和促销四大要素彼此配合、相互依赖形成强有力的营销阵容,推动旅游产品的顺利销售。因此,旅游产品价格的制定和调整要考虑其他三个因素,要有利于其他要素作用的发挥,以保持和提高市场占有率。

3. 以符合市场行情为目标(targeting for conforming to the market)

旅游业是一个市场导向型产业,市场占有率的形成和变化是旅游市场竞争的结果。旅游企业要保持和提高自己的市场占有率,其价格制定必须符合市场行情,脱离市场行情的旅游价格很难吸引旅游者,也就很难保持市场占有率。

(三)以稳定和增强企业竞争力为目标(targeting for stabilizing and strengthening competitiveness)

稳定和增强旅游企业的市场竞争力,使其在市场竞争中不断谋求有利地位,较好地实现旅游产品的价值,取得尽可能多的收益。旅游产品定价选择这种定价目标具体又可分为以下三种。

1. 以增加当前利润为目标(targeting for increasing profits)

这一目标是指旅游企业通过价格手段在短期内获取最大限度的利润。它适用于旅游产品的技术含量和质量指标在短期内居于市场领先地位,旅游者认同感明显,短期内供不应求的企业。这时旅游企业或通过薄利多销的低价,或通过厚利适销的高价较快地获取最大利润。待到其优势消失的时候,旅游企业已经有了开发新产品的财力,又可以营造新的竞争优势。

2. 以一定的均衡收益为目标(targeting for equilibrium earnings)

当旅游企业在同行业中占据主导地位,能够掌握市场需求情况,并基本能控制本企业的市场份额时,旅游企业可以选择一个保持长期稳定收益的定价水平,以一个固定的收益额作为定价目标,以使本企业在市场竞争中稳步发展。

3. 以平均利润为目标(targeting for average profits)

当旅游企业的经营管理水平处于同行业中的中等地位时,企业往往以获取平均利润作为定价目标。

综上所述,旅游产品价格制定的目标是多种多样的,不同的企业可能有不同的定价目标,同一旅游企业在不同时期也可能有不同的定价目标。在遵循收益最大化的基本目标前提下,旅游企业应当根据所处的市场竞争环境、企业本身的经济实力、旅游产品的特点及其在生命周期中所处的不同阶段来确定具体的定价目标。

【讨论一下】

以你熟悉的旅行社、饭店、景区等某一类旅游企业为例,研讨面对竞争对手的提价或降价,该类旅游企业应如何应对。

> 要点:
> ✓ 阐述旅游产品价格制定的目标。
> ✓ 对照旅游产品价格制定的目标,分析该类旅游企业面对竞争对手的价格变动是否会做出回应。
> ✓ 简单举例说明你的判断。

四、旅游产品定价的方法与策略(methods and strategies of tourism products pricing)

(一) 旅游产品定价的方法(methods of tourism products pricing)

旅游产品定价方法是旅游企业在特定的定价目标指导下,根据企业的生产经营成本,面临的市场需求和竞争状况,对旅游产品价格进行计算的方法。旅游产品定价方法选择得正确与否,直接关系着旅游产品定价目标能否顺利实现,关系着旅游业的经济效益能否有效地提高。通常,旅游产品定价方法有以下几种。

1. 成本导向定价法(cost-oriented pricing)

成本导向定价法是以旅游企业的成本为基础来制定旅游产品价格的方法,成本加上企业的盈利就是旅游产品的价格。成本导向定价法具体又分为以下几种。

(1) 成本加成定价法(cost plus pricing)。该方法是将生产经营中耗费的固定成本除以产品销量加上单位变动成本得到单位产品成本,再加上按成本计算的一定比例的利润,即成为纳税前价格。纳税前价格加上应纳税金便形成旅游产品的售价,其计算公式如下:

$$P = \frac{\left(\dfrac{F}{Q} + V\right)(1 + R)}{1 - T}$$

其中:

P——旅游产品价格;

Q——预计销售量;

F——固定成本;

V——单位变动成本;

R——成本加成率(利润率);

T——增值税税率。

例:某宾馆有客房 600 间,全部客房年度固定成本总额为 30 000 000 元,单位变动成本为 120 元/(天·间),预计客房出租率为 80%,成本利润率为 30%,增值税税率为 6%,试确定客房的价格。

解:根据所给数据和公式,计算如下:

$$P = \frac{\left(\dfrac{30\,000\,000}{600 \times 80\% \times 365} + 120\right)(1 + 30\%)}{1 - 6\%}$$

$$\approx 402.77 [元/(天·间)]$$

（2）盈亏平衡定价法（breakeven pricing）。该定价法是指旅游企业在既定的固定成本、平均变动成本和旅游产品估计销量的条件下，实现销售收入与总成本相等时的旅游产品价格，也就是旅游企业不赔不赚时的产品价格。其计算公式为：

$$P = \frac{\dfrac{F}{Q} + V}{1 - T}$$

其中：

P——旅游产品价格；

Q——预计销售量；

F——固定成本；

V——单位变动成本；

T——增值税税率。

例： 某饭店有餐座 200 个，餐厅每天应摊销的固定费用 2 500 元，每餐座平均消耗原材料 20 元，预计餐座销售率为 60%，该饭店增值税税率为 6%。试确定餐厅每餐座的销售价格。

解： 根据计算公式和所给资料可得：

$$P = \frac{\dfrac{2\,500}{200 \times 60\%} + 20}{1 - 6\%}$$
$$\approx 43.44（元）$$

根据盈亏平衡定价法确定的旅游产品价格，是旅游企业的保本价格。低于此价格旅游企业会亏损，高于此价格旅游企业则有盈利，实际售价高出保本价格越多，旅游企业盈利越大。因此，盈亏平衡定价法常用作对旅游企业各种定价方案进行比较和选择的依据。

（3）千分之一法（building cost pricing）。该方法又称建筑成本定价法。在制定旅游饭店的房价时，不少人认为，房价应占整个饭店造价的千分之一，这就是千分之一定价法。如某饭店总造价 8 000 万元，有客房 200 间，故每间客房价格为 400 元（即 80 000 000÷200×1/1 000）。

成本导向定价法是旅游企业生存所必需的，是商品经济发展的客观要求。因为旅游价格低于成本，旅游企业就会亏损，其生存就会面临严峻的挑战，长此以往，旅游企业就会被市场所淘汰。成本导向定价法计算简便，利于核算，同行业之间也可以比较，还给人以买卖公平的感觉。但成本导向定价法只考虑了产品的成本，反映了以产品定销的经营思想，没有考虑市场竞争、旅游需求及市场其他环境因素的变化。因而成本导向定价法灵活性差，不利于旅游企业获取最佳利润。成本导向定价法适合于旅游市场还处于卖方市场或市场经营环境比较稳定的情况。

2. 需求导向定价法（demand-oriented pricing）

需求导向定价法就是根据旅游者的需求程度、需求特点和旅游者对旅游产品价值的认识和理解程度来制定价格，需求强度大时定高价，需求强度小时定低价。这是因为旅游需求的大小是一个国家或地区发展旅游业的前提条件。如果没有客源，没有需求，旅游业不仅不能发展，而且不能生存。因此，旅游产品定价必须关注旅游需求。同时，旅游者愿意支付的价格高低不仅取决于旅游产品本身有无效用和效用的大小,而且取决于旅游者对旅游产品的主观感受和评价。因此,分析旅游者对旅游产品价值的认识和理解状况,把握旅游需求强度,据此进行旅游产品价格的制定,就成为旅游定价方法的一个重要类别。

需求导向定价法反映了旅游需求,有利于旅游产品流通和旅游产品价值的实现。但由于这种定价方法与成本没有必然联系,供不应求时,价高利大;供过于求时,价低利微,甚至亏损。因此,旅游企业要注意不同供求状况下利润的合理分配。常用的需求导向定价法主要有以下几种类型。

(1) 差别需求定价法。又称差别定价法,是指在旅游产品成本相同或差别不大的情况下,根据旅游者对同一旅游产品的效用评价差别来制定差别价格。主要有:

❶ 同一旅游产品对不同旅游者的差别定价。如同一饭店对散客、团队客人、家庭客人的价格差异,同一景点对国内旅游者和国外旅游者的价格差别。

❷ 同一旅游产品在不同地点的差别定价。同样的餐饮在一般餐厅与在宾馆餐厅的价格不同,在餐厅享用与送到客房用的价格不同;同样星级的宾馆饭店,接近交通线路或旅游景点或商业中心,其客房价格可定得高些。

❸ 同一旅游产品在不同时间的差别定价。如淡旺季价格的不同(我国物价部门规定,旅游淡季综合服务费可比平季水平下降 30%～40%,旺季可比平季上浮 6%),旅馆在周末与平时的价格不同。

❹ 同一旅游产品在增加微小服务的差别定价。如客房增加叫醒服务后的价格要高些,每天送一束鲜花可提高价格。

实施差别定价法应当注意几点:一是价格的平均水平不应低于运用成本加成定价法制定的价格水平;二是旅游产品需求市场必须能够被细分,并且在不同的细分市场上能反映出不同的需求强度;三是分割市场和控制市场的费用不能超过区分需求定价法所能增加的营业收入;四是差别定价法不能引起旅游者的反感,要符合旅游者的效用价值评价。

(2) 习惯定价法。这是旅游企业依照长期被消费者接受和承认的已成为习惯的价格来定价的方法。有时一些旅游产品的属性和价格在一定水平上维持了较长时间,消费者认为是合理价格已经接受且形成习惯,这就是习惯价格。某些旅游产品在长期经营过程中,消费者已经接受了其属性和价格水平,企业在开发出新的产品或新品种时,只要产品的基本功能和用途没有改变,消费者往往只愿意按以往的价格购买旅游产品。符合这种标准的容易被消费者接受;反之,则会引起消费者的排斥。经营此类产品的旅游企业不能轻易改变价格,减价会引起消费者对产品质量的怀疑,涨价会影响产品的销路。如一些地方土特产、名小吃以及旅游小工艺品等的价格确定,往往是由消费者习惯认定的。假如有的产品的价格确需改变,则应事先做好解释工作,以免引起消费者的不满。

(3) 理解价值定价法。这是旅游企业根据消费者对旅游产品价值的感觉和理解程度来决定产品价格的一种方法。其关键在于旅游企业对消费者理解的旅游产品"价值"有正确的估计。如果估计过高,定价超过了消费者的价值判断,消费者就会拒绝购买;如果估价过低,定价低于消费者的价值判断,消费者又会不屑购买;只有当旅游产品定价同消费者的价值判断大体一致时,消费者才会乐于购买。采用理解价值定价法时,旅游企业并非完全处于被动地位,而是在充分了解消费者对旅游产品理解价值的基础上,尽可能地采用多种手段去影响消费者对旅游产品价格的理解。如有计划地搞好旅游产品的市场定位,在质量、服务、包装、广告等因素上下工夫,从而进一步提高价格决策的主动性。运用理解价值定价法的关键,是把自己的产品同竞争者的产品相比较,准确估计消费者对本旅游产品的理解价值。为此在定价前必须做好市场调查;否则,定价过高、过低都会造成损失。

(4)可销价格倒推法。旅游产品的可销价格是指消费者或中间商习惯接受和理解的价格。可销价格倒推法就是旅游企业根据消费者愿意接受的价格而确定其销售价格的定价方法。为了在价格方面与现有类似产品进行竞争,旅游企业往往设计出能参与市场竞争的同类产品,先通过市场调查了解购买者对该产品的可接受价格,然后反向推算出产品的最初售价。采用可销价格倒推法的关键在于正确测定市场的可销价格;否则,定价会偏高或偏低,影响旅游企业的市场营销能力。所谓市场可销价格一般应满足以下两个条件:与消费对象的支付能力大体相适应;与同类产品的现行市场价格水平大体相适应。

3. 竞争导向定价法(competition-oriented pricing)

竞争导向定价法,是指旅游企业在市场竞争中为求得生存和发展,参照市场上竞争对手的价格来制定旅游价格的定价方法。市场经济是竞争经济,旅游企业不可避免地要遇到各种竞争因素,所不同的是不同的旅游企业由于主客观条件的不同,所要考虑的竞争程度各异。以竞争导向定价,就是为了避免竞争的直接冲突,其着眼点在竞争对手的价格上,而不管本身价格与成本及需求的变化。竞争导向定价法一般可以分为以下几种类型。

(1)同行比较定价法。这种定价法是指以同行业的平均价格水平或领导企业的价格为标准来制定旅游价格的方法。这种定价方法既可使本企业价格与同行业的价格保持一致,在和谐的气氛中促进企业和行业的发展,同时企业也可得到平均的报酬。这种定价方法还使企业之间的竞争避开了价格之争,而集中在企业信誉、销售服务水平的竞争上。当本企业旅游产品的质量、销售服务水平及企业信誉与其他同行企业相比有较大差异时,其定价可在比照价格基础上加减一个差异额。

(2)排他性定价法。这种定价法,是指以较低的旅游价格排挤竞争对手、争夺市场份额的定价方法。如果说同行业比较定价法是防御性的,那么排他性定价法则是进攻性的。其具体有两种类型:

❶ 绝对低价法。本企业旅游产品价格绝对低于同种旅游产品的价格,这样可以争取更广泛的顾客,排挤竞争对手;还可以使一些参与竞争的企业望而生畏,放弃参与竞争的念头。

❷ 相对低价法。对某些质量好的名牌旅游产品,适当降低价格,缩小名牌旅游产品与一般旅游产品的价格差异,以促使某些低质的同类旅游产品降低价格,直至这些企业因无利可图而退出市场。

(3)率先定价法。这种定价法是指旅游企业根据市场竞争环境,率先制定出符合市场行情的旅游价格,以吸引旅游者而争取主动权的定价方法。在激烈的市场竞争中,特别是在市场需求表面停滞而潜在增长的情况下,旅游企业谁率先制定出符合市场行情的旅游价格,谁就拥有了占领市场的有力武器,也就拥有了竞争取胜的基础。

(4)边际贡献定价法。边际贡献是指每增加单位销售量所得到的收入超过增加的成本的部分,即旅游产品的单价,减去单位变动成本的余额,这个余额部分就是对旅游企业的"固定成本和利润"的贡献。当旅游产品的销量足够大,旅游企业的当期固定成本已经收回,增加的旅游产品销量可以不考虑固定成本时,新增旅游产品的单价大于单位变动成本的余额即是对旅游企业的利润贡献,那么边际贡献大于零的定价可以接受。如旅游旺季一间双人客房按正常价格出售,增加一张床位的价格可按边际贡献方法定价。另一种情况是,旅游淡季时旅游产品供过于求,旅游企业低价销售产品没有盈利,但不销售则亏得更多。如一间客房房价成本价为 100 元/天,其成本构成为固定成本 60 元,变动成本 40 元,如不得已销售价降为 90 元/天,卖则亏 10 元/天,不卖则亏 60 元/天,故还是卖为好。当然,如果售价低于 40 元/天,则不卖为好。因此,可以这样概括边际贡献定价法,它是指保证旅游产品的边际贡献大于零的定价方法,即旅游产品的单价大于单位变动成本的定价方法。

(二) 旅游产品定价的策略(strategies of tourism products pricing)

旅游产品的定价,需要科学的理论和方法作指导,同时由于竞争和旅游者的需要,还必须有高明的定价策略和技巧。旅游企业的定价策略就是根据旅游市场的不同情况,实现企业的营销目标。一般来说,旅游企业产品的定价策略主要有新产品定价策略、心理定价策略、折扣定价策略和招徕定价策略等。

1. 新产品定价策略(new products pricing)

所有的旅游产品都有自己的市场生命周期。旅游企业应根据旅游产品生命周期各阶段的不同特点和变化趋势,从市场的需要出发,有针对性地对价格进行调整。新的旅游产品能否获得旅游者的欢迎,其定价策略起着十分重要的作用。

(1) 撇脂定价策略(skimming pricing)。这一策略也称速取策略或高额定价策略,是指企业在新产品刚上市时,把价格定得尽可能高,以期及时获得较高的收益,在产品生命周期的初期便收回研制开发新产品的成本及费用,并逐步获得较高的利润。以后随产品的进一步成长再逐步降低价格。采用此策略的企业产品一上市便高价厚利,其做法很像从牛奶的表面撇取奶油,故而得名。

撇脂定价策略不仅能在短期内取得较大利润,而且可以在竞争加剧的时候采取降价手段,这样一方面可以限制竞争者的加入;另一方面也符合旅游者对待价格由高到低的客观心理反应。一般当市场需求较高时,适合采用这种定价策略。制定较高的价格,不会刺激更多竞争者进入市场,有助于形成新产品优质的形象;虽然有可能销售量不大且单位成本较高,但旅游企业仍能获得高额利润。但是使用此法由于价格大大高于产品价值,当新产品尚未在旅游者中建立声誉时,不利于打开市场,有时甚至无人问津。同时,如果高价投放形成旺销,很容易引起众多竞争者涌入,从而造成价格急降。因此,作为一种短期定价策略,撇脂定价策略更适用于具有独特技术、不易仿制、生产能力不太可能迅速扩大等特点的新的旅游产品,利用消费者求新、求奇、求特的心理,迎合市场上高消费或时尚性的需求。

(2) 渗透定价策略(penetrating pricing)。这一策略也称渐取策略或低额定价策略,它与撇脂策略截然相反,此策略在向市场推出新旅游产品时,尽量把价格定得低一些,采取保微利,薄利多销的方法。旅游企业的目标不是争取短期更大利润,而是尽快争取最大可能的市场占有率。采取此策略的旅游产品上市后以较低价格在市场上慢取利、广渗透,如同倒入泥土的水一样,从缝隙中很快渗透到底,因而称这种策略为渗透定价策略。

渗透定价策略由于价格较低,一方面能迅速打开旅游产品的销路,扩大市场销售量,并从中获利;另一方面还可以阻止竞争对手的插入,有利于旅游企业自己控制市场。不足之处是投资回收期较长,如果旅游产品不能迅速打开市场或遇到强有力的竞争对手,则可能会造成重大损失。因此,这种定价策略的运用要具备相应的条件:市场对价格高度敏感,低价有助于市场扩展;随着销售量增加和经验的积累,旅游企业能降低单位成本;可阻止竞争者进入市场。渗透定价策略作为一种长期定价策略,一般来说适用于能尽快大批量生产、特点不突出、易仿制、技术简单的新产品,如旅行社的观光类旅游产品、低星级饭店的客房产品等。

（3）满意定价策略(contenting pricing)。这是一种折中定价策略,它吸取上述两种定价策略的长处,采取比撇脂定价低,比渗透定价高的适中定价。其方法是先做期望价格调查和预测,根据旅游者对新产品所期望的支付价格来确定。这种定价策略既能保证旅游企业获得一定的初期利润,又考虑了旅游者的购买能力和购买心理,能够增强旅游者的购买信心,使旅游者比较满意这种价格标准。由此而制定的价格称为满意价格,也称为"温和价格"或"君子价格"。

2. 心理定价策略(psychological pricing)

旅游者尤其是对价格较为敏感的旅游者,对旅游产品的认可、购买,主要是通过价格因素来判断的,因而就可在定价中利用旅游者对价格的心理反应,刺激旅游者购买旅游产品。常见的心理定价策略有:

（1）非整数定价策略。中低档旅游产品常采用此定价策略,这是为刺激和迎合旅游者的求廉心理而采取保留恰当的价格尾数的定价方法。如9.80元比10.00元便宜,9.19元与9.99元的价格心理差距比9.99元与10.39元的价格心理差距小。这种定价策略不仅让旅游者感到便宜,而且旅游者还认为这是经过仔细计算后确定的价格,因而感到准确、可靠。

（2）整数定价策略。高档旅游产品常采用此定价策略,它是为满足旅游者显示自己地位、声望、富有等心理需要而采取整数价格的定价策略。如一件首饰原定价为492元,若改定为500元,则对于有能力购买首饰的旅游者来说,多付出8元是不在乎的,但价格高8元却使这件首饰的声望价格增加了许多,给旅游者带来更大的心理满足。

（3）分级(分档)定价策略。因为旅游者对许多旅游产品的需求是呈阶梯状的,而有时旅游者对同类旅游产品又很难感觉到其价格的细微差别,分级(分档)定价策略就是把某一类旅游产品按不同品牌、不同规格、不同型号划分为若干档次,对每一档次的旅游产品制定一个价格,这样标价就可以使旅游者觉得不同价格反映了产品质量上的不同品质。这不但可便于旅游者的挑选,也简化了旅游产品交易的手续,同时还能满足不同旅游者的消费水平和消费习惯。

旅游企业中,旅行社经常采用这种定价策略,对同样的旅游线路产品就分为豪华、普通和特价三种价格,分别以不同的价格吸引不同的旅游者;饭店也常常采用这种定价策略来确定房价结构,对客房分级定价,制定不同的价格。但是在旅游产品分级中,级数不宜太多,档次的差别不宜过大或过小,并且要使不同等级的产品在质量、性能、额外利益等方面有着明显的区别,使旅游者确信产品价格的差别是合理的。

（4）声望定价策略。旅游企业有意识地把某种旅游产品的价格定得高些,以此来提高旅游产品和旅游企业的档次与声望,这种定价叫声望定价策略。这种定价策略的依据在于:旅游者经常把价格的高低看作旅游产品质量的标志,所谓"便宜无好货,好货不便宜"正是这种心理特征的表现。同时,有一部分旅游者把购买高价旅游产品作为提高自己声望的一种手段,如由公司付钱的奖励旅游者,高级商务旅游与管理人员的旅游需求就是这样。常见的声望定价策略有:

❶ 一些高星级宾馆常有一套或几套价格很贵的客房,如总统套房,其目的主要是以此

来提高整个宾馆的档次与声望。

❷ 名胜古迹,历史上名人居住过的地方,其定价也常用声望定价法,如庐山上一些伟人、名人住过的别墅,虽然客房设施较差,但房费也很高。

❸ 一些旅游产品的最低价不低于旅游者所愿意支付的最低价;否则,旅游者会怀疑旅游产品的质量。如一瓶高级香水,定价在几百元以上可能有人购买,而定价在几元可能反而无人问津。

采用声望定价策略,必须注意以下约束条件:其一,旅游企业有较高的社会声誉,其旅游产品必须是优质的并有不断地改进;否则,就不能维护和巩固旅游者对该产品的信赖。其二,价格不能超过旅游者心理和经济上的承受力。

3. 折扣定价策略(discount pricing)

旅游企业标定的旅游产品的基本价格不变,而是通过调整实际销售价格,把一部分价格转让给购买者,鼓励旅游者大量购买、及早购买、用现款购买,这就是折扣定价策略。主要有以下几种。

(1) 现金折扣。这种折扣又称付款期限折扣,也就是指对现金交易、按期或提前付款的旅游产品购买者给予一定比例的价格折扣。其目的是鼓励购买方尽早付款,加速资金周转,降低销售费用,减少财务风险。采用现金折扣一般要考虑三个因素:折扣比例;给予折扣的时间限制;付清全部款项的期限。在西方国家,典型的付款期限折扣表示为"3/20,Net 60"。其含义是在成交后 20 天内付款,买者可以得到 3% 的折扣,超过 20 天,在 60 天内付款不予折扣,超过 60 天付款要加付利息。其折扣率的高低,一般由买方付款期间利率的多少、付款期限的长短和经营风险的大小来决定。提供现金折扣等于降低价格,所以旅游企业在运用这种手段时,要考虑旅游产品是否有足够的需求弹性,保证通过需求量的增加使旅游企业获得足够利润。

(2) 数量折扣。这是指旅游企业为了鼓励旅游者大量购买或多次购买本企业的旅游产品,根据所购买的数量,给予产品购买者一定的价格折扣,购买数量愈多,折扣愈大。数量折扣包括累计数量折扣和一次性数量折扣两种形式。累计数量折扣规定旅游者在一定时间内,购买旅游产品若达到一定数量或金额,则按其总量给予一定折扣,其目的是鼓励旅游者经常向本企业购买,成为可信赖的长期客户。一次性数量折扣规定一次购买某种旅游产品达到一定数量或购买多种旅游产品达到一定金额,则给予折扣优惠,其目的是鼓励旅游者大批量购买,促进旅游产品多销、快销。需要注意的是,数量折扣必须提供给所有旅游者,但不能超过旅游企业大批量销售所节省的成本。数量折扣的实质是将大量购买时所节约费用的一部分返还给购买者,其关键在于合理确定给予折扣的起点、档次及每个档次的折扣率。

(3) 季节折扣。这是指旅游企业为适应旅游产品季节性强、销售波动大的特点而采取的在淡季给予旅游者的折扣优惠。由于在淡季时,旅游企业普遍出现客源不足、服务设施和生产设备闲置的情况,为了调动起旅游者在淡季购买的积极性,增加销售,此时旅游企业往往就制定低于旺季时的旅游产品价格以刺激旅游者的消费欲望。但是,这种折扣价格的最低优惠度不应低于旅游产品的成本。

(4) 同业折扣和佣金。它也称作功能性折扣,是指旅游产品的生产者根据各类中间商在市场营销中所担负的不同职责,给予不同的价格折扣。很多西方饭店除给予旅行社优先房价以外,还会给予他们一定的折扣佣金。一般旅游企业给予旅游批发商的折扣较大,给予旅游零售商的折扣较小,这有利于促使批发商大量进货,并有可能进行批转业务,因而使用同业折扣和佣金有利于刺激各类旅游中间商充分发挥各自组织市场营销活动的功能。但由于旅游市场营销的复杂性和多样性,同业折扣和佣金的具体形式也就迥然各异。值得注意的是,旅游企业采用同业折扣和佣金,客观上无疑会使旅游产品的平均价格下降,所以旅游企业的管理人员应仔细研究并做出计划安排,使得采用同业折扣和佣金时增加的销售所带来的收入要高于所需的成本支出,由此来决定是否实行同业折扣和佣金,以及折扣、佣金的比例是多少为宜。

4. 招徕定价策略(solicit pricing)

这实际上是一种发挥促销导向的作用,以旅游企业部分旅游产品的特殊价格吸引旅游者,从而在整体上提高旅游企业的总销售收入和盈利的策略。

(1)亏损定价策略。这是指旅游企业在自己的旅游产品或服务结构中,有意识地把某些产品或服务的价格定得很低,甚至低于成本而表面上造成亏损,以低廉的价格迎合旅游者的求廉心理而招揽旅游者,借机带动和扩大其他产品销售的策略。例如,某些餐厅向顾客免费提供或出售一些廉价菜肴或饮料,虽然餐厅在局部上无利可获,但从整体考虑,由于顾客必须购买其他菜肴或饮料,餐厅不仅可收回这些廉价品所失去的利润,而且由于其吸引作用,还可以增加总的营业收入和利润额。旅馆业也常常提供一些免费服务项目,如免费赠送一些小礼品等,可以有利于增加客源,提高客房利用率。

(2)特殊事件定价策略。这是指旅游企业利用某些特定节假日、特殊季节、本地区特殊活动的举行、特定事件的发生等机会,适度降低旅游产品的价格以刺激旅游者,招徕生意,扩大销售。旅游企业采用这种策略时,一般要借助于各种媒体做相应的广告宣传予以配合,将这一特殊事件和信息传递给广大的旅游者,以引起他们的注意。在旅游淡季时这种定价策略往往受到旅游企业的重视。

(3)产品捆绑定价策略。这是指旅游企业将两项或多项产品捆绑组合在一起,以低于单项产品价格之和的整体价格出售。在旅游业中,由于固定成本较高,产品又具有不可储存性,捆绑销售就会成为旅游企业的重要收入来源。比如,饭店推出的包销客房和早餐的周末度假服务,旅行社推出的双飞度假全套服务等。由于可变成本并不高,如果目标市场的旅游者认为价格合理,捆绑价格就会刺激旅游者对捆绑产品的需求。通过这样的捆绑销售就能弥补企业的固定成本并产生一定的利润。

(4)产品分销定价策略。有些旅游者可能不喜欢捆绑销售。比如,当某位旅游者在游览某个主题公园时,可能并不希望游览所有的景点,享用所有的服务设施,对于这些旅游者而言,往往希望得到每项旅游产品的单独定价,而不是几项产品的捆绑定价。所以,要适时采取产品分销定价策略。

 ## 【实训任务】　编制旅游企业产品定价分析报告

请与你的团队成员紧密合作,在老师的指导下,应用所学到的知识,利用网络调研、资料收集或者实地访谈等形式,分析某企业的产品定价,并提出针对性建议。

【操作步骤】

◇ 第一步:对所处行业外部环境因素进行分析

➤ 对某旅游企业所在区域宏观经济走势及其对旅游行业经济发展趋势的影响进行简要

分析。

➤ 对该旅游企业所在区域旅游行业相关政策环境进行简要分析。

➤ 对该旅游企业所在区域旅游行业上下游产业价值链进行简要分析，找出该企业的战略控制点。

◇ **第二步：对该旅游企业产品价格走势及影响因素进行分析**

➤ 分析该旅游企业产品价格构成。

➤ 找出该旅游企业产品价格波动规律。

➤ 总结并列出该旅游企业产品价格管控机制及价格调整政策。

➤ 以图表的形式，列出该旅游企业在调研时段内产品价格走势的整体趋势。

➤ 分析总结该旅游企业在调研时段内产品价格波动的特点及重要影响因素。

◇ **第三步：根据产品价格波动的特点及影响因素确定产品现有定价策略**

➤ 成本导向定价法。

➤ 需求导向定价法。

➤ 竞争导向定价法。

◇ **第四步：重点竞争对手产品价格分析**

➤ 选取该旅游企业 2～3 家重点竞争对手，以表格或图表的形式，分别列出各家旅游企业相同类型产品的价格及其差异。

➤ 对比分析其产品价格、销售量和市场占有率等情况。

◇ **第五步：产品定价预测及改进策略建议**

➤ 对该旅游企业的产品价格走势与影响因素进行预测。

➤ 对该旅游企业的产品价格策略提出相应的改进建议。

7

 【自我评估】

1. 成本、需求和竞争因素是通过怎样的方式来影响旅游产品定价的？

2. 举例说明尾数定价法和声望定价法在什么情况下适用。

3. 什么是旅游差价？旅游差价在旅游产品定价中的作用如何？

4. 常见的新产品定价方法有哪些？旅游企业在运用这些方法时，如何体现"诚信服务"？

5. 旅游企业对竞争对手的价格变动会做出怎样的反应？你认为在"价格战"中，应如何切实保障旅游消费者的利益？

项目七案例

【知识拓展】 旅游产业价值链分析及产品价格的"凡勃伦效应"

一、旅游产业价值链分析(analysis on the value chain of tourism industry)

价值链，指的是企业所有的经济活动和环节，从产品概念、中间生产过程、分销到最终用户，直到使用中对产品的处置等一系列互不相同，但又相互联系的经济活动。价值链是由各种价值活动构成的，包括基本增值活动和辅助增值活动。企业的价值链体现在价值系统的更广泛的一连串活动之中。一条基本价值链可以进行再分解,如作为基本增值活动的市场营销就可以再分为营销管理、广告、销售队伍管理、销售业务、技术文献、促销活动等。价值链的各环节之间是相互关联、相互影响的。在同一产业中,不同的企业具有不同的价值链,对于同一个企业而言,在不同的发展时期,也会有不同的价值链。在企业众多的价值活动中并不是每个环节都创造价值。创造价值的活动实际上是来自企业价值链的某些特定的价值活动,即战略环节。

旅游产业价值链是指为满足旅游者的旅游需求,以旅游产业中具有竞争力或竞争潜力的企业为链,通过包价或零售方式将旅游产品直接或间接销售给旅游者,以助其完成客源地与目的地之间的旅行和游览,从而在旅行社、饭店、餐饮、旅游景区、旅游交通、旅游商店、娱乐业等行业之间形成相互依赖、相互制约的关系。

旅游产业链的构成要素是能为旅游者提供旅游产品的各产业,主要指满足旅游者食、住、行、游、购、娱等需求的餐饮、饭店、交通、旅游景点(区)、商业和娱乐等产业。这些产业之间存在着相互依赖、相互制约的关系,它们共同作用,提供符合市场需求的旅游产品。

价值链分析的基础是价值,而不是成本。产业价值链分析是将产业各环节展开后,对其利润分布和战略控制点进行分析。战略控制点是指能对整个产业产生重大影响的关键环节。企业应将其生产经营向产业价值链中高利润区进行延伸,以获得更高的营利能力;企业应将其经营范围(如果可能的话)覆盖战略控制点,或与之结成战略同盟,来巩固其在行业内的优势地位。

二、旅游产品价格的"凡勃伦效应"(Veblen effect)

"凡勃伦效应"是指存在于消费者身上的一种商品价格越高反而越愿意购买的消费倾向。这种消费的目的并不仅仅是为了获得直接的物质满足与享受,而在更大程度上是为了获得一种社会心理上的满足。由于某些商品对别人具有炫耀性的效果,如购买高级轿车显示地位的高贵,收集名画显示雅致的爱好,等等。这类商品的价格定得越高,需求者反而越愿意购买,因为只有商品的高价,才能显示出购买者的富有和地位。这种消费随着社会发展有增长的趋势。

美国制度学派经济学家凡勃伦(T. B. Veblen,1857—1929)最早注意到了这一现象,故将此命名为"凡勃伦效应"。由于消费者可能是想要通过使用价格高昂、优质的产品来引人注目,具有一定的炫耀性,因而这种现象又被称为"炫耀性消费"。

在旅游业中,也存在着"炫耀性消费",即购买能显示其地位与身份的豪华产品和服务,其需求规律是当产品或服务价格上升时,需求量也随之上升。考虑需求价格弹性可知,在此种旅游业中,为吸引消费者而降低价格是不可取的。因此,对于不同的旅游产品而言,价格的变化对需求的影响也不一样。有些产品价格微小的变动可以引发较大的需求变化;而另外一些产品价格变动很大但引起的需求变化却很小。因此,这就需要在对旅游产品进行定价的时候充分考虑消费者对价格的敏感程度,以市场消费需求为导向,对不同需求价格弹性的商品采取不同的价格策略。

"凡勃伦效应"中的消费者大多为有钱阶层,很少考虑时间和收入,而侧重于消费的享受。对一些特别有吸引力的名胜、饭店、豪华旅行团来说,经常出现"凡勃伦效应"。如20世纪90年代初,由于国际国内环境的影响,我国的饭店市场处于低迷状态。当时北京一家五星级饭店为尽快走出困境,前后两次降价,通过降价轻而易举地渡过了难关。可当市场重新启动后,这家饭店的客源却大幅度流失。因为在外国人或商务客人眼里,降低价格就意味着降低了服务标准、服务档次,从而也就降低了自己的身份。该饭店的降价不是从需求角度出发,而是出于价格竞争的需要,无疑是失败的。它只能使企业利润降低、形象受损。

由此,在旅游产品定价时市场竞争是要考虑的一面,但需求也确实不能忽略。正确恰当地把握好需求价格弹性是制定价格策略的基础,在此基础上还应该结合企业产品的特点和目标市场的反应特点,深入了解目标市场消费者对价格变动的反应,以制定价格竞争策略。

7

项目八　旅游产品分销渠道选择

【素养目标】

1. 树立遵纪守法和公平竞争意识。
2. 培养学生在分销渠道建设中应用数字技术的创新意识。

【岗位能力】

1. 能够分析影响旅游企业产品分销渠道选择的主要因素。
2. 能够制定旅游产品分销渠道策略。

【知识目标】

1. 理解旅游产品分销渠道的概念和内涵。
2. 熟悉旅游产品分销渠道类型。
3. 理解旅游中间商的概念,熟悉旅游中间商的类型及功能。
4. 掌握旅游产品分销渠道策略。
5. 掌握旅游产品分销渠道管理内容。

案例引入

◇ 案例一:"分销赋能＋盘活私域流量"助力旅行社数字化发展

随着文旅领域数字化进程加快,旅游需求分层、旅游消费升级,文旅发展新机遇悄然而至。为满足用户的多元化需求,春秋旅游通过开发数字赋能"智"旅分销平台,以分销赋能、盘活私域流量为核心导向,围绕线上线下融合、产业链上下游融合等方面进行整体功能设计,显著提高了旅游企业(中小旅行社、景区)内部运营管理效率,明显提升了用户体验,提高了用户满意度。

截至 2022 年 10 月,平台已入驻企业 405 家,可售产品数 1 万个以上,发展微店 1.7 万家,累计销售额 5 000 万元,累计服务 70 余万人次。

数字赋能"智"旅分销平台致力于解决传统旅行社在数字化转型过程中,遇到的渠道端应用开发难度大、用户获取成本高、线下宣传力度小、产品表现形式单一等痛点。以私域流量运营为抓手,实现全时全域分销。

平台以门槛低、成本低、入口丰富且名称具有唯一性、高辨识度的微信小程序为抓手,帮助旅行社结合自身在人力服务上的优势,探索创新技术的应用,优化服务流程,打通线上线下产品系统,管理客户关系,并对产品进行宣传、推广。平台还串起了微信社交和支付功能,让旅行社在小程序形成的"微信闭环"中实现盈利。用户可根据自身需求选择供应商或成为供应商,对店铺进行管理、运营及推广,包括前期的咨询策划、定位,后期的产品设计、供应链管理、资源共享和产品赋能。

注:本案例引自中国文化传媒集团有限公司官方账号"文旅中国",经编者整理编写。

◇ **案例二:成都武侯祠博物馆的门票销售方式**

成都武侯祠是纪念刘备、诸葛亮等蜀汉英雄人物的祠庙所在,是由惠陵、汉昭烈庙、武侯祠、三义庙组成的三国历史遗迹区,川军抗战将领刘湘陵园为主体的西区和体现川西民风民俗的锦里民俗区三大部分组成,占地面积约15万平方米,是全国唯一一座纪念刘备、诸葛亮、关羽、张飞等蜀汉英雄的君臣合祀祠庙,也是全世界影响最大的三国遗迹博物馆。1961年被国务院公布为第一批全国重点文物保护单位,1984年成立成都武侯祠博物馆,2008年被评为国家一级博物馆,2016年被国家文物局授牌"全国三国文化研究中心"。

成都武侯祠全价门票为50元/人,半价门票为25元/人,年票为100元/人/年。6周岁以上(不含6周岁)至18周岁以下(含18周岁)的未成年人凭有效证件原件(身份证、户口簿)在成都武侯祠博物馆官方网站及官方微信公众号上预约购票享受半价优惠。全日制大学本科及以下学历学生(18周岁以上)凭身份证原件和学生证原件(学信网在籍证明)至成都武侯祠博物馆售票窗口购票享受半价优惠。年票一年内不限次参观(国家法定节假日及博物馆重大活动期间不可使用),观众凭身份证在成都武侯祠博物馆官方网站及官方微信公众号购买年票,购票成功后本人刷身份证原件入馆,未携带身份证原件者则无法入馆参观。

温馨提醒:成都武侯祠博物馆官方网站及官方微信公众号是官方唯一认证的购票渠道,凡在其他网络平台购买成都武侯祠博物馆门票造成的售后问题,馆方不予受理,请各位观众自觉抵制网上售卖我馆门票的行为,以免上当受骗,给本人造成不必要的损失。

注:本案例引自成都武侯祠官网票务信息栏目,经编者整理编写。

◇ **案例启示**

➤ 案例一讲述了传统旅行社在数字化转型过程中,线上销售渠道和线上营销越来越受到旅行社的重视,旅行社进一步拓宽旅游产品分销渠道,优化服务流程,打通线上线下产品系统,实现全时全域分销。

➤ 案例二讲述了成都武侯祠博物馆的门票销售方式。迄今为止,成都武侯祠主要采用的门票销售方式为直接销售,除了在售票窗口购买之外,还可以在成都武侯祠博物馆官方网站及官方微信公众号购买,其所采取的是直接分销的窄渠道策略。

➢ 以上两个案例充分说明了不同的旅游产品可以选取的分销渠道策略大不相同。由于旅游产品、旅游市场及旅游消费者等因素的影响,旅游企业必须慎重选择旅游产品分销渠道。但不管选择哪种分销渠道,旅游企业都应在法律的规范下公平竞争,从事正规经营活动,避免盲目跟风。

【知识准备】

一、旅游产品分销渠道(distribution channels of tourism product)

企业要实现盈利,必须要使生产出的产品顺利售出。而产品从企业生产出来后到达消费者手中的转移过程畅通,是实现产品顺利售出的前提。旅游产品生产出来后,需要经历转移过程,才能从旅游生产环节转移到旅游消费环节。旅游产品在这个过程中的路径或具体通道,就是旅游产品分销渠道。旅游产品分销渠道又称旅游产品营销渠道,或是旅游分销系统。旅游产品必须通过一定的分销渠道,经过分配过程,才能在适当的时间、适当的地点,以适当的方式提供给旅游目标市场,从而满足旅游者的需求,实现旅游企业的营销目标。

菲利普·科特勒认为:"营销渠道是指某种货物或劳务从生产者向消费者移动时,取得这种货物或劳务所有权或帮助转移其所有权的所有企业或个人。"在旅游产品的移动过程中,以旅游生产者为起点,旅游消费者为终点,旅游中间商为部分中介,如图8-1所示。

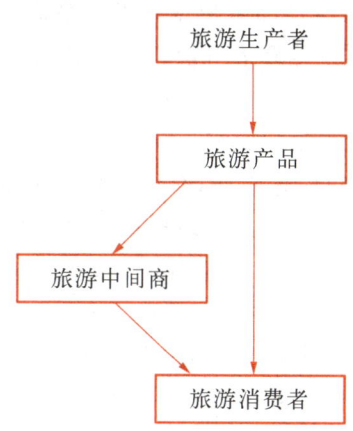

图 8-1　旅游产品分销渠道

旅游产品分销渠道的定义是:旅游产品从生产领域进入消费领域的途径,也就是旅游产品从旅游生产者向旅游消费者转移过程中所经过的各个环节连接起来而形成的通道。这个通道中的环节包括旅游生产者、旅游消费者,以及承担中介作用的中介组织和个人。

(一)旅游产品分销渠道的功能(functions of distribution channels)

旅游产品分销渠道,包括了产品从旅游产品生产者向旅游消费者流通的途径和环节,及旅游企业使其产品进入和达到目标市场所进行的各种活动,是旅游产品从生产者到消费者之间转移的通道。旅游分销渠道在旅游产品流通过程中,具有以下功能。

1. 沟通信息,反馈信息(communication and feeding)

信息沟通是产品从生产者向消费者转移的重要条件。为了保证商品的适销对路和有效流动,分销渠道必然时刻努力搜集、传播和反馈各类信息,了解现实和潜在的产品销售情况,市场供求的变化,顾客、竞争者及其他市场要素的动态信息等。

2. 促进销售(promotion)

分销渠道中的中间商以转移商品为基本业务。因此,在经营过程中,会努力地将有关企业产品的信息通过各种促销方式传播给目标消费者和用户,以刺激需求,扩大商品销售量。旅游生产者把产品交给分销渠道后,各渠道成员可利用自己拥有的专门人才、良好的公共关系及各种宣传手段,为产品设计更好的促销组合,充分激发消费者的购买欲望,促进产品的销售。

3. 承担风险功能(bearing risks)

渠道性质不同、任务不同,在执行渠道职能时所承担的风险也有差别。以旅游经销商为例,通过购买旅游产品而获得了对旅游产品的所有权。由于大部分旅游产品在价值上具有不可贮存性,如果不能及时把所购入的旅游产品销售出去,那么尚未售出的旅游产品价值可能会完全损失。由此可见,旅游营销渠道还具有承担风险功能。

(二) 旅游产品分销渠道的类型(types of distribution channels)

1. 直接分销渠道和间接分销渠道(direct and indirect channels)

根据旅游产品在流通过程中是否经过中间商转卖来划分,可将旅游产品的分销渠道划分为直接分销渠道和间接分销渠道。

(1) 直接分销渠道(direct-distribution channel)。直接分销渠道是指旅游产品生产者不经过任何中间环节,直接将旅游产品销售给旅游消费者的分销渠道。这种分销渠道是一个单一的营销通道,在旅游产品生产者和旅游消费者之间,没有其他任何组织和个人介入,也无层次环节多少之分,因此也叫零层次分销渠道。通过直接分销渠道,旅游消费者可以直接向旅游生产者购买旅游产品,避免了中间商的加价,同时旅游产品生产者与旅游消费者之间可以直接进行双向的信息沟通,有助于更好地根据消费者需求改善旅游产品和强化旅游企业的形象。在旅游产品直接销售量大和旅游消费者购买力较稳定的情况下,旅游产品生产者可以省去中间商的分销费用,以降低成本、提高效益。常见的直接分销渠道一般有三种。

第一,旅游消费者到生产现场购买。旅游消费者前往生产旅游产品的企业,直接购买旅游产品。比如,游客不经过旅行社,直接到旅游景区售票处购买门票,自行进入景区游览。这种分销渠道类型,在酒店、旅游景区等企业的销售方式中十分常见。

第二,旅游消费者通过各种直接预订方式购买。随着现代信息技术的迅猛发展及其在旅游业中的广泛应用,旅游消费者通过各种直接预订方式购买旅游企业产品的现象越来越多见。旅游消费者通过拨打旅游企业电话或者登录旅游企业网站,直接向旅游生产者预订或购买。

第三,旅游消费者通过旅游产品生产者的自设零售系统购买。旅游生产者在目标市场设立办事处或销售网点,旅游消费者直接在这类生产者的零售系统购买产品。一般规模较大的旅游企业会在其主要客源地设立办事处或销售网点,以此来达到提高知名度和扩大销售量的营销目的。

(2) 间接分销渠道(indirect-distribution channel)。旅游产品间接分销渠道是指旅游产品生产者借助旅游中间商向旅游消费者销售其旅游产品的分销渠道类型。间接分销渠道是目前最主要的旅游产品销售渠道。其特点是生产者不直接向消费者售卖,而是通过一个或多个中间商进行售卖,通常也叫多层次营销渠道。销售渠道越长,旅游产品市场扩展的可能性就越大,但旅游产品生产者对旅游产品销售的控制能力和信息反馈的清晰度就越差,旅游消费者购买到的旅游产品被中间商加价的次数就越多。间接分销渠道按中间环节的多少,可以划分为以下两种形式。

❶ 一级营销渠道(one-level channel)。一级营销渠道即旅游生产者通过一个层次的中间商(通常称为旅游零售商)向旅游消费者销售其产品,如图8-2所示。这种模式的中间环节较少,流通成本较低,能够较为快速将旅游产品推向市场,但销售的范围和规模有限。

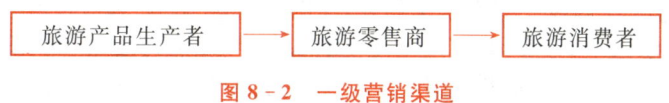

图8-2 一级营销渠道

❷ 多级营销渠道(more-level channel)。多级营销渠道即旅游产品生产者通过两个或两个以上的中间商向旅游消费者销售其产品。这一模式在销售上有多个环节:旅游产品生产者、旅游代理商、旅游批发商和旅游零售商,如图8-3所示。渠道构成是根据旅游产品生产者的经营规模、范围和营销目标等因素来决定的。多级营销渠道模式下,旅游产品的销售范围广、规模大,对促进销量效果明显。

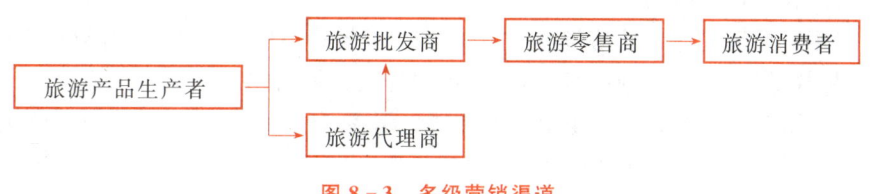

图8-3 多级营销渠道

2. 长渠道和短渠道(long and short channels)

根据旅游产品在流通过程中所经过的中间环节的多少,又可将营销渠道分为长渠道和短渠道两种。旅游产品从生产者向消费者的流通过程中所经历的买卖环节层次越多,销售渠道就越长;反之,销售渠道就越短。因此,营销渠道的长度取决于产品流通过程中经过的流通环节的多少。

(1) 长渠道(long channel)。长渠道是指旅游生产者在旅游市场营销活动中经过两个或两个以上的中间环节,把产品销售给消费者,如通过旅游批发商、旅游零售商等。销售渠道越长,批发商、零售商就要完成大部分销售职能,信息传递也越缓慢,流通时间较长,对分销渠道的控制力相对减弱。

(2) 短渠道(short channel)。短渠道是指产品在从生产者向消费者转移过程中,只经过一道环节。销售渠道越短,生产者承担的销售任务就越多,信息传递也越快,销售及时,能较有力地控制产品的价格、服务质量等,但往往由于旅游生产者自身实力限制,产品的销售范围也较为有限。

3. 窄渠道和宽渠道(narrow and wide channels)

根据旅游产品在流通过程中分销渠道在同一层次使用的销售网点的数量,旅游产品分销渠道可分为窄渠道和宽渠道,如图 8-4、图 8-5 所示。销售网点既包含旅游中间商,又指旅游产品生产者的自设销售网点。

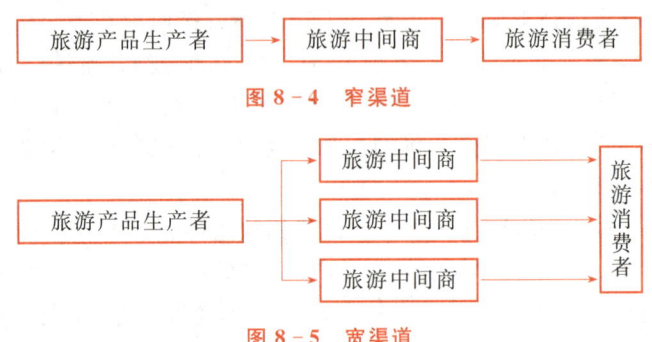

图 8-4　窄渠道

图 8-5　宽渠道

(1) 窄渠道(narrow channel)。窄渠道是指旅游产品在流通过程中分销渠道在同一层次使用销售网点数目较少,只选择一家旅游中间商或少数几家中间商。旅游产品生产者采用窄渠道进行产品销售,同旅游消费者的接触面相对较小,市场销售面有限,但旅游生产者较易控制。因此窄渠道一般适合专业性较强、产品销售数量不大的旅游产品的销售。由于选择的旅游中间商数量少,旅游产品生产者对中间商的依赖程度较高,要想取得良好的销售效果,对所选中间商的实力、市场地位和声誉等,有较高要求。

(2) 宽渠道(wide channel)。宽渠道是指旅游产品在流通过程中分销渠道在同一层次使用销售网点较多,选择较多旅游中间商或是有较多的自设销售网点。一般情况下,旅游产品生产者采用宽渠道进行产品销售,旅游产品的市场销售面广,产品同旅游消费者的接触面大,产品销售数量相对较大。旅游产品分销渠道越宽,涉及旅游中间商、旅游中间商所设销售网点以及旅游产品生产者自设零售网点的数目越多,分布越广,较为适合大众化旅游产品的销售。在产品分销渠道中采用宽渠道,旅游消费者较易买到产品,促使中间商展开竞争,使生产者有一定的选择余地,提高产品的销售效率。不足在于生产者与中间商是一种松散关系,不利于合作。

4. 单渠道和多渠道(single and multiple channels)

根据旅游产品在流通过程中使用的分销渠道类型的数量,旅游分销渠道又可分为单渠道和多渠道。

(1) 单渠道(single channel)。旅游产品生产者在产品销售中使用一种分销渠道,就是单渠道。比如,旅游产品生产者将产品全部由自己直接销售,或是将全部产品都交给某一类中间商销售。一般情况下,旅游企业生产规模较小或经营能力较强,可采用单渠道销售旅游产品。

(2) 多渠道(multiple channels)。旅游产品生产者在产品销售中使用两种或两种以上的分销渠道,就是多渠道。比如,有些旅游产品生产者将某种旅游产品直接销售给旅游消费者的同时,又将同一种旅游产品通过中间商进行销售。或是同一旅游产品,在一个目标市场区域采用一种类型的分销渠道,在另一个目标市场区域采用另一种类型的分销渠道。采用多渠道,以便扩大产品的覆盖面,灵活地大量销售自己的旅游产品。

【讨论一下】

　　请以你所了解的旅行社、饭店、景区等旅游企业为例,每组选择一类旅游企业,讨论它们旅游产品的主要分销渠道类型。

　　要点:
　　✓ 阐述旅游产品分销渠道的概念和功能。
　　✓ 分别列举该类旅游企业主要产品分销渠道内容。
　　✓ 讨论该类旅游企业主要产品分销渠道的类型。

二、旅游中间商的类型(types of tourism intermediaries)

　　中间商是指介于生产者与消费者之间,参与商品的流通业务,促进交易行为发生和实现的组织或个人。中间商一头连着生产,一头连着消费,承担产品流通的主要职能。企业的市场营销活动中,中间商对产品分销渠道的形成起着十分重要的作用。

　　旅游中间商,是指处于旅游产品生产者和消费者之间,承担旅游产品的分销流通中介业务的个人、企业或组织。旅游中间商协助旅游产品生产者寻找旅游消费者或直接与旅游消费者交易。由于旅游中间商在旅游市场营销中的作用不同,旅游产品生产者与这些中介组织和个人的责权利关系不同,因而旅游中间商的类型也呈多样化。

　　旅游中间商的类型主要有旅游经销商、旅游代理商和其他中间机构。

(一)旅游经销商(touring dealer)

　　经销商,是指从事商品交易业务,在商品买卖过程中将产品买进后再卖出,拥有商品所有权的中间商。也正是因为他们拥有商品所有权,所以在买卖过程中,他们要承担经营风险。旅游经销商是指将旅游产品买进后再卖出的旅游中间商,他们的利润来自旅游产品购进价与销出价之间的差价。旅游产品从旅游产品生产者到旅游经销商的流通过程中,产品所有权同时进行了转移,因此,旅游经销商与旅游产品生产者共同承担市场风险,旅游产品生产者的经营活动与其中间商的经营业绩息息相关。按照销售对象和业务量不同,旅游经销商主要分为旅游批发商和旅游零售商。

　　1. 旅游批发商(touring wholesalers)

　　旅游批发商是指从旅游产品生产者大批量采购产品出售给除最终消费者以外的购买者的中间商,是连接旅游产品生产者与旅游零售商的桥梁。旅游批发商从旅游产品生产者那里大批量预订或购买单项旅游产品,然后组合成包价旅游产品销售给那些为了转售或为了商业用途而购买产品的组织,其销售对象包括其他旅游批发商、旅游零售商,再由旅游零售商将产品出售给旅游者。

　　旅游批发商的经营范围和业务较为灵活。他们往往根据目标市场、旅游目的地或所采用的交通运输方式来组织自己的经营。比如,有的旅游批发商专门经营到某些特定的目的地去旅游,有的只经营特定的专项旅游产品,有的则广泛经营涉及众多目的地的包价产品。

　　旅游批发商作为旅游产品分销渠道的中间环节,将单项旅游产品组合成包价旅游产品,从而满足旅游消费者在旅游活动中的各种需要。另外,旅游批发商还承担着旅游产品的促

8

销工作。旅游批发商批量订购有关旅游企业的单项产品并组合成包价旅游产品。为使一定数量的包价旅游产品顺利售出,他们势必要开展促销活动。

2.　旅游零售商(touring retailers)

旅游零售商是指将旅游产品出售给最终消费者以满足其需要的中间商。不论是旅游产品生产者、旅游批发商还是旅游零售商都可以从事零售业务,将旅游产品直接销售给旅游者。但旅游零售商仅指那些以零售作为主营业务、零售量在其销售量中占主要部分的中间商。零售业务处于旅游产品流通的最终环节,是分销渠道的"出口"。商品经过零售环节,退出流通领域,进入消费领域。旅游零售商与旅游者直接打交道,向旅游者宣传与销售最终的旅游产品。

由于旅游零售商直接面对旅游消费者,在销售的过程中,其对于传播产品信息和产品促销起着重要作用。旅游零售商为便于出售旅游产品,向产品提供者了解大量相关信息,并直接接受旅游消费者的咨询,向消费者开展产品介绍、广告宣传和提供售后服务等活动。为方便顾客购买,旅游零售商与消费者直接接触,对市场信息比较了解,更易感知旅游者的需求。为顺利售出旅游产品,旅游零售商要熟悉多种旅游产品的内容、价格和日程安排,并能比较优劣,要了解和掌握旅游者的喜好、支付水平、生活消费方式等情况,以帮助旅游消费者挑选适宜的旅游产品。因此,他们在帮助旅游消费者挑选和购买旅游产品方面具有很大的影响作用,也就是说,旅游零售商在相当大的程度上影响着旅游消费者的购买决策。

(二) 旅游代理商(touring agents)

旅游代理商是指与旅游企业签订合同、接受旅游企业委托、在某一特定区域内代理销售旅游产品的中间商。在商品流通过程中,代理商参与产品买卖,但不拥有所经营产品的所有权。代理商代表卖方寻找买方,接受卖方的委托授权。旅游代理商的主要职能是在允许的区域内代理旅游企业产品。如代理旅游景区门票销售、代理饭店产品的预订等。其主要收入来自被代理企业支付的手续费或者佣金。当旅游企业需要在某一地区开拓市场或客源集中于某一地区而又无法直接进行营销活动时,可以借助于旅游代理商的营销资源优势寻求市场机会,通过向旅游代理商提供有关资料来扩大销售。

(三) 其他中间机构(other intermediaries)

除旅游经销商和旅游代理商以外,还有其他形式的中间机构存在。这些中间机构大多数表现为形式上的差异,其承担的功能与前面两种类型中间商经常是重合的。

1.　旅游经纪人(touring brokers)

经纪人,按我国《辞海》的说法,是买卖双方介绍交易以获取佣金的中间商。旅游经纪人是一种特殊的旅游中间商。他们不拥有产品所有权,不控制产品价格及销售条件。主要作用是为买卖双方牵线搭桥,协助谈判,促使交易成交,由委托方付给他们佣金。旅游经纪人不卷入产品交易实务,不存货,不卷入财务,所以不承担任何风险。经纪人联系面广,认识许多卖主与买主,了解供求情况。许多旅游企业因规模有限不值得建立自己的销售力量,也不值得与代理商签订长期契约,经纪人就是较合适的选择。某些旅游经纪人不仅为卖方代理业务,介绍买主,同时也为买方代理业务寻找适合的卖主。

2.　会议促销机构(conference promotional agencies)

会议促销机构是一种代理机构和销售组织,主要任务是为其代理的地区和城市招揽各种会议、研讨班,吸引会议旅游者。他们需要为会议旅游活动准备预算,选择会议地址和设施,向旅游产品供给企业订购产品,协商价格,安排会议日程,安排参加会议者的食宿、交通和娱乐活动,并进行会议的现场管理。会议促销机构的出现形成了对会议旅游的专门化服务,引起了众多旅游供给者的注意。会议促销机构的成员,是那些可直接和间接从会议和团体客人中获益的公司和企业,比如酒店、旅行社、旅游景区等。

3. 航空公司(airlines)

许多航空公司除了向客人提供交通运输服务外,还普遍以中间商的身份向客人介绍酒店、旅行社等。甚至其他一些交通运输企业,如出租汽车公司等,也具备这种功能。比如,GDS 系统(全球分销系统),由国际性航空公司分别联合组建,连接饭店、度假村、汽车租赁公司、铁路公司、旅游公司等其他旅游相关行业,提供航班座位及酒店客房等的预订和市场营销综合服务。

【讨论一下】

请举出你所熟悉的旅游中间商,并讨论其在旅游产品分销渠道中所起的作用。

要点:

✔ 旅游中间商的概念。

✔ 分别举例旅游中间商的类型及所承担的功能。

✔ 举出你所熟悉中间商的主要业务内容并讨论其在分销渠道中的作用。

三、旅游产品分销渠道选择(selection of tourism distribution channels)

(一)影响分销渠道选择的因素(influenced factors)

旅游产品生产者为旅游产品选择哪种类型的分销渠道,会受到许多因素的影响。一般情况下,旅游产品、旅游市场、旅游产品生产者自身状况和宏观营销环境是影响旅游产品分销渠道选择的主要因素。

1. 旅游产品(tourism products)

旅游产品的性质、种类、价格、服务要求、季节性及其所处的生命周期阶段直接影响企业分销渠道的构成。一般情况下,分销渠道的中间环节越长,加价幅度越大。因此,单价高的产品,尽量要减少中间环节,可以使用短渠道或直接渠道销售;而单价低的产品,则可以选择长渠道或宽渠道。属于产品生命周期中投入期阶段的新产品,销售难度大,中间商经销的积极性不高,可采用较短、较窄的销售渠道,有些情况下只能由生产者直销;进入成长期和成熟期的产品,则可采用长且宽的渠道。此外,涉及具体旅游产品,情况各不相同。比如,某些非热点的旅游景区,客源市场规模有限,往往采取直接分销渠道;一些特种旅游产品,常常要求一定的专业服务技能,并且面向的目标群体较为有限,其价值也很难为公众所认识,这就适合使用直接分销渠道,以便传达信息,提供详尽咨询,保证优质服务。而一些大众化的低档旅游产品,采用间接分销渠道可扩大市场覆盖面,争取更多的旅游消费者。此外,一些涉及跨国旅游业务的公司、生产者难以直接面对最终消费者,也选择间接分销渠道开展市场营销活动。

8

2. 旅游市场（tourism market）

企业不是孤立的。企业置身于市场之中，多种市场因素对旅游分销渠道的选择会产生影响，最主要的是旅游者和竞争者。

（1）旅游者。旅游者对旅游企业分销渠道选择的影响主要表现为目标旅游市场旅游者数量与地理分布、购买习惯等。当旅游者的地理分布较集中、购买量大时，旅游产品生产者往往会选择在客源地建立直接营销网点；当旅游者地理分布较分散而市场规模大，旅游产品生产者可选择长而宽的分销渠道。比如，北京故宫，闻名于世，对国内外旅游者都极具吸引力，其分销渠道可长而宽。此外，旅游者的购买习惯也会对分销渠道选择产生影响。对顾客购买次数频繁，但每次购买数量少的产品，应使用长且宽的渠道；对不常购买、数量大、服务多的产品，可采用短渠道、窄渠道。

（2）竞争者。竞争状况以及竞争对手所采用的分销渠道对企业分销渠道也有较大影响。当竞争对手所生产的旅游产品替代性不强甚至有一定互补性时，旅游企业可以利用竞争者已经成功使用的分销渠道，加以效仿；当企业产品竞争力比竞争对手的产品更强时，也可选择竞争对手所采用的渠道；当企业产品竞争力不如对手竞争产品时，应另辟渠道，避免选择与竞争对手相同的中间商或相似的分销渠道，回避正面市场竞争。

3. 旅游产品生产者自身状况（tourism enterprises）

旅游企业的规模、经营能力、营销目标和产品组合情况对营销渠道有较大影响。如果企业规模大，资本实力雄厚，信誉良好，控制渠道的能力就较强，可以自由地选择分销渠道，既可直接销售或选择较短的渠道，也可选择固定中间商经销其产品；而那些规模小、资金有限、缺乏实力的企业，只能依赖中间商扩大销售。有些企业为了有效地控制渠道，宁愿花费较大的直销费用，承担全部的市场风险，建立短而窄的渠道；也有一些企业可能并不希望控制渠道，则可采用长而宽的渠道。此外，如果企业的产品组合比较深、比较宽，可以选择较短的渠道，直接向零售商销售；反之，则要选择较长的渠道。

4. 宏观营销环境（macro environment）

经济状况、政策法规、自然条件等也会影响旅游企业的分销渠道决策。经济不景气时，市场需求下降，旅游企业为节约成本，往往减少渠道环节；经济环境良好时则可适当增加分销渠道，以扩大供给面。旅游市场分销渠道同样受到国家有关政策、法规的约束。我国对旅行社经营出境业务有所规定，具备出境旅游业务经营资格的旅行社，可以经营国内旅游业务、入境旅游业务和出境旅游业务，因此可在境内外销售产品，广泛借助境内外的旅游中间商，采取较长、较广的分销渠道。而不具备出境旅游业务经营资格的旅行社不能经营出境游，从而限制了这类旅行社的营销渠道，只能在国内分布，而不能延伸到国外。同时，国家或地方一些政策的出台，也会极大地影响旅游客源市场的规模，从而影响企业对分销渠道的选择。

（二）旅游产品分销渠道选择策略（strategies of tourism distribution channels selection）

旅游产品分销渠道是受多种因素的影响而形成的，因此在充分考虑分销渠道影响因素的前提下，旅游生产者可以采取适当的策略来选择分销渠道。

1. 分销渠道长度策略（the length strategy of distribution channels）

旅游分销渠道的长度通常取决于旅游产品从生产者向最终消费者转移过程中所经历的中间环节的多少。所经历的环节越多，渠道越长。因此，分销渠道长度策略就是要对选取何种长度的分销渠道进行决策。

　　对分销渠道的长度进行选择，可以分为两个层次，其一是有无中间环节的选择，选择直接销售渠道还是间接销售渠道；其二是选择多少中间环节，也就是间接销售渠道如何构成。直接营销渠道是最短的渠道，其优势在于有利于生产者了解市场，由于没有中间环节，渠道费用也较节省；其不足之处是：销售范围较窄、销量有限，生产者不得不把一部分精力放到直接销售上，因而还会牵制生产者的精力。长渠道优势在于销售范围广，可借助中间商的网点营销产品；其不足之处是：要支付一定的差价作为中间商报酬或佣金，产品单位售价会随着中间环节的增多而增加，生产者与旅游者之间难以直接沟通，营销速度较慢。旅游产品生产者应根据内外部情况，择优选择长短适宜的营销渠道。

　　2. 分销渠道宽度策略(the width strategy of distribution channels)

　　旅游分销渠道的宽度通常取决于旅游产品分销渠道的利用旅游中间商数目的多少，设立多少销售网点。中间商数目越多，渠道越宽。因此，分销渠道宽度策略就是要对某一层次采用多少中间商进行决策。旅游企业在决定分销渠道的宽度时有广泛型渠道策略、选择型渠道策略和专营型渠道策略。

　　(1) 广泛型渠道策略(extensive channel strategy)。广泛型分销渠道策略又称密集型营销渠道策略，是指旅游产品生产者选择尽可能多的旅游中间商，扩大旅游产品与旅游市场的接触面。通过数量众多的旅游中间商使旅游产品更接近目标游客，便于旅游者购买。通过为数众多的中间商还可充分展示产品。由于密集型营销渠道策略不会依赖少数中间商，因此个别中间商经营业绩不佳对企业影响不大，渠道经营风险较为分散。广泛型分销渠道策略拥有最宽的营销渠道，最适合大众化旅游产品。广泛型渠道策略的缺陷在于渠道成员较为复杂，生产者不易控制，易造成渠道混乱。比较典型的有四川九寨沟旅游产品，由于该产品知名度高，产品购买者数目大，大多数四川本地旅行社都在经营传统的九寨沟飞机、汽车的包价旅游，并且四川省外甚至国外也不乏经营该产品的旅行社，可以说选择的分销渠道十分广泛。一方面，九寨沟旅游产品能有畅通的渠道，方便而快捷地被旅游消费者购买；另一方面，由于该产品的旅游中间商太多，很难控制产品质量，常有不尽如人意的状况发生。

　　(2) 选择型渠道策略(selective channel strategy)。选择型分销通常是指旅游企业根据自己的销售实力和目标市场分布格局，在一定的市场区域范围内挑选少数旅游中间商经销或代销自己的产品。由于中间商的数量较少，因而与供应商双方可以保持较为密切的关系。这种策略可以使旅游产品供给者更好地控制产品销售，通过有意识地选择旅游中间商，降低成本；旅游零售代理商则可以较长期地经销某产品，有利于增加销量。但在激烈的市场竞争中，旅游企业与中间商之间的选择是双向的，如果旅游企业的规模不大，知名度不高，挑选满意的中间商就会受到限制。

　　这种策略适用于价格较高、利润较大或是数量有限的旅游产品。目标市场有限，目标客源针对性强，往往是一些旅游产品供给者在最初投放产品时采用广泛型渠道策略，而当销路稳定、利润增长时改用选择型渠道策略，逐步淘汰一些不称职的零售商，留存其精华，以达到减少费用开支和保持旅游产品形象的目的。目前我国旅游业面向国际旅游市场提供的包价旅游产品基本上都是采用这一策略进行销售。

　　(3) 专营型渠道策略(exclusive channel strategy)。专营型分销渠道策略又称为独家分销，是指旅游产品供给者在一定时期、一定区域内只选择一家最符合要求的批发商或零售商

来代理销售本企业的产品。这种独家代理商也不再经营别的同类竞争性产品。这是最窄的
分销渠道形式。这种渠道选择的优点是旅游中间商积极性高,销售渠道之间没有竞争。其
缺陷是:旅游产品生产者把一个时期、一定地区的营销任务全部交由一个旅游中间商承担,
一旦中间商力所不及、难以胜任,使生产者的风险增大。故此,旅游产品生产者要十分慎重
地精选独家经营的中间商。

【讨论一下】

　　以你熟悉的旅行社、饭店、景区等某一类旅游企业为例,研讨其旅游产品分销渠道的
主要影响因素和所选择的策略。

　　要点:
　　✓ 影响旅游产品分销渠道选择的因素主要有哪些?
　　✓ 影响该旅游企业产品分销渠道选择的主要因素具体内容。
　　✓ 主要的旅游产品分销渠道策略类型。
　　✓ 该旅游企业分销渠道策略内容。

四、旅游产品分销渠道管理(management of distribution channels)

(一) 旅游中间商的选择(selection of tourism intermediaries)

　　旅游中间商协助旅游产品生产者寻找旅游消费者或直接与旅游消费者交易。由于旅游
中间商在旅游市场营销中的作用不同,旅游产品生产者与这些中介组织和个人的责权利关
系不同,因而旅游中间商的类型也呈多种多样。除了批发与零售的差异外,旅游中间商还可
分为许多类型,如:专门经营某一地区旅游产品的中间商,兼营旅游产品供给的中间商,兼
营其他行业的中间商,其他行业兼营旅游行业的中间商等。选择好的旅游中间商对于建立
高效畅通、经济合理的旅游销售渠道网络系统是至关重要的。一般来说,选择时主要考虑以
下几方面的问题。

　　1. 旅游产品性质与中间商的营销活动相符(accordance between products and promotion)
　　有的中间商长期从事某类产品的市场销售,熟悉该类产品市场特点和营销要点,但是对
于超出该类别范围的其他产品,可能缺乏市场知识和营销经验。旅游产品生产者在选择中
间商时,一定要考虑自身产品属性与中间商的经营特点是否相符合。比如,大众旅游产品的
目标群体选择产品的时候看中性价比,而高端产品市场首要看中的是产品品质。消费者的
消费倾向不同,在开展销售活动时的策略自然不一样。把大众游产品交给只做高端游、特种
游的旅游中间商,可能就很难达到良好的销售效果。此外,有些中间商专门针对某一地区的
客源群体进行销售,熟知该地区消费者的消费习惯和偏好,旅游产品生产者的产品如果以该
地区的客源群体为目标,选择这些中间商就会相得益彰;如果以其他地区客源群体为目标,
选择这些中间商,则会使消费者感受到的产品质量大打折扣。

　　2. 中间商销售网点规模适宜(suitable sales network)
　　了解中间商对销售网点的控制能力和管理能力,能否把产品迅速覆盖到很大的地区。
企业选择中间商,建立分销渠道,就是要把自己的产品打入目标市场,方便购买,随意消费。

8

任何中间商都有重点销售的产品。大的经销商当然希望代理形象好、销售量大的品种。如果企业产品品牌一般,市场份额不大,选择这种规模较大的经销商千万要小心。尽管这种中间商规模大,资信良好,但如果没有把品牌一般的产品当作重点推向市场,有时还不如选一些中小型的中间商。与大经销商相反,中小型的中间商更期望选择一些品牌一般、市场潜力大的品种重点推广,也许企业产品的市场占有率和销售量在这种公司里远远超过大的公司。但如果这家中间商规模太小,即使专门为某一企业产品服务,销售额也未必出现奇迹。因此,选择适合自己的中间商必须根据本公司的规模和商业客户的具体情况多方面权衡。另外,还有中间商对企业销售策略的理解和合作程度。因为,选择中间商的最终的目的是要把企业的销售思想贯彻到中间商的网络中去。

3. 选择良好口碑的中间商(choosing the intermediaries retained good public praises)

中间商商誉的好坏是旅游企业选择中间商重点考虑的因素,主要涉及中间商履行合同的可信程度以及其他合作企业和消费者对中间商的接受程度。在一个具体的局部市场上,显然应当选择那些目标消费者和二级分销商愿意光顾,甚至有意在那里出较高价格购买商品的中间商。这样的中间商在消费者的心目中具有较好的形象,能够烘托并帮助企业建立品牌形象;反之,如果企业选择口碑不良的中间商,不光影响销售效果,而且间接影响企业的形象。

(二)中间商的合作与激励(cooperation and incentives of intermediaries)

参与旅游分销渠道的成员,各自的需要和动机不同,所追求的利益也不一样。旅游间接分销渠道往往是一个不稳定的联合体,渠道成员追求的是各自最大化利益。旅游产品生产者旨在使分销渠道中的其他各方注重自己的产品,努力扩大自己产品的销售量,同时又希望尽量减少分销成本;旅游批发商在追求高销售量和高利润的同时,更加关心开发既能使自己减少风险,同时又能使旅游零售商愿意接受代理的产品;旅游零售商希望能得到容易销售的旅游产品,以便更好地向旅游消费者销售,同时这些产品又能带来高额利润;旅游消费者往往希望有多种旅游产品供选择,以便较为方便地挑选、确定自己愿意购买的产品。同时,旅游中间商与旅游企业是相互独立的,中间商可以是这家企业的代理,也可以是其他企业的代理,甚至同时销售两个竞争对手的同类产品。因此,必须加强旅游企业与分销渠道中成员的合作,尽量形成一种利益共享、风险共担的关系。为此,旅游企业必须做好以下工作。

1. 加强与中间商之间的交流沟通(strengthening the communication with the intermediaries)

旅游企业积极向中间商介绍和宣传本企业能提供的旅游产品,即将推出的新的服务项目等,把产品的详细情况传递给中间商,便于旅游中间商对旅游产品的促销。在旅游产品的服务、价格、内容调整之前应及时通知中间商,给他们足够的时间进行安排。必要时,可以邀请中间商参加旅游新产品的设计或原有产品的调整,征求中间商的意见,从中间商那里获得消费者或零售商的意见。

2. 对中间商采取激励措施(incentives)

旅游企业要努力帮助中间商提高收入,可以根据中间商的经营能力、企业规模、销售计划和付款情况,采取相应的折扣政策,提高佣金或价差。对中间商的激励优惠措施形式要多样,可以在旅游中间商之间开展销售竞赛,为中间商安排免费的旅游产品体验,按时支付佣金,提供额外奖励等,以提高旅游中间商销售旅游产品的积极性。

(三)评估中间商(assessing intermediaries)

旅游企业除了选择和激励中间商外,还必须定期评估他们的绩效。如果某一中间商的绩效过分低于既定标准,则需找出主要原因,同时还应考虑可能的补救方法。当放弃或更换中间商将会导致更坏的结果时,旅游企业可能只好容忍这种令人不满的局面。当不致出现更坏的结果时,旅游企业应要求工作成绩欠佳的中间商在一定时期内有所改进;否则,就要取消与之合作关系。对中间商的评估,可以从历年销售量指标完成情况、为企业提供的利润额、对本企业产品的推销宣传情况、对顾客的服务水平以及顾客满意度状况等方面进行。

(四) 分销渠道的调整(adjustment of distribution channels)

在分销渠道管理中,根据每个中间商的具体表现、市场变化和企业营销目标的改变,旅游生产者对分销渠道需要进行调整。调整的方式主要有以下几个方面。

1. 增减分销渠道中的中间商(increasing and decreasing intermediaries)

如果旅游中间商存在营销不积极、参与热情低、经营管理不善、合作意识差、信誉欠佳等问题,旅游产品生产者在必要时将不得已与其中断合作关系。如果需要扩大销售量,进一步开拓旅游市场,加强与对手的竞争,旅游产品生产者经过调查分析和洽谈协商,在符合企业对中间商的要求和中间商愿意合作的基础上,可以选定中间商作为企业在该地区的经销商或代理商。增加经销商或代理商,可能会引起现有分销商的不满,而减少成员又可能导致忠诚度的降低。所以,在增减分销渠道中的旅游中间商时应综合考虑,慎重行事。

2. 增减某一种分销渠道(increasing and decreasing some channels)

旅游产品生产者所生产的不同产品或同一产品在不同地区销售时,往往采取不同的分销渠道。由于影响旅游产品的因素具有可变性,分销渠道模式也不是一成不变的。当旅游生产者通过某种分销渠道,销售某种产品所获取的销售额一直不够理想时,即要么出现亏损,要么投资收益率偏低时,企业可以考虑在全部目标市场或某个区域内撤销这种渠道类型,而另外增设其他的渠道类型。企业为满足消费者的需求变化而开发新产品,若利用原有渠道难以迅速打开销路和提高竞争能力,则可增加新的分销渠道,以实现企业营销目标。

3. 调整分销渠道系统(adjusting distribution channels system)

这是指旅游产品生产者对其分销渠道整体上做出调整,如直接渠道改为间接渠道,单渠道改为多渠道等。调整分销渠道系统的前提,往往是旅游企业自身及周边市场环境发生了重大变化,比如旅游市场营销环境发生重大变化、旅游企业重新制定战略目标、旅游产品性质已有根本改变,等等。旅游产品生产者实施这类调整的难度很大,需要特别小心谨慎,以尽量减少对销售的不利影响。

【讨论一下】

　　以你熟悉的旅行社、饭店、景区等某一类旅游企业为例,研讨其旅游产品分销渠道选择的优劣。

要点:

✓ 一般旅游企业分销渠道管理内容有哪些?

✓ 该旅游企业分销渠道管理的具体内容。

✓ 该旅游企业产品分销渠道选择是否合理?

【实训任务】 编制"优化旅游企业产品分销渠道建议书"

请与你的团队成员紧密合作,在老师的指导下,应用所学到的知识,利用网络调研、资料收集或者实地访谈等形式,研判某旅游企业的旅游产品分销渠道,并提出针对性建议。

【操作步骤】

◇ **第一步：梳理某旅游企业产品内容及所选择的分销渠道**
➤ 详细了解某旅游企业产品内容,如：价格、服务要求、消费者分布及购买习惯等。
➤ 了解旅游产品的分销渠道构成状况。
➤ 按照旅游产品分销渠道类型,对该旅游企业主要产品分销渠道进行分类。

◇ **第二步：分析某旅游企业产品分销渠道的影响因素**
➤ 分析该企业产品分销渠道的主要影响因素。
➤ 各影响因素在产品分销渠道构成中所起的具体作用。

◇ **第三步：分析产品分销渠道构成情况**
➤ 了解产品分销渠道中有无中间商及其原因。
➤ 如果是间接分销渠道,请分析：按照旅游中间商类型,列出该旅游企业主要旅游产品分销渠道中存在的中间商。分析旅游企业所选择的中间商所起的作用。

◇ **第四步：对主要产品分销渠道选择进行判断**
➤ 旅游产品性质与旅游中间商的选择是否相符。
➤ 该企业产品分销渠道选择是否合理,并分析理由。

◇ **第五步：有针对性地对主要产品进行分销渠道管理**
➤ 提出对该旅游企业产品分销渠道管理的建议。

【自我评估】

1. 对旅游企业和旅游消费者而言,旅游产品分销渠道分别实现了哪些功能? 如何能实现两者的"双赢"?
2. 旅游产品分销渠道类型有哪些?
3. 什么是旅游中间商? 有哪些主要类型? 请分别举例出不同类型旅游中间商的功能。
4. 旅游产品分销渠道的主要影响因素有哪些?
5. 旅游产品分销渠道策略有哪些类型? 分别适合哪些旅游企业?
6. 在进行旅游企业分销渠道管理时,如何合理有效地规避营销渠道风险?

8

【知识拓展】 旅游分销渠道联合策略

产品分销渠道是否畅通是旅游产品能否顺利从旅游产品生产者转移到消费者,最终被消费的重要保证。在市场竞争日益激烈的今天,企业选择合适的分销渠道,能有效提高企业竞争力。旅游企业在激烈的竞争下,单靠一种分销方式往往是不够的。因此,在传统的分销渠道类型基础上,出现了分销渠道联合发展的趋势。下面介绍两种类型。

项目八案例

一、垂直分销系统(vertical distribution system)

垂直分销系统是作为传统分销渠道的挑战而出现的,是近年来最重大的渠道发展之一。传统分销渠道是由一个或多个独立的生产者、批发商和零售商构成,每个渠道成员相互独立、各自追求个体利润最大化,甚至以牺牲整体利益为代价。渠道成员之间没有对其他成员拥有控制权,也不存在分配任务和解决渠道冲突的正式方法。

垂直分销系统则不同,它是由生产者、批发商和零售商构成的一个统一的联合体。在这个联合体中,某个渠道成员或少数渠道成员能紧密或松散地控制其他成员。实现控制的方式有多种,比如一个渠道成员拥有其他成员的产权,或者有正式的合同关系,或者这个渠道成员拥有相当的实力,其他成员都愿意与之合作,建立了长期合作的关系。具有控制力的渠道成员可以是生产商,也可以是批发商或者零售商。垂直分销系统最初是为控制渠道行为和管理渠道冲突的目的而发展起来的。通过对一个渠道成员或少数渠道成员在分销渠道上的控制,可以在一定程度上缓解或避免渠道成员间由于追求个体利益而造成的冲突。垂直分销系统的另一个优点是通过达到一定的规模,增强谈判实力,减少重复服务来获得经济收益。垂直销售系统主要有公司式垂直销售系统、管理式销售系统和合同式垂直销售系统三种主要类型。

二、水平分销系统(horizon distribution system)

渠道发展的另一种形式是水平分销系统,指的是处于同一渠道层级的两个或两个以上的渠道成员联合开发一个新的营销机会。采取联合开发的方式,渠道成员可以把它们的资金、销售资源或生产能力结合起来,完成单独靠一个企业难以达成的目标。这种渠道联合,既可以是旅游产品生产者联合在一起,共同寻找旅游批发商或零售商,也可以是旅游批发商或零售商联合起来,与众多的旅游产品生产者合作。比如,旅游目的地的旅游产品生产者联合在一起,进行推介,共同寻找中间商;或是某地的多家旅行社联合起来,共同与异地的多家旅游产品生产者合作,在本地向旅游消费者推销,等等。

8

项目九 旅游产品促销策略

【素养目标】

1. 启发学生敢于开拓市场、灵活应变的主动进取精神。
2. 启发学生善于主动调整自我心态，迎难而上的斗争精神。

【岗位能力】

1. 能够灵活应用旅游产品的基本促销手段进行促销组合策划。
2. 能够运用各种促销方式实施旅游企业的市场营销活动。

【知识目标】

1. 了解旅游产品促销的概念及作用。
2. 掌握影响促销组合的因素分析。
3. 熟悉各种旅游产品促销方式的概念、特点及运用。
4. 掌握各种旅游产品促销方式的具体运用。

案例引入

◇ 案例一："抖"起来的好客山东　攀上目的地营销"顶流"

"孔孟之乡，礼仪之邦"，山东省的"出道"从来都是有理有据的。在多数国内旅游目的地探索如何建立旅游品牌形象时，"好客山东"就已经通过差异化营销打造了行业竞相模仿的优秀模式。近年来，山东的好客形象再次搭乘全民流量平台——抖音，向全球强势输出。

抖音上从来不缺少"网红"，而"好客山东"却是第一个借助抖音阵地成为网红品牌的国内旅游目的地。自 2018 年入驻抖音起，接连荣获全国各省级文化和旅游部门的抖音号传播力指数第一名，年年拿奖。究其根本，"好客山东"的成功吸睛恰恰说明大众审美智慧正在成为目的地营销的主要影响力。

文化深厚，资源丰富，山东本身手握一把好牌。在借抖音之势的实际推广中，主动搭建和传播优质内容、紧密契合平台用户和合理运用共生机制成为最终制胜的三板斧。

优质的内容是成功营销的第一步。不缺少文化与资源的山东,恰恰能通过四季节庆、网络热点、美食人文等元素策划并制作出属于当地的文旅爆款视频。一方面,结合当地著名的章丘大葱、青岛啤酒节、博山琉璃等产品,以不同视角和拍摄方式让更多用户加深了印象;另一方面,微电影、Vlog等多形式的夸张剪辑,也在形式上颠覆了一般目的地宣传的模式,带来去中心化的视觉体验。

与很多视频平台不同,抖音不仅是短视频的分享平台,也是粉丝互动的重要渠道。一二线城市的年轻人聚集于此,这正是旅游目的地追求的目标消费阵地。"好客山东"账号正是从吸引年轻群体的全新营销模式出发,开启一系列吸睛操作。建立内容合集,打造阅读量526万次的"冬游齐鲁"、122.6万次的"山东精品旅游民宿"等,打造追番(剧)感,提升曝光和互动;组织展开热门话题,如"好客山东乐享六好",全网曝光量40.2亿次,点赞量1 600万人以上,视频创作1.5万余条,视频播放4.1亿次,话题互动20万人次。

只发挥自我优势并不是山东文旅想要的,借助合力制造共生才是终极打法。在目的地营销场景下,账号方、运营平台、关键意见领袖(key opinion leader, KOL)大号与用户共同组成了一股合力。抖音平台方与山东旅发委达成合作,通过平台优质产品如定制城市主题挑战、达人深度参与等对山东进行全方位包装推广。其中UGC项目"跟着抖音游山东"以全网播放量11.6亿次、点赞量3 494万次、转发83万次、评论126万条成功引发了一场"山东热潮"。

不止如此,山东还拉上省内旅游系统"组团出道",全部相关政务部门开通抖音、参与并开发视频推广活动,一片热热闹闹的宣传果然应了"好客山东"的推广宣言。

注:本案例引自腾讯网,经编者整理编写。

◇ 案例二:旅游业复苏　政府消费券功不可没

据不完全统计,截至7月初,超过20个省份发放了多领域消费券,其中文旅领域消费券补贴金额达数十亿元,涉及北京、云南、贵州、青海、浙江、海南、安徽、湖南、湖北、河南、西藏、山东、四川等多个省、自治区、直辖市,覆盖了酒店住宿、景区门票、度假线路、免税购物等各类旅行场景。这些文旅消费券或在暑期旅游旺季之前启动,或卡在暑假开始前发放,随着学生旅行窗口期的到来,推动了旅游市场加速回暖。

毫无疑问,促消费、拉内需、推经济,旅游市场大有潜力可挖。尤其是"五一""端午"期间旅游度假市场的火爆,更是让人们看到了旅游消费需求的旺盛和文旅经济发展的巨大空间。同时也让各方对接下来的"暑期档"和下半年的旅游市场充满信心和期待。

果然,"暑期档"旅游市场确实与今年的三伏天气一样不是一般的"热",很多地方再现人头攒动、一房难订和一票难求的久违景象。

携程发布的暑期旅游趋势报告显示,截至7月12日,近半个月通过携程预订暑期旅游产品的订单总量环比上涨超过9倍。在去哪儿平台上,7月前三周,全国酒店预订量比6月同期增长了64%,较2019年同期预订量增加了25%。各方面的信息都表明,今年这个暑期旺季的确名副其实、成色很足。

值得注意的是,诚如报道所言,观察本轮旅游行业的复苏进程不难发现,政府之手起到了有力的推动作用。各地轮番发放的大量消费券对刺激文旅消费、带动文旅商家活力的乘数效应肉眼可见。

以旅游大省云南为例。4月25日，云南省文旅厅就开始发放云南文旅消费券为市场"预热"。而在补贴发放期间，用户关注度明显提升。仅在携程平台上，云南访问热度就环比增长42%。暑假来临以后，云南省文旅厅再次发放文旅消费券和加油券。截至目前，预订暑期赴云南旅行的订单量同比恢复110%。

据统计，自云南消费补贴发放以来，领取补贴的省外游客比重明显提升，已达到近7成。由此可见，云南旅游消费券的多轮发放，有效引客入滇，有力推动了当地旅游市场的迅速回暖。

注：本案例引自《法治周末报》2022-08-07，经编者整理编写。

◇ 案例启示

智慧化营销逐渐成为国内目的地营销重启的重要信号。一套套精良的整合营销方案重新提振年轻游客的消费信心，同时也在吸引各个平台源源不断的精准流量。营销带来流量，流量沉淀数据，数据反哺营销，完美闭环或将为旅游营销的升级带来全新思路。

事实证明，文旅消费券有助于激发用户旅游消费需求，增加旅游商家收入，从而实现旅游业供给侧和需求侧的双轨复苏。据测算，部分目的地消费券对当地旅游消费的整体带动效能达到了1∶10以上的杠杆率，对旅游业商家收入的提振效应明显。

总而言之，文旅市场值得长期看好，在促消费、稳经济上更是功不可没。在当前形势下，应高度重视并充分用好文旅消费券这个"加速器"，使之为撬动各地文旅消费和市场复苏，在提升人们的文旅幸福感、获得感上发挥更大功效。

 【知识准备】

一、旅游促销（tourism promotion）

旅游企业在进行旅游市场营销活动时，不仅要开发能满足市场需求的优质产品，制定具有竞争力的产品价格，选择高效的旅游产品分销渠道，更重要的是能够采取有效的旅游促销策略，即与目标市场顾客保持良好的沟通和交流，使其产品易于为旅游者所认知和接受，最终产生购买行为。旅游产品促销，是促进旅游产品销售，也是旅游市场营销中最富有活力和创意的领域。

旅游促销是指旅游企业通过人员推销或非人员推销的方式，将有关旅游企业、旅游地及旅游产品和服务的信息，通过宣传、吸引和说服等沟通方式，传递给目标顾客，帮助消费者认识商品和劳务所带给购买者的利益，从而引起消费者的兴趣，激发消费者的购买欲望及购买行为的活动。

旅游促销的实质就是要实现旅游产品与潜在购买者之间的信息沟通。在市场经济的条件下，要激发广大旅游者的旅游兴趣与动机，不仅要有丰富的旅游产品、优质的旅游服务、独

9

特的旅游风格,而且还必须兼有旅游者喜闻乐见的旅游宣传介绍和高效率的分销渠道,把旅游信息及时、准确地传播给旅游者,才能引起其注意,使其对旅游企业旅游产品产生好感和信任,并最终产生购买行为。

二、旅游促销的作用(functions of tourism promotion)

随着市场经济的发展,人民生活水平不断提高,一方面旅游市场竞争日益激烈;另一方面潜在旅游者不断增加。如何向旅游者通告旅游资源、旅游项目及其特点?怎样稳定市场,引导需求,激发旅游欲望,扩大市场占有率?合理地运用促销策略就有着十分重要的作用。

(一)传递旅游信息,提高企业知名度(passing information and improving popularity)

由于旅游产品具有异地性和无形性的特点,旅游者在消费旅游产品之前往往无法确定旅游产品的质量,因此旅游企业可以通过旅游促销活动,及时地将旅游产品的信息传递给旅游者,引起旅游者的广泛注意。通过传递信息,还可以把众多的旅游者与旅游企业联系起来,从而扩大旅游企业和旅游产品的知名度。

(二)刺激旅游需求,引导旅游消费(stimulating demand and inducing consumption)

旅游企业通过生动、形象、多样的旅游促销活动,加深旅游者对相关旅游产品的认识,从而刺激和强化旅游者的需求,有时还可以创造和引导旅游者对特定旅游产品的需求,如回归大自然旅游热、漂流热的兴起,都与相应的旅游促销活动有关。

【讨论一下】

请讨论旅游需求能力的大小会受到哪些方面的限制,为什么?

要点:
- ✓ 旅游者的闲暇时间。
- ✓ 旅游者的教育背景。
- ✓ 旅游者的支付能力。
- ✓ 旅游者的性别差异。

(三)突出产品特点,强化竞争优势(protruding products characteristics and strengthening advantages)

作为无形服务的同类旅游产品其差别不甚明显,更不易被旅游者所分清,而旅游企业通过旅游促销活动,可以突出旅游产品的性能和特点,对不同旅游产品的特色进行聚焦、放大,显示旅游产品能给旅游者提供的附加价值,加深旅游者对旅游产品的了解和信任,使旅游者认识到购买该产品能得到的特殊利益。

(四)树立良好形象,稳定市场份额(shaping images and stabilizing market shares)

旅游企业通过生动而有说服力的旅游促销活动,可以塑造旅游企业和旅游产品在公众心目中友好、热情、服务周到的良好形象,从而为旅游企业的长远发展创造有利条件。当出现不利于旅游企业发展的因素时,也可利用有效的促销手段,改变旅游者对企业的不良印象,树立旅游企业诚实、有信誉的积极形象,以恢复、稳定甚至扩大市场份额。

三、旅游促销组合策略（combined strategies of tourism promotion）

旅游营销者为了有效地与购买者沟通信息，可以通过发布广告的形式广泛传播有关旅游产品的信息；可以通过各种营业推广活动传递短期刺激购买的有关信息；也可以通过公共关系手段树立或改善自身在公众心目中的形象；还可以通过派遣销售人员面对面地说服潜在顾客。

这种把多种旅游促销方式有机结合并综合运用的方式就是旅游促销组合。旅游促销组合可以体现旅游企业系统的决策思想，有助于企业形成完整的促销策略。

旅游促销组合策略就是指旅游企业为了实现旅游市场营销的战略目标，把各种促销手段和策略组合成一个有机整体，并加以综合运用，从而保障旅游企业营销效果，实现旅游企业的长期发展。

（一）影响旅游促销组合的因素（influenced factors）

不同的促销手段各有其特点，不同的企业、产品在不同的时间、空间等情况下，应选择适合自己需要的促销策略和手段。一般来说，旅游企业在选择、运用促销策略和手段时，除了要考虑到不同促销手段的特点和要求外，还应考虑到以下几个方面的因素。

1. 旅游促销目标（tourism promotion targets）

旅游促销的总目标是通过对旅游者进行宣传、诱导和提示，促使旅游者产生购买动机，影响旅游者的购买行为，最终实现旅游产品由旅游企业向旅游者的转移。旅游促销目标是制约各种旅游促销方式组合的重要因素。旅游促销目标不同，旅游促销组合也必然存在差异。例如，旅游企业要迅速增加销售量与树立或强化旅游企业形象是两种不同的促销目标，前者强调近期效益，属于短期目标，相应的旅游促销组合应更多地使用旅游广告和旅游营业推广；后者则注重长期效益，需要企业制订一个较长远的旅游促销方案，建立广泛的旅游公共关系和进行强有力的旅游广告宣传等。

2. 旅游产品的性质（tourism products characteristics）

旅游产品的性质不同，旅游者的购买行为也不同，因此需要不同的旅游促销组合。一般来说，对于价格昂贵、购买风险较大的旅游产品，旅游者通常不会满足于一般旅游广告所提供的信息。在这种情况下，人员推销、旅游公共关系往往是重要的旅游促销手段。对于购买频繁、价格不高以及季节性较强的旅游产品，旅游广告、旅游营业推广则是重要的促销手段。如我国傣族的泼水节、彝族的火把节等，旅游广告的促销效果十分明显。

3. 旅游产品的生命周期（tourism products lifecycle）

在旅游产品生命周期的不同阶段，旅游促销的目标也不同，因此要相应制定不同的旅游促销组合。旅游产品投入期，促销的主要目标是使旅游者认识旅游新产品，所以应多用旅游广告和旅游营业推广，以扩大旅游产品的知名度。旅游产品成长期，促销的主要目标是增进旅游者的兴趣与偏好，扩大旅游产品的销售量。这时，旅游广告仍需加强，但旅游广告的重点在于宣传旅游产品的品牌和特色，同时强化旅游公共关系的作用，旅游营业推广活动则应相应减少。旅游产品成熟期，广告宣传可减少，但旅游营业推广活动应加强，以稳定旅游产品的销售。旅游产品衰退期，旅游市场上出现了旅游新产品，这时旅游企业应以旅游营业推广为主，保持提示性的旅游广告，吸引偏爱的旅游者继续购买旅游产品，以便回收更多的资金。

4. 旅游市场的性质(nature of tourism market)

旅游市场的地理范围、类型和潜在旅游者的数量等因素,决定了旅游市场的性质,也决定了旅游促销组合策略。一般来说,旅游目标市场范围小,潜在的旅游者有限,宜于开展人员推销;反之,旅游目标市场大、潜在旅游者多而分散,则应以旅游广告为主。另外,当旅游企业的促销对象是广大的潜在旅游者时,应以旅游广告为主;促销对象是旅游中间商时,应以旅游人员推销为主。

5. 旅游促销预算(budgets)

旅游促销组合策略的制定,还取决于旅游促销经费的预算。企业确定的促销预算额应该是企业有能力负担的,并且是能够适应竞争需要的。为了避免盲目性,在确定促销预算额时,除了考虑营业额的多少外,还应考虑到促销目标的要求、产品市场生命周期等其他影响促销的因素。一般来说,旅游促销预算大,就可选择旅游广告等花费大的旅游促销方式;反之,就应选择花费少的方式。

(二) 旅游促销的基本策略(strategies of tourism promotion)

从旅游企业运作的方式来区分,所有的旅游促销策略都可归纳为两种基本类型:推式策略和拉式策略,如图 9 - 1 所示。

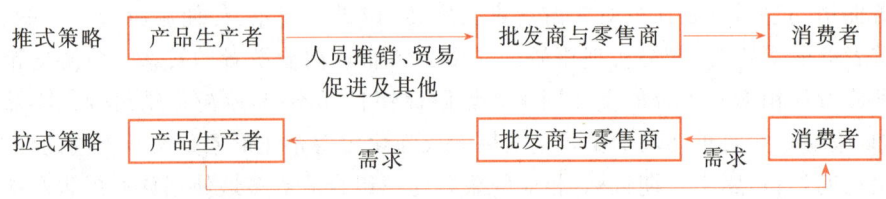

图 9 - 1　推式与拉式促销策略

1. 推式策略(pushing)

旅游企业主要以旅游企业人员推销方式为主,辅之以旅游营业推广和旅游公共关系的促销组合,把旅游产品推向市场。推式策略的目的在于说服旅游中间商,使他们接受旅游企业的产品,从而使旅游产品进入分销渠道,最终抵达旅游者。

2. 拉式策略(pulling)

旅游企业主要以旅游广告和旅游营业推广为主,辅之以旅游公共关系的促销组合,把旅游者吸引到旅游企业的特定产品上来。这种策略首先设法引起旅游者对旅游产品的兴趣和欲望,使旅游者向旅游中间商预订这种产品,最后促使旅游中间商向旅游企业认购旅游产品。

推式策略与拉式策略都包含了旅游企业与旅游者双方的能动作用。但推式策略强调的是旅游企业的能动性,表明旅游者的需求是可以通过旅游企业的积极促销而激发和创造的;拉式策略强调的是旅游者的能动性,表明旅游者的需求是决定旅游产品生产的基本原因。旅游企业在旅游市场营销过程中,应综合运用这两种基本的旅游促销策略。一般来说,对需求比较集中、销售量大的旅游产品,宜采用推式策略;对需求分散、销售量小的旅游产品,宜采用拉式策略。

四、旅游广告(tourism advertisement)

旅游广告是旅游企业促销手段中受到普遍重视和广泛应用的形式,它以说服的方式影响舆论和旅游者的购买行为,直接或间接地促进旅游产品的销售。旅游广告是旅游企业以付费的形式,通过媒体向旅游目标市场的公众传播有关旅游企业或旅游产品的信息,进而影响旅游者的购买行为,促进旅游产品销售的促销方式。

(一)旅游广告的特点(characteristics of tourism advertisement)

由于旅游广告是利用大众传播媒体来传递旅游产品和服务信息的,因而广告就形成了一些固有的特点。

1. 传播面广(extensively)

旅游广告通过大众媒体将旅游产品的信息传播给广大的旅游者,信息传播快、范围广,可以使旅游企业及其产品迅速扩大影响。因此是一种高度大众化的信息传递方式。

2. 间接传播(indirectly)

旅游广告通过传播媒体进行宣传介绍,旅游企业同旅游者不直接见面,是间接传播。因此,旅游广告的内容和方式对宣传效果的影响极大。

3. 表现性强(representational)

旅游广告在利用声音、色彩、影像等艺术和技术手段方面具有得天独厚的优势,是一种极富表现力的信息传递方式,极易感染和影响旅游者。因而与其他旅游促销方式相比,旅游广告具有更强的吸引力。

4. 促销效果的滞后性(lagging)

旅游广告对旅游者购买行为的影响难以立即发生作用,其效果在一个较长的时间内才能得以充分体现,因而旅游广告的促销效果滞后。

(二)旅游广告决策(tourism advertisement decision-making)

旅游地及旅游企业如何有效发挥旅游广告的作用,取决于其对旅游广告运用的有效管理过程。这一过程就是旅游企业在一定的营销战略目标的基础上进行的动态管理过程,即旅游广告决策,如图9-2所示。

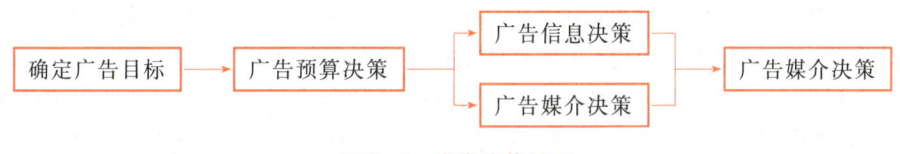

图9-2 广告决策过程

1. 确定广告目标(determining targets)

广告目标,即广告定位,是指在一个特定时期对特定观众所要完成的特定的传播任务。广告定位是指从众多同类产品中,寻找宣传商品有竞争力的特点,使广告具有独特的个性,在消费者心中树立该商品的一定地位。例如,旅游口号作为旅游城市或者旅游风景区营销的"画龙点睛"之笔,不仅是旅游宣传工作不可或缺的重点,也反映了当地的旅游文化和旅游业的发展步伐。天津旅游宣传口号——"天天乐道,津津有味",把天津的美食、文化品位都包括了。"天天乐道",指五大道,中国保存最为完整的洋楼建筑群,也是天津旅游最大的看点。"乐道"也指天津相声。绝妙的多重联系、多个巧合,被评为"中国十大最佳旅游口号"。

根据广告的目的,可以将广告目标划分为三种:告知型、说服型和提醒型。

(1)告知型广告(inform the advertising)。主要应用于旅游产品投入市场的初始阶段,

9

通过向旅游者介绍旅游新产品、新的旅游服务项目,宣传旅游企业的市场地位及对旅游者采取的便利性措施,以树立良好的市场形象,如开业广告等。告知型广告以短期效应为目标,多用于促销。例如,"故宫淘宝"是故宫博物院为销售周边产品而打造的文创 IP。而腾讯巧妙运用互联网思维,借势故宫强大的流量 IP,推出"贱萌的复古"风格,并整合"穿越"及"说唱"等新兴内容,发布《穿越故宫来看你》的 H5 迅速霸屏。H5 的主人公是明成祖朱棣(年号永乐),画面中朱棣戴着墨镜,一边跳舞,一边说唱,还不时自拍并将照片发至朋友圈,引来一片点赞和留言。H5 与短视频的结合做到天衣无缝,说唱与画面更是相得益彰,新的前端技术的运用恰到好处。这样的惊喜牢牢抓住了受众的眼球,强吸引强互动,仅上线一天访问量就突破 300 万人次,实现现象级的品牌推广效果。

(2) 说服型广告(persuasive advertising)。主要应用于旅游产品的成长期和成熟期。这类广告主要突出旅游产品的特色和优势以及会给旅游者带来的利益,以激发旅游者的选择性需求,促使旅游者形成品牌偏好。

有"现代旅馆之父"之称的斯塔特勒先生于 1895 年在布法罗开设了一家当时最大的餐厅——埃科利特餐厅,没想到开业以后,这家拥有 500 个餐位的餐厅却生意寥寥,门可罗雀。尽管他没日没夜地苦干,但终究改变不了困境——因为当地人并没有在外面就餐的习惯。

不肯认输的斯塔特勒灵机一动,决定运用当时人们还不熟悉的手段——广告,来改变人们的习俗。他在报纸上发布的第一则广告中写道:"你要在城里吃饭吗?请到埃科利特餐厅来,既省时间又省钱,25 美分吃一顿。"他在后来的广告中采用了"一劝二吓三引诱"的方法。"劝"是说在外用餐方便,白天在外边做事,中午还要赶回家去麻烦夫人做饭,费时又费事;"吓"是告诉那些生意人,别人在餐馆吃,你在家吃,耽误了宝贵的时间,让别人占了生意上的先机,得不偿失;"引诱"则是指他的那些有奖销售。他叫厨师把 5 枚金币分别用油纸包好,放入 5 份冰激凌里,拍成照片,张贴出去,引诱大家来碰运气,看谁走运赢得这些金币。他设的奖有时还大得惊人,在他餐厅里用餐的中奖者,有一次领走了一架钢琴,还有一次,甚至当场牵走了一匹马。

(3) 提醒型广告(remind advertising)。主要应用于旅游产品的衰退期。通过提醒旅游者保持对旅游企业及其产品的记忆,并适时提醒旅游者记住购买时机和购买地点,以促使旅游者完成购买行为。在旅游业,即使对非常满意的顾客,也还是需要经常性地提醒他。例如,滑雪和潜水度假地就有这样的问题,满意的顾客很少再次光顾,因为他们想体验新的坡度和潜水区。等他们再回来时,已经过去几年了,提醒型广告可以缩短这个时间。

2. 广告预算决策(advertisement budgets)

旅游广告目标确定之后,旅游企业需要准备相应的广告费用,就必须编制相应的广告预算。旅游广告预算是指在一定时期内旅游企业按销售额或实现的利润额的一定比例提取的广告预算总额,它主要包括市场调研费、广告设计费、广告制作费、广告媒体租金、广告机构办公费及人员工资、广告公司代理费等项目。确定旅游广告预算主要有以下四种方法。

(1) 销售比例法。即根据过去经验,按计划销售额的一定比例确定广告费用。它虽然简便易行,但在实际操作中过于呆板,不能适应市场变化。

(2) 目标任务法。即根据完成目标任务所需要的广告开支估算数来制定广告预算。这是一种相对较为科学的方法,但它必须以企业能预测所选媒体的广告效果和销售量为前提。

（3）量入为出法。即根据旅游企业目前的财务能力来安排广告预算。企业有多少财力就做相应财力的广告，它适用于小企业和临时的广告开支。这种方法说明企业需要做广告，但限于财力，仅作一般的信息传播。

（4）竞争平衡法。即参照竞争对手的广告费来决定本企业的广告预算，以保持在广告宣传中处于平等或优势地位。应用这种方法进行预算，要考虑企业间的实力、信誉、产品数量与质量的差别，不宜盲目攀比。

3. 广告信息决策（information decision-making）

旅游广告信息决策就是对发送给旅游者和潜在旅游者的广告信息的内容和形式进行创造性的设计，从而使旅游广告发挥尽可能大的作用。它是整个广告活动成败的关键之一，也是最富创造力的部分。一个成功的广告信息应该是内容和形式两方面的有机结合，它应该具有独特性和吸引力，能迅速得到目标视听受众的注意和接受。通常制定一个有创意的广告信息策略需要三个步骤完成：广告信息的创作、广告信息的评价与选择、广告信息的表达。

（1）广告信息的创作。旅游产品可表达的信息题材是多方面的。而一则旅游广告可容纳的信息量是有限的，一则旅游广告只能有一个主题。因此，旅游广告需要选取同一旅游产品不同角度的信息题材，创作多种广告信息，然后进行选择。广告信息最重要的来源是消费者的看法和反映，广告创意设计人员还可以从中间商、专家、竞争者那里得到好的创意或有益的启示。

广告的创意或构思必须能够满足旅游者所期望得到的下列四种回报之一：理性回报、感性回报、社会性回报和自我回报。例如，对于某条旅游线路，基于理性回报的广告可能是：“使你开阔眼界，增长知识。”基于感性回报的广告是：“美丽的风光，宜人的气候。”基于社会性回报的广告就可能变成：“去××旅游，现代生活的标志。”基于自我实现回报的广告又变为：“沿着××走过的路去追寻历史。”

（2）广告信息的评价与选择。创作出备选的多种旅游广告信息后，应对广告信息的吸引力、独特性、可信度三个方面进行评价和选择。旅游产品作为高层次的消费品，其广告信息要挖掘和激发人们内心深处的潜在需求，提供尽可能详细的旅游产品信息，尤其要让旅游者知道旅游产品能带来的利益。这样的广告信息对旅游者才有吸引力。不同旅游产品之间存在天然或人为的差异，因此旅游广告信息的创作要刻意寻找旅游者对旅游产品所感兴趣的独特利益点，才能吸引旅游者的注意。另外，旅游广告信息一定要真实可信，多提供实实在在的、有价值的信息。

例如，浙江的旅游广告是“诗画浙江”，云南借 2021 年西双版纳 15 头“网红大象”出走又返回，创意了新的旅游宣传广告——“‘象’往的地方”，都极为生动，耐人寻味。

（3）广告信息的表达。如果说创意是广告信息的灵魂，那么表达形式就是广告信息的骨架和血肉。旅游广告的效果不仅取决于说什么，还取决于怎样说。广告信息的表达是指广告用词、语气、风格、版式等方面的组合运用和具体安排，它有生活片段、幻想情景、气氛或形象、音乐和美术等表达形式。

（三）广告媒体策略（advertisement media strategies）

旅游广告信息必须通过一定的媒体才能传达给旅游者。旅游广告媒体决策就是要寻找以相对最佳的成本效益，达到对目标受众预期显露目标的合适途径。

9

1. 广告媒体的类型（types of advertisement media）

广告媒体是广告主借以传达给受众的各种沟通形式，包括报纸、杂志、电视、广播、直接邮寄、户外广告以及网络（即新媒体）等。而各类媒体都有其适应性和局限性，如表9-1所示。

表9-1　　　　　　　主要广告媒体及其适应性、局限性

媒 体	适 应 性	局 限 性
报 纸	灵活、及时、本地市场覆盖面大、能广泛地被接受、可信度强	保存性差、复制量低、传阅者少
电 视	综合视觉、听觉和动作，富有感染力，能引起高度注意、触及面广	成本高，干扰多，瞬间即逝，观众可选择性差
直接邮寄	观众有选择性，灵活，在同一媒体内没有广告竞争	相对成本高
广 播	大众化宣传，地理和人口方面的选择性较强，成本低	只有听觉效果，不如电视引人注意，宣传短暂，听众分散
杂 志	地理及人口选择性强，可信度好，制作质量高，保存期长	费用较高，位置无保证
户外广告	灵活，复现率高，费用低，媒体竞争少，位置选择灵活	观众选择性差，创造性差
网络（新媒体）	覆盖全球，24小时全天工作制，易进行编辑制作，更新速度快，观众选择性强，费用较低	受硬件环境影响的制约

2. 广告媒体的选择（selection of advertisement media）

旅游广告媒体类型的选择主要基于四方面因素的考虑。

（1）目标顾客的媒体视听习惯。如商务旅游者与普通观光客对不同媒体类型的偏好程度就不一样。

（2）旅游产品的特点。如风景区旅游点就宜选择杂志彩页和电视做广告，直观而形象。

（3）广告信息的特点。如时效性很强的旅游销售广告就比较适合以报纸为媒体，而不适合以杂志为媒体。

（4）费用水平。这也是导致旅游宣传广告远远多于电视广告的重要原因之一。

【讨论一下】

　　以您熟悉的旅行社、饭店、景区等某一类旅游企业为例，研讨如何选择和使用适合的广告媒体。

　　要点：

　　✓ 旅游企业的受众对象分析。

　　✓ 旅游企业的广告诉求。

　　✓ 重点突出新媒体的特质。

（四）广告效果评价（effects appraising）

广告效果的评价就是指运用科学的方法来鉴定所做广告的效益。广告效果包括两个方

面：一是沟通效果，即广告的心理效益，它可以用旅游者对旅游广告的注意、理解、记忆的程度来评价；二是销售效果，即广告的经济效益，指广告促进商品或服务销售的程度和企业的产值、利润等经济指标增长的程度。

五、旅游人员推销（tourism personal selling）

旅游人员推销是旅游企业所有促销手段中唯一利用人员进行推销的最直接的促销活动，是旅游促销活动的重要组成部分。旅游人员推销是最古老的一种传统促销方式，同时也是现代旅游企业的一种重要的促销手段。

旅游人员推销是指旅游企业利用其推销人员直接与旅游者接触、洽谈、介绍和宣传旅游产品，以达到促进销售目的的活动过程。这个过程既是一个向市场提供旅游产品的供应过程，又是一个激发旅游者的需求、引起旅游者的购买欲望的需求引导过程，还是一个了解旅游需求、为旅游者提供旅游产品满足其旅游需求的过程。与其他促销活动相比，人员推销是一种成本较高的促销工具。

（一）旅游人员推销特点（characteristics of personal selling）

旅游人员推销是一种人与人沟通的方式。在此过程中，实现旅游产品由推销人员向旅游者的转移，达到既能完成交易、销售产品，又能满足旅游者需求，帮助他们解决问题的双重目的。所以旅游人员推销具有其他促销手段无法替代的特点。

1. 信息传递的双向性（bidirectional）

旅游人员推销是一种信息双向传递的促销形式。一方面，推销人员向旅游者宣传介绍旅游产品的质量、功能、用途，为旅游者提供旅游产品的信息，以引起旅游者的注意和兴趣，促进旅游产品的销售；另一方面，推销人员通过与旅游者的交谈，收集旅游者对旅游企业、旅游产品及推销人员的态度、意见和要求等信息，并不断反馈给旅游企业，为旅游企业的经营决策提供依据。

2. 推销过程的灵活性（flexible）

推销人员通过与旅游者的交谈，掌握旅游者的购买心理，从旅游者感兴趣的角度介绍旅游产品，唤起旅游者的需求。同时还要解答旅游者的疑问，消除旅游者的不满，并抓住有利时机，促成交易。

3. 推销目的的双重性（dual）

旅游人员推销的目的不仅是为了推销旅游产品，满足旅游者的需求，而且还是旅游企业进行公共关系活动的一个组成部分。推销人员热情、周到的服务可以赢得旅游者对旅游企业的好感，从而树立旅游企业良好的形象，更好地实现推销旅游产品的目的。

4. 满足需求的多样性（various）

旅游人员通过推销旅游产品，不仅满足旅游者对旅游产品的使用价值需要，而且还要能满足他们对旅游产品的各种信息需求、服务需求和心理需求。通过面对面的洽谈与沟通，便于交流感情，培养双方的友好协作关系、直接了解旅游者的现实需求与态度，还能掌握他们的潜在需求，以便调整今后的推销目标和旅游企业发展方向。由此也决定了人员推销是比其他促销手段更具亲切感和说服力的促销手段。

但是，由于旅游人员推销的开支大、费用高以对人员素质要求也很高，优秀的推销人员

9

培养期长等缘故,所以人员推销的运用受到一定程度的限制。

(二)旅游人员推销策略(strategies of personal selling)

1. 旅游人员推销形式(forms of personal selling)

旅游人员推销属于直接促销。推销人员不通过任何中间环节,而是直接同旅游消费购买者面对面洽谈、直接介绍和宣传旅游产品,充分展示旅游产品的有用性,解答顾客的询问,说服旅游者采取购买行为。它包括以下几种形式。

(1)上门推销(door-to-door selling)。它是指旅游企业派专职推销人员携带旅游产品说明书、宣传资料及相关材料走访客户进行推销的方式。这种方式适用于在推销人员不太熟悉或完全不熟悉推销对象的情况下,即时开展推销工作。这种方式的特点主要体现在:推销人员主动向顾客靠拢,推销人员同顾客之间的感情联系尤为重要。它要求推销人员既要有百折不挠的毅力、良好的沟通能力,又要有较强的应变能力和高超的谈话技巧。

(2)营业推销(sales promotion)。它是指旅游企业提供旅游产品或服务的各个环节的从业人员在为旅游者提供服务过程中推销旅游产品的活动。旅游企业从事接待服务的所有人员都是推销员,他们直接与旅游者接触,以谈话方式及行为方式向旅游者介绍和展示旅游产品,回答询问,完成交易,担负着同专职推销人员一样的职能。只不过形式独特,是顾客主动向推销员靠拢,推销员依靠良好的销售环境和接待技巧,完成推销,满足顾客需求。

(3)会展推销(exhibition marketing)。它是旅游企业利用各种会议展览介绍和宣传本企业的旅游产品或服务开展推销活动的方式。例如,旅游订货会、旅游交易会、旅游洽谈会、旅游博览会,等等。这种方式突出的特点是推销集中,接触面广,省时省钱,成交量大,而且推销员不必以推销员的身份出现在顾客面前,消费购买者的心理负担小,推销阻力也相应减弱,但对顾客产生的影响力却很大。

2. 旅游人员推销的程序(procedures of personal selling)

(1)寻找旅游者。旅游推销人员利用各种渠道和方法为所推销的旅游产品寻找旅游者,包括现有的和潜在的旅游者。通过电话、邮件及其他调查方式,了解旅游者的需求、支付能力,做出购买资格评价,筛选出有接近价值和接近可能的目标旅游者,以便集中精力进行推销,提高成交比例和推销工作的效率。

(2)接近前的准备。旅游推销人员在推销之前,应尽可能地了解目标旅游者的情况和要求,确立具体的工作目标,选择接近的方式,拟订推销时间和线路安排,预测推销中可能产生的一切问题,准备好推销材料,如景区景点及设施的图片、模型、说明材料、价格表、包价旅游产品介绍材料等。在准备就绪后,推销人员需要与目标旅游者进行预约,用电话、信函等形式讲明访问的事由、时间、地点等。

(3)接近目标旅游者。旅游推销人员经过充分的准备,就要与目标旅游者进行接洽。接近目标旅游者的过程往往是短暂的。在很短的时间里,推销人员要充分发挥自己的聪明才智,根据掌握的旅游者的材料结合现实情况,灵活运用各种接近技巧,引起目标旅游者对所推销旅游产品的注意,引发和维持他们对访问的兴趣,并引导他们进入面谈,达到接近目标旅游者的最终目的。

正式接近顾客是推销面谈的必要前提。接近顾客的技巧有:介绍接近、产品接近、利益接近、好奇接近、问题接近等方法。

（4）产品介绍。接近目标旅游者与产品介绍是同目标旅游者接触过程中的不同阶段，但两者之间没有绝对的界限。接近目标旅游者侧重于让旅游者了解自己，沟通双方的感情，创造良好的推销氛围，而产品介绍侧重于推销产品，需要推销人员利用各种面谈方法和技巧，向目标旅游者传递旅游产品的信息，强调给旅游者带来的利益，强化旅游者的购买欲望。

（5）处理异议。在产品介绍过程中，旅游者会对旅游产品提出各种各样的购买异议，如价格异议、产品异议、服务异议等。这些异议是旅游者的必然反应，它贯穿于整个推销过程之中。推销人员对各种异议，应采取不同的方法、技巧，有效地处理和转化，才能最终说服旅游者，促成交易。

（6）成交。成交是整个推销工作的最终目标。经验丰富的推销人员，要密切注意成交信号，善于培养正确的成交态度，消除成交的心理障碍，谨慎对待旅游者的否定回答，把握好成交机会，灵活机动，采取有效的措施，促成交易，并完成交易手续。

（7）售后服务。要让旅游者满意并使他们重复购买旅游产品，售后服务是必不可少的。达成交易后，推销人员应认真执行所保证的条款，做好服务，妥善处理可能出现的问题和售后服务。从旅游企业的长远利益出发，与旅游者建立和保持良好的关系，树立旅游者对旅游企业及产品的信任感，促使他们重复购买，同时利用旅游者的宣传，争取更多新的旅游者。

（三）旅游推销人员管理（management of sellers）

旅游企业营销活动的成功，常常依赖于其对推销队伍的适当管理。旅游推销人员管理工作包括下列内容。

1. 对推销人员的素质要求（demanding qualities）

在激烈市场竞争中，现代旅游企业要求实现其促销目标，要求推销人员要具有相当高的素养。

（1）思想素养。旅游企业推销人员要真心实意地为旅游者谋福利，要有强烈的事业心，义不容辞的责任感，艰苦踏实的作风，持之以恒的热情。同时，必须讲究职业道德，有良好的价值观，能正确处理国家、企业、推销员和消费者之间的利益关系，遵纪守法，合法推销。

（2）业务素养。旅游推销人员必须具备丰富的业务专业知识，其中包括旅游产品知识、旅游企业知识、旅游专业知识以及良好的气质。

（3）业务能力。业务能力是旅游推销人员业务素养的体现。旅游推销人员的业务能力主要体现在：观察能力、综合判断能力、决策能力、应变能力、创新能力、公关能力、理解他人的能力和说服他人的能力。

2. 对旅游推销人员的管理（management）

（1）招聘和挑选旅游推销人员。这是旅游企业能否拥有一支优秀员工队伍、创造良好效益的关键。

（2）培训旅游推销人员。通过程序化学习、角色扮演、敏感性训练以及推销术训练等方式，使旅游推销人员了解旅游企业、旅游产品、目标顾客及竞争对手的特点，为有效推销奠定基础。

3. 对旅游推销人员的考评（evaluation）

对旅游推销人员的考评，主要集中在业绩的评价和品质的评价两个方面。业务评价是以旅游推销人员对净利润所做的贡献为依据的综合评价，包括每天平均访问次数，每次访问的平均费用，每百次访问增加的销售量，单位推销费用所获得的销售量等指标。而对旅游推销人员品质的评价主要集中在风度、言谈、气质等方面。

六、旅游营业推广（tourism sales promotion）

旅游营业推广又称旅游销售促进，是指旅游企业在某一特定时期与空间范围内，为配合旅游广告和人员推销，通过刺激、鼓励旅游中间商和旅游者来促使他们尽快购买或大量购买旅游产品而采取的一系列促销措施和手段。

旅游营业推广是临时的或短暂的、带有馈赠性质或奖励性质的促销方法。在旅游企业经营的某些阶段，它将给企业带来其他促销手段所不能及的效果。

（一）旅游营业推广的特点（characteristics of tourism sales promotion）

1. 非常规性（non-routine）

旅游广告、旅游公共关系、旅游人员推销是作为旅游企业一种常规性的旅游促销活动出现的，而旅游营业推广适用于短期和额外的旅游促销工作，着眼点在于解决具体的促销问题，承担短期内具有特定目的和任务的促销工作。因此，旅游营业推广是对旅游广告、旅游公共关系、旅游人员推销的一种补充措施，以非常规性和非周期性的使用方式出现。

2. 灵活性（flexibility）

旅游营业推广可根据顾客心理和市场营销环境等因素，采取针对性很强的营业推广方法，刺激、鼓励旅游中间商和旅游者购买旅游产品。比如，以批量折扣、推广津贴等方式对旅游中间商进行营业推广；以赠送纪念品、旅游地特产、风情画册等方式对旅游者进行营业推广。

3. 强刺激性（incentive）

旅游营业推广是为了使旅游中间商和旅游者尽快或大量购买旅游产品而采取的旅游促销手段，这也就决定了旅游营业推广必须具有强烈的刺激性，才能促使旅游中间商和旅游者购买旅游产品，以便较快地增加旅游企业的销售额，巩固和提高旅游企业市场占有率。

例如，管理着全球 18 家高档饭店的美国沃特伏德集团在市场营业推广方面就有些独家功夫，尤其是它推出的"住十免一"更是吸引了不少常住客人。所谓"住十免一"，是指宾客每在集团下属的任何酒店里住了 10 次，那么集团将会通知他第 11 次下榻的酒店免收全部房费；酒店总经理和销售人员会为这些"住十免一"的忠诚客户举行个人鸡尾酒会，并正式宣布客人已成为集团"常住客俱乐部"的会员，将永久性地享有一切优惠待遇，也会定期收到有关集团所属饭店的各种信息资料。

4. 短期高效性（short-term efficiency）

旅游营业推广是在特定的时间和空间范围内，通过赠送、折扣等形式，刺激旅游中间商和旅游者产生购买行为，因而短期效益明显。

旅游营业推广的这些特点，体现了旅游营业推广的明显优势，有利于促进旅游产品的短期销售，激发旅游者的需求和开拓旅游市场。

（二）旅游营业推广的作用（functions of tourism sales promotion）

1. 促使旅游者试用产品（promoting）

餐饮业许多新产品在推出之时都以成本价招徕顾客，以求迅速扩大影响，获得消费者的肯定。

例如，美国休斯敦的公园客栈就邀请了潜在主要客户以及相关的社区主要成员免费入住这家豪华饭店。这项推广达到了两个目标：❶ 由于很多潜在客户都得以在饭店亲身体验其服务,感受其产品,因此这些公司客户的订单明显增多; ❷ 人们对饭店的口碑大大改善。

2. 劝诱试用者再次购买(inducing)

有的餐厅在客人就餐完成时会赠送优惠券,客人再次消费时可凭优惠券享受一定金额的优惠。

3. 增加消费(increasing)

刺激消费者的非理智性购买行为,增加某一产品的总使用量。比如,人们有时并非真的需要购买什么东西,但当他们得到一张折扣券或赠品券时,购买行为就可能发生了。

4. 对抗竞争(withstanding)

营业推广常常能有效地针对竞争者而展开。比如,给予顾客比对方更优惠的价格,给予中间商更多的折扣等。

5. 促进本企业其他产品的销售(marketing)

饭店对标准间的促销活动常常也能带动套房和餐饮的销售。但是,旅游营业推广的作用是有限的。它通常并不能建立顾客对本企业产品的信任和忠诚,营业推广也不能拯救一个即将被市场淘汰的产品,不能改变一个市场定位不当的产品的命运。因此,要适当评价营业推广的作用并灵活运用。

(三) 旅游营业推广的对象和方式(objects and patterns of tourism sales promotion)

旅游营业推广的对象有三种:旅游者、旅游中间商和旅游产品的推销人员。针对不同的推广对象,旅游营业推广的方式也不同。

1. 针对旅游者的营业推广(aiming at the consumers)

这种营业推广手段可以鼓励老顾客重复购买,吸引新顾客购买使用,引导顾客改变购买习惯,或培养顾客对本企业的偏爱行为等。

(1)优惠提供旅游产品。旅游企业以一定的优惠价格提供旅游产品。

(2)赠送旅游纪念品。旅游企业通过赠送旅游纪念品的方式进行营业推广,如向旅游团队客人赠送太阳帽、旅行包等。

(3)抽奖。旅游企业通过抽奖方式对旅游者进行营业推广,旅游者购买旅游产品可参加抽奖。例如,某酒店餐饮部推出名片抽奖活动,凡来消费的客人都可以把名片扔进抽奖箱中,每月抽奖一次,中头等奖者可携带两名家庭成员免费住总统套房一天,并享受免费套餐,这种推广方式颇受客人欢迎并产生了轰动效应。

(4)赠送折扣券。旅游企业为吸引回头客而向旅游者赠送折扣券。折扣券不可兑换现金,也不可凭券领取相应金额的实物,但可在下次消费时充抵相同金额的现金。

(5)免费试用。旅游企业通过邀请旅游者免费旅游或免费试住等方式进行营业推广。

(6)会员卡。旅游企业把旅游者组织化,旅游者缴纳一定的会费即可成为会员,价格上可享受一定优惠。

2. 针对旅游中间商的营业推广(aiming at the intermediaries)

对中间商进行的营业推广活动的目的在于扩大和增加旅游企业的产品同旅游者之间的渠道。由于旅游产品只有在存在客源的情况下才能进行生产,因此争取中间商的支持和合作具有重要意义。

(1)折扣。旅游企业根据与旅游中间商的协议,在房费、餐饮费、景点门票、交通费等方面予以一定的减免。其中某些优惠政策已成为行业惯例。比如,饭店通常给予有业务往来的旅行社一定比例的价格折扣,对 16 人以上旅行团,免收 1 人的房费。

(2)广告津贴。旅游企业与旅游中间商联合推出广告促销产品并由旅游企业补贴旅游中间商一部分广告费用,或以广告津贴形式委托中间商做一定的广告宣传。

(3)推广津贴。旅游零售商在为旅行社的某条新线路赢得一批顾客后,在佣金之外还能得到一定比例的补贴。推广津贴的目的就是激励中间商推广新产品。

(4)赠品。旅游企业给旅游中间商一定的赠品以进行营业推广,一般采用赠品印花形式,达到一定量时可兑换赠品。

(5)旅游产品交易会和展览会。旅游企业通过参加旅游产品交易会和展览会,对旅游中间商进行营业推广。

3. 针对旅游推销人员的营业推广(aiming at the sellers)

对推销人员的营业推广也是旅游企业加强促销工作常用的方法之一。其目的在于调动推销人员的促销积极性。

(1)销售竞赛。旅游企业组织推销人员进行销售竞赛,对推销产品出色或销售额领先的推销人员给予一定的物质奖励和精神奖励。比如,有的饭店评选月度、季度、年度最佳销售人员,给当选者发放奖金和证书,以调动推销人员的积极性。

(2)销售奖励。旅游企业按事先的约定,对销售额达到一定数量的推销人员给予奖励。销售奖励的形式有奖金、奖品、免费旅行等。旅游企业在使用营业推广手段时,应注意使用该方法的各种条件,不能无选择地过分注重短期效益,失去顾客对企业的信任和忠诚,而应根据企业经营环境的现状,适当使用和调整推广方案,使其给企业带来有效的市场增长态势。

七、旅游公共关系(tourism public relations)

旅游作为一种高层次的消费活动和审美活动,使得旅游业很容易成为一国一地区的"形象"产业,而备受异地和本地公众的关注。同时,旅游产品的综合性与整体性,使得其"生产"需要全社会各方配合。基于旅游行业的特殊性,公共关系通常是重要的营销手段,它以较低的成本对公众心理产生的影响要远远大于其他营销手段如广告所带来的影响。

旅游公共关系是指旅游企业以社会公众的利益为出发点,通过传播媒介在社会公众中树立良好的形象和信誉,以赢得旅游企业内部和外部社会公众的理解、信任、支持与合作,为旅游企业的发展创造最佳的社会环境,实现旅游企业的目标。

旅游公共关系对于塑造旅游企业的公众形象、提高知名度与美誉度、增强市场竞争力具有重要的作用。

(一)旅游公共关系的特点(characteristics of tourism public relations)

1. 真实性和持久性(authenticity and persistence)

旅游公共关系传播的信息,或借助于事实本身,让人耳闻目睹;或通过他人之口,如新闻媒介,告知天下。这样可以避开"自卖自夸"之嫌,突破社会公众的防范、戒备心理,能够深入人心,因此可信度高,效果也更持久。

2. 新颖性和独特性(novelty and uniqueness)

在现代社会,促销的手段层出不穷,广告战更是激烈,但大部分都难以引起社会公众注意,而且经常惹人反感。旅游公共关系却独辟蹊径,它不直接刺激旅游者的购买行为,而是以新闻或其他活动传播信息,新颖独特,容易引起社会公众的关注。

3. 间接性和主动性(indirect and initiative)

旅游公共关系促销具有间接性,即旅游企业对旅游者不是直接推销产品,而是通过塑造旅游企业良好的形象并由此推动旅游产品的销售。另外,旅游企业要积极主动地向社会公众开展公共关系活动,加强和社会公众的联系,使社会公众能够充分了解和认识企业,以利于旅游企业树立良好的形象。

(二) 旅游公共关系的种类(types of tourism public relations)

1. 宣传型公共关系(publicity)

利用各种传播媒体和手段,向社会公众宣传展示自己的发展成就与公益形象,以形成有利于本组织发展的社会印象与舆论环境的活动模式。这类旅游公共关系活动能够及时通过媒体进行正面宣传,主导性、时效性强,影响面宽,推广旅游地、旅游企业及其旅游产品的形象快。

2. 交际型公共关系(communicative)

这种公共关系是要通过人与人之间的直接交往接触,进行联络感情、协调关系和化解矛盾的活动,以达到为本组织建立良好人际关系的目的。通过这类活动非常有利于包括顾客在内的各类公众对本旅游企业的了解和依赖,这对于增强顾客的购买决心和扩大企业的业务范围有显著作用。据统计,旅游业中有一半以上的顾客是通过朋友、熟人介绍而来的,由此决定了加强这类公关活动对旅游促销的重要意义。

3. 服务型公共关系(service)

这是指以为公众提供热情、周到和方便的服务,赢得公众的好感,从而提高组织形象的一种公共关系模式。在为顾客服务中充分为顾客着想,由此既能在不显露商业痕迹的直接服务中起到即时刺激旅游者的作用,又能在先期旅游者的口碑效应中达到扩大旅游销售的目的。

4. 社会型公共关系(social)

这是指组织利用举办各种具有社会性、文化性的赞助或公益活动来开展公共关系的模式,其目的是塑造组织的文化形象、社区公众形象,提高组织的社会知名度和信誉度。对于旅游公关活动来说,应特别强调参与和旅游有关的文化与体育活动。

5. 征询型公共关系(enquiry)

这是通过采集信息、舆论调查、民意调查等方式,为企业的经营管理决策提供客观依据,以不断完善企业形象的公关活动模式。收集顾客的好评和不满意见,以及了解影响潜在顾客购买的障碍性因素,然后加以利用和改进,也有利于旅游促销。但这类活动影响促销的间接性更强。

上述五种公共关系中,前三种活动与旅游促销的关系相对更为紧密。由于第二、第三种公关活动对旅游促销的作用分别与旅游人员推销和旅游服务过程有关,因而使旅游公关宣传成为最主要的旅游公关促销手段。

根据组织与环境的适应态势关系,公共关系活动还可以分为建设型、维系型、防御型、矫正型和进攻型五种。基于旅游市场的巨大潜力和风云变幻,从旅游促销的角度特别重视矫正型和进攻型的旅游公关活动。

9

（三）旅游公共关系的方式（patterns of tourism public relations）

1．创造和利用新闻（creating and making use of news）

旅游企业利用或策划有吸引力的新闻事件，或举行活动创造机会以吸引新闻界和社会大众的注意，扩大影响，提高知名度。由于新闻界是站在旅游企业与旅游者之外的第三者的立场上，能客观公正地提供信息，因而可信度高。

2．举办和参加各种会议（hosting and attending conferences）

旅游企业通过举办和参加旅游产品的展览会、研讨会以及各种纪念活动，向公众推荐旅游企业及其产品，加深公众的印象，从而提高旅游企业及其产品的知名度。

3．赞助和支持各项公益活动（sponsoring pubic activities）

旅游企业应赞助社会公益事业，支持各项公益活动，以赢得社会公众的爱戴，如参与捐资助学、扶贫、救灾，支持社会组织的各类文化、娱乐、体育等公益性质的活动等，在社会上树立一心为公众服务的形象。

4．印刷宣传品（publishing materials）

印制介绍旅游企业发展历史、宣传旅游企业宗旨、介绍旅游产品以及员工教育和企业经营现状及动态等内容的宣传品，是旅游企业传播信息、树立良好形象的重要途径。这些宣传品以免费赠送为主。印刷精美，能增加公众兴趣，提高其保留价值。同时宣传品上应注明企业的地址、邮编和电话号码等，以方便联系。

5．建立旅游企业内部的公共关系制度（establishing systems）

好的旅游企业形象与旅游企业内部的公共关系是分不开的。旅游企业应有计划、有步骤地建设企业文化，提高员工素质，活跃文化气氛，美化企业环境；企业领导应当关心员工的利益，调动员工工作的积极性，有效地开展旅游公共关系活动，如定期对员工进行培训和举办员工文化娱乐活动，利用升国旗、表彰大会等形式增强企业凝聚力。

 【实训任务】 推介家乡的旅游资源

在老师的指导下，以同乡为基础，组建家乡旅游资源促销的项目团队，应用所学到的有关促销的相关知识，以班级为单位召开一次家乡旅游资源推介会，每个团队都要写出家乡旅游资源推介的演讲稿，并在会上演讲。通过该任务，增强学生对家乡旅游资源的了解和文化的认同；培养学生为客服务的责任心和敬业精神；在日后工作中，不断拓展自身的知识，培养创新思维和能力，吸引更多的同学去自己的家乡旅游。

【操作步骤】

◇ **第一步：旅游推介前的准备工作**

➤ 按照宏观环境中的因素，简要列出该企业面临的情况。

➤ 首先对推介对象进行调查，了解其旅游消费能力、旅游偏好等旅游需求，针对旅游推介对象的需求确定所推介的旅游目的地。

➤ 实地考察所推介旅游目的地的具体情况。

➤ 根据考察结果，项目团队进行分工，各自承担撰写推介宣讲稿，准备宣讲演说，制作宣传 PPT，准备相关手册、图片等宣传展示资料的工作。

◇ **第二步：现场进行旅游推介及促销**

➤ 要求现场推介人员仪表、形象大方，语言、举止得体。

➤ 推介宣传的主题突出、内容翔实、推介方式灵活多样，能充分运用所学的各种推销手段和方法。

➤ 所推介的旅游产品能引起兴趣和关注度，并促使产生旅游行为。

◇ **第三步：对旅游推介促销项目的完成情况进行点评和总结**

➤ 教师对每个项目团队的表现及效果进行现场点评。

➤ 根据推介效果，由学生、教师和行业专家共同评分。

➤ 教师进行实训总结。

 【自我评估】

1. 如何选择促销组合？
2. 什么是旅游广告？选择旅游广告媒体的类型应基于哪些因素的考虑？
3. 什么是旅游人员推销？为什么说人员推销是旅游企业促销活动中非常重要的手段？
4. 简述旅游营业推广的方式。
5. 什么是旅游公共关系？简述公共关系在旅游企业营销中的重要作用。

 【知识拓展】　促销的原则及销售技巧

项目九案例

一、促销的"AIDA"原则（the promotion of AIDA principle）

在实践中，大多数的促销活动是依据"AIDA"原则来实施的。"AIDA"四个字母代表的是"注意（attention）""兴趣（interest）""欲望（desire）"和"行动（action）"。"AIDA"原则对促销活动信息提出了具体的要求。即有效的促销信息必须能够引起人们的注意——使信息接收者产生兴趣——使部分信息接收者（目标市场）产生购买欲望——使消费者采取行动。

二、销售技巧（sales skills）

1. 顾客开发

（1）建立、保持并发展与老顾客的关系。

❶ 向顾客提供优质的产品和服务，赢得顾客的认可；

❷ 妥善处理顾客抱怨；

❸ 注重销售成交后的跟踪阶段。

（2）不断开发新客户。

❶ 广告煽情——成本虽大，收益空前。

❷ 参展联络——广结朋友，扩大领域。

❸ 登门拜访——不怕失败，闯出天地。

❹ 影视、歌曲传播——经久难忘，受益持久。

❺ 新闻媒体——影响力大，知名迅速。

❻ 说明会议——产品到家，倾倒宾朋。

9

❼ 聚会交友——亲切自如,获取成功。

2. 销售洽谈

(1) 推销洽谈准备的内容。

❶ 制订推销洽谈计划:推销洽谈目标;推销洽谈要点;顾客的基本情况;推销品的各种功能及推销服务情况。

❷ 推销洽谈的心理准备:推销人员的自信心;推销人员的意志力;推销人员的真诚热情;推销人员的谈吐仪表要恰当。

❸ 推销洽谈的物品准备:所销售产品或模型;文字资料;图片、音像资料;推销证明资料;其他携带品。

(2) 销售洽谈的技巧。

❶ 叙述的技巧。

❷ 倾听的技巧。

❸ 答复的技巧。

❹ 提问的技巧。

(3) 处理顾客异议。

(4) 成交技巧。

项目十　旅游网络营销

【素养目标】

1. 引导学生树立正确的义利观,建立不触碰法律和道德的底线思维。
2. 引导学生活用数字技术,增强数字经济背景下的创新意识。

【岗位能力】

1. 能够分析和把握网上虚拟市场的旅游消费者特征和旅游消费者行为模式的变化,为企业在网上开展营销活动提供可靠的数据分析和营销依据。
2. 能够利用网络营销工具进行旅游企业的网络营销。

【知识目标】

1. 理解旅游网络营销的概念和内涵。
2. 掌握网络营销的常用工具和方法。
3. 掌握旅游企业网络营销策略。

案例引入

◇ 案例:"丁真现象"——互联网时代的旅游营销

2020年11月13日,一条仅7秒钟的短视频意外走红,视频的主人公丁真就这样走进了大众视野。这个不同于选秀审美的藏族小伙,以黝黑的皮肤、纯净的眼神、纯真的笑容,打动了大众的心。视频发布后,丁真迅速走红。网友们把他称为"甜野男孩",认为丁真是少有的"野性与纯真并存",一时间引发全网关注和讨论,一度霸榜微博热搜,引发央视新闻、人民网等中央媒体频繁报道,就连外交部发言人华春莹都连发三篇推文向全世界介绍丁真。

与此同时,对于丁真的话题讨论开始慢慢延伸,从丁真本身再到丁真的家乡。最初不少网友以为藏族"甜野男孩"丁真来自西藏,引发四川和西藏主流媒体开始了"抢人大战",纷纷借这波流量营销推广,为地方文旅造势。借着"丁真"的热度,向游客推介自己家乡。这波热闹的借势操作，不仅让网友觉得异常有趣，也让"丁真流量"越裹越大，并成功地带火了丁真的家乡——四川甘孜理塘。

甘孜文旅反应迅速，赶在网络热度的风口上，拍摄了三分多钟的纪录片《丁真的世界》，以视频的形式呈现了理塘的美景。雪山、草原、冰川、寺庙、白塔，让不少网友惊叹，原来川西之美一点都不亚于西藏。不少网友表示想去"丁真的世界"看看。

不仅丁真和丁真家乡理塘登上了网络热搜，连带亚丁稻城、色达、康定、新都桥等一众川西著名的旅游地都频频被网友刷爆。由此可见，丁真的爆红，不仅为自己的家乡带来了流量，也为大半个川西带来了流量。

谁都没想到丁真的意外走红，能够带火其家乡旅游宣传，互联网时代的宣传营销最突出的优势，莫过于网络的灵活性和双向性。在营销过程中，主客体之间的界限逐渐模糊，可实现双向互动。与此同时，网络营销也打破了时间和空间的限制，在产品信息更新上更具灵活性，且可以与消费者实时互动，营销效果更加显著。

注：本案例引自百家号"寻旅途"，经编者整理编写。

◇ **案例启示**

透过"丁真现象"，互联网时代的旅游营销应把握以下几点：

➤ 抓住流量，正确引导

对于丁真引发的空前热度，大多数网友认为丁真的爆红只是昙花一现，是网络世界暂时消费的热点。为避免丁真落入网红发展的套路，当地文旅部门签约丁真成为当地的旅游形象大使。原生的形象正好代表了当地原生的美景，助力家乡文旅发展，让人感受到丁真身上的正能量，从而对丁真的家乡心生向往。对于突来的流量，正确引导，才会细水长流。

➤ 迅速出击，紧跟热点

丁真刷屏的背后，不乏各大文旅平台紧跟热点，对于流量的贡献，才促成了这场欢乐有趣的"旅游推介会"。互联网时代的最大特点是更新速度快，流量来得快，去得也快，因此抓住热点，迅速出击才是王道。

➤ 利用资源，整合营销

丁真的爆红也得益于四川省各级政府部门、官方媒体的积极布局，在保护丁真流量的前提下，趁热打铁推出《丁真的世界》宣传纪录片。视频推出后，甘孜文旅官方微博迅速转发并宣布甘孜所有景区门票全免，三大机场机票一折起等旅游优惠政策，进一步增强了网友到甘孜的出游动机。

当然"丁真现象"只是"互联网＋旅游"发展的一个缩影，随着新生代人群逐渐成长为旅游消费主力，旅游营销将会以更具创意的手段影响用户旅游出行决策。

10

 【知识准备】

一、旅游网络营销的特征(characteristics of tourism e-marketing)

旅游网络营销是指旅游企业以电子信息技术为基础、以计算机网络为媒介和手段而进行的各种营销活动；是目标营销、直接营销、分散营销、顾客导向营销、双向互动营销、远程或全球营销、虚拟营销、无纸化交易、顾客式营销的综合。一方面，网络营销要针对新兴的网上虚拟市场，及时了解和把握网上虚拟市场的旅游消费者特征和旅游消费者行为模式的变化，为企业在网上虚拟市场开展营销活动提供可靠的数据分析和营销依据；另一方面，网络营销在网上虚拟市场开展营销活动，可以实现旅游企业目标。它具有以下特点。

（一）跨时空特征（crossing time and space）

营销的最终目的是占有市场份额。由于互联网具有超越时间和空间限制进行信息交换的特点，因此使得脱离时空限制达成交易成为可能，旅游企业能有更多时间和更大空间进行营销，可 24 小时随时随地地提供全球性营销服务。同时，游客只需根据自己的喜欢或需要去选择相应的信息（如旅行社、旅游线路等）加以比较，做出购买的决策。这种轻松自在的选择，不必受时间、地点的限制，24 小时皆可，浏览的信息可以是国内外任何上网的信息，非常灵活、快捷和方便。

（二）交互性特征（interactive）

旅游企业可以在网络上适时发布产品或服务信息，消费者则可根据旅游产品目录及链接资料库等信息在任何地方进行咨询或购买，从而完成交互式交易活动。另外，网络营销使供求双方的直接沟通得以实现，从而使营销活动更加有效。

（三）异质化特征（idiosyncratic）

从国际旅游形式来看，随着人们旅行次数增多，经验日渐丰富，旅游的档次也随之提高。出国旅游的类型已从简单的观光旅游逐步变为有目的参与性旅游。同时，由于个人收入和自由支配时间的增加，许多人均倾向于以较自由的方式进行旅游。因此，散客旅游正以较快的速度发展。散客增多这种趋势促使旅游产品的进一步细分化、多样化。互联网是一种功能强大的营销工具，它同时兼具渠道、促销、电子交易、互动顾客服务，以及市场信息分析与提供等多种功能，它所具备的一对一营销能力，正是符合直接营销的未来趋势。这一时代，游客已不再是被动的接受者，游客只需利用搜索引擎就可以找到符合自己要求的个性化产品，而且它可以留给游客更多的自由考虑的空间，避免冲动购买，可以更多地比较后再做决定。网络营销认为在充分考虑顾客价值的前提下，区分每一位顾客的差别是重要的工作内容。为了区分每一位顾客的价值，营销者可以利用计算机记录下每一位顾客的相关材料，如过去的交易记录、顾客的有关特性等，通过对顾客资料的统计、分析，结合企业的实际，判定出每一位顾客的价值，从而界定出顾客的重要程度。对于企业的重要顾客，除了要关注其今后的购买情况，还可以采取特殊的营销服务。重要顾客由于从产品和服务上得到了充分满足，有可能向其周围人群广为宣传，从而成为企业新顾客的介绍者，由此会出现顾客生顾客现象，使企业的顾客群不断扩大。

（四）高效性特征（effective）

计算机可以储存大量的信息，代消费者查询；可传送的信息数量与精确度，远超过其他媒体，并能适应市场需求，及时更新产品或调整价格。因此，能及时有效地了解并满足顾客的需求。

（五）成长性特征（growing-up）

互联网使用者数量快速增长遍及全球，使用者多属年轻、中产阶级、高教育群体。由于

10

这部分群体购买力强而且具有很强市场影响力,因此是一条极具开发潜力的市场渠道。

(六) 整合性特征(integrated)

互联网上的营销可从商品信息查询至收款、售后服务一气呵成,因此也是一种全程的营销渠道;另外,企业可以借助互联网将不同的传播营销活动进行统一设计规划和协调实施,以统一的传播资讯向消费者传达信息,避免不同传播中的不一致性产生的消极影响。

(七) 经济性特征(economical)

经济性主要表现在:没有店面租金成本;节省库存费用;网上营销实际上是一种直销方式,可以减少商品流通的中间环节,降低营销成本(例如,批发、零售等);结算成本低。

(八) 定制化特征(customized)

定制化有助于实现以消费者为中心的新的营销理念。企业提供的各种有关销售信息可以在服务器中集中存储,但它们仍然能独立运行、存入或输出。在网上推出的各类虚拟商品可以让消费者比较挑选,从而迅速、经济、实惠地达到采购目标。

(九) 个性化特征(personalized)

网络营销个性化是指销售商使网络站点、电子信件以及其他经营活动适合于个体客户的需要,适应不同年龄、地点和不同爱好的个体消费者。网络营销要以消费者个体为中心,这是网络经济的营销思想,也是现代市场的营销思想。这一经营思想要求企业必须实行以消费者个体需求为出发点,以满足消费者个体需求为归宿点进行的企业营销。

二、旅游网络营销的常用工具(general tools)

(一) 旅游企业网站营销(websites)

在所有的旅游网络营销工具中,旅游企业网站是最基本、最重要的一个。没有旅游企业网站,旅游网络营销方法将无用武之地。

1. 旅游企业网站的功能(functions of websites)

(1)通过网站的形式向公众传递企业的品牌形象、企业文化等基本信息。比如,去哪儿网凭借其便捷、先进的智能搜索技术对互联网上的旅行信息进行整合,为用户提供实时、可靠、全面的旅游产品查询和信息比较服务。

(2)发布企业新闻、供求信息、人才招聘等信息。如蜀南竹海旅游度假区官网就有旅游指南、玩转竹海、购票通道、虚拟旅游等栏目,方便网民在线查看。

(3)向供应商、分销商、合作伙伴、直接用户等提供某种信息和服务。途牛网的产品介绍页面有促销价及优惠活动,达到一定人数可立减金额。在产品页面上方均有线路标题,标题下是滚动展示的大幅景区图片和产品相关信息,下方则以日历形式展示出游日期及价格等预订信息。具体的产品介绍包括优惠信息、产品特色、线路介绍、产品升级、费用说明、预订须知、游客点评等。

(4)网上展示、推广、销售产品。如九寨沟官网主页上就有"云游九寨实景景观直播"的视频链接,可以直观地展示九寨沟的神奇。

(5)收集市场信息、注册用户信息。简洁大方的用户注册页面收集客户的基本信息。

(6)其他具有营销目的或营销效果的内容和形式。

2. 旅游企业网站的特点(characteristics of websites)

(1) 旅游企业网站具有自主性和灵活性。热爱旅游且有时间、精力的散客具有自主性、灵活性和多样性的特征。在旅游产品的购买上强调"点菜式"或"量体裁衣式",游客自愿组合,自定路线,"随走随买",而非一次性付清旅行费用或完全被动接受既定的旅游项目。自助游客的核心价值在于进入景区后的二次消费。旅游企业网站通过打造景区票务直销平台和景区整体营销平台,为景区输送更多的游客,引导他们进行二次消费。

(2) 旅游企业网站是主动性与被动性的矛盾统一体。旅游企业通过自己的网站可以主动发布信息,这是旅游企业网站主动性的一面。但是发布在网站上的信息不会自动传递给用户,只能"被动地"等待用户自己来获取信息,这又表现出旅游企业网站具有被动性的一面。同时,具有主动性与被动性也是企业网站与搜索引擎和电子邮件等网络营销工具在信息传递方式上的主要差异。

(3) 旅游企业网站功能需通过其他网络营销手段才能体现。旅游企业网站的信息和功能是基础,网络营销方法的应用是条件。如果建设一个旅游企业网站而不去合理推广,网站这个网络营销工具将不会发挥作用。如果没有用户来浏览和注册使用,网站也就成为摆设,这就是为什么网站推广作为网络营销首要职能的原因。当前很多旅游企业由于缺乏专业人员维护管理,于是呈现给浏览者的网站内容往往数年如一日,甚至用户的咨询邮件也不给予回复,这样的网站很难发挥其作用,也就成了摆设。

(4) 旅游企业网站功能的相对稳定性。网站的结构和功能被设计完成并正式开始运作后,在一定时期内将基本稳定,只有在运行一个阶段后进行功能升级的情况下,才能拥有新的功能。网站功能的相对稳定性无论对网站的运营维护还是对一些常规网络营销方法的应用都很有必要。一个不断变化中的网站是不利于网络营销的。但是功能的相对稳定性也意味着存在某些功能方面的缺陷,在下次升级之前的一段时间内,将影响网络营销效果。因此,在策划过程中应充分考虑到网站功能的这一特点,尽量做到在一定阶段内功能适用并具有一定的前瞻性。

(5) 旅游企业网站是其他网络营销手段和方法的基础。网站是一个综合性的网络营销工具,不仅与其他营销方法有直接的关系,也构成了开展网络营销的基础平台。

3. 旅游企业网站设计(designs of websites)

(1) 设计专业化。

旅游企业网站的设计应专业化,页面布局应符合阅读习惯;设计思路应体现旅游企业网站的市场定位,强化简洁风格和品牌特征。首先,主页设计应静态化,避免弹出式广告和浮动式广告的滋扰。其次,网站地图、联系方式、导航、多语种功能这些是旅游企业网站必不可少的,这样便于网民浏览。最后,应尽量避免在主页前设计动态效果。旅游视频和景区图片最好放在二级菜单以下,以加快一级菜单的下载速度。

(2) 提高网站内容吸引力。

适当添加一些游客十分关心的信息,如天气预报、旅游目的地交通图、道路状况等。添加之后要及时更新,实时反映旅游目的地当前的相关真实信息,这样可以提高网站的信用度。

(3) 适当增加并强化网站功能。

很多网站缺少对论坛参与者的管理和引导,没有发挥出营销功能。在线帮助和在线调查是旅游业网络营销的深度功能，需要后台较强的人力资源做支持。这也是旅游业网络营销与传统营销的重要差异化功能。

（4）提供多层次的网站服务。

网站应按上网用户获取信息的过程和规律，提供富有层次性的信息服务，如旅游线路详细说明、常见问题解答、在线表单、及时信息服务等。用户自助获取旅游信息在前，个性化服务在后。现在旅游市场营销存在忽视售后服务问题，导致游客流失，旅游企业应通过网络营销服务在一定程度上以较低成本弥补这个不足。

（二）搜索引擎营销（internet search engine）

搜索引擎是一个系统，指根据一定的策略、运用特定的计算机程序从互联网上搜集信息，在对信息进行组织和处理后，为用户提供检索服务，将用户检索相关的信息展示给用户。搜索引擎包括全文索引、目录索引、元搜索引擎等。百度和谷歌等是搜索引擎的代表。旅游企业要做好搜索引擎营销，有以下几个要点。

1. 把握推广时机（seizing the opportunity）

旅游行业淡旺季明显，在不同时段采用不同搜索引擎力度，可以实现迅速提升市场，达成订单的目的。比如，在黄金周，就需要关键词的排位放在前面，可以根据市场需求随时添加、减少关键词，并适当配合其他的广告形式，如网络广告、平面广告等。由于百度的竞价排名具有按效果付费、针对性强、不限关键词，以及可以分地域投放等特点，比较适合众多旅游行业整个产业链各类企业的营销需求，百度竞价排名对于这类企业的吸引力越来越大。

2. 了解网民搜索时间习惯（understanding the time habits of cyber citizen）

根据调查，消费者从首次搜索到进行购买需要花费近一个月的时间。平均而言，消费者要进行 15 次以上的相关旅游搜索，访问 30 个左右网站。从首次搜索到最终购买需要 29 天。45％的交易是在首次搜索后 4 个星期或更长时间才进行。消费者的在线花费时间很长，这给了旅行社更多时间在用户搜索信息之时接触他们，并对他们产生影响。旅行者平均访问购买网站的次数是 2.5 次。仅有 10％的交易是客户首次搜索指向某个特定网站后就发生。因此，旅游企业要留住在线客户面临更大的挑战。因为竞争无处不在，致使旅游消费者会货比三家才决定购买。要保持长期持续推广，从而保证网络推广时间充足，防止潜在消费者的流失。

3. 选择大流量搜索引擎（selecting internet search engine with high network traffic）

相关研究数据报告显示，早在 2007 年，搜索引擎就以 48.9％的百分比高居网民获取旅游搜索信息渠道排行榜的首位。百度、Google、雅虎都推出了旅游搜索项目，选择一个大的搜索引擎平台进行营销，如流量最大的中文搜索百度，是带来更多效果的基础。

（三）电子邮件营销（E-mails）

1971 年秋季，工程师雷·汤姆林森（Ray Tomlinson）对已有的传输文件程序以及信息程序进行研究，研制出一套新程序，它可通过计算机网络发送和接收信息，电子邮件由此诞生，也就是现在人们所熟知的 E-mail。什么是邮件营销呢？E-mail 营销是一个广义的概念，既包括企业自行开展建立邮件列表开展的 E-mail 营销活动，也包括通过专业服务商投放电子邮件广告。它是在用户事先许可的前提下，通过电子邮件的方式向目标用户传递有价值信息的一种网络营销手段。研究表明，电子邮件营销活动可以产生许多线上以及线下、可估量以及不可估量的效益。这些效益表现在,首先是人们直接在线预订机票和酒店,而且进一步延伸到多个渠道的品牌忠诚度。

同时垃圾邮件给消费者造成了心理阴影。如何摆脱垃圾邮件的阴影,有效提升邮件营销的效果?这就需要充分依照网络营销 4I 原则中的利益原则(interests)和趣味原则(interesting)来设计有吸引力的营销内容。利益原则为网络营销披上利益的外衣。利益既包括物质层面的实际利益,如上文提到的打折、特惠、优惠券;也包括精神层面的信息利益,如及时出现的个性化内容、打包产品、旅游线路等。统计表明,用户一般最多只能容忍 15 封商业信息邮件,包括信用卡说明及子女学校最新信息。这是一个零和博弈,如何让营销的邮件进入这 15 个名额中?可以应用趣味原则,让邮件的内容变得好玩有趣。人们通常比较乐意收到诸如奇闻逸事、每日笑话或八卦新闻等信息。某知名的网上酒商的电子邮件走的正是这条路线。它不只是干巴巴的当季酒品促销信息,而是更像个风趣的酒类专家,告诉你关于葡萄品种、全球葡萄园、酿造过程等知识,甚至历届总统爱喝什么酒这类趣谈。

(四)新媒体营销(new media)

新媒体营销是指利用新媒体平台进行营销的方式。随着 5G 时代的到来,互联网进入新媒体传播时代,陆续出现了微博、微信、快手、抖音、小红书、头条等新媒体。相对于其他网络营销工具,新媒体营销主要利用数字技术、网络技术、无线网络通信,在电脑和手机等智能终端,以为用户提供信息、娱乐等内容服务的方式传播、引流,获得流量。主要形式有微博营销、微信营销、短视频营销和直播营销。

1. 微博营销(Micro Blog)

微博,即微型博客,是一种通过关注机制分享简短、实时信息的广播式社交网络平台,它是一个基于用户关系的信息分享、内容传播的社交平台。2009 年新浪率先推出微博产品,随后网易、搜狐、腾讯等互联网企业也相继推出微博产品,培养了一批使用微博作为传播、交流、展示工具的用户。在激烈的市场竞争之后,新浪微博逐渐壮大成为微博市场中最大的社交平台。微博营销通过微博为个人、商家等用户提供宣传平台,以粉丝作为潜在的营销对象,通过推送图文、视频等内容传播产品信息、展示企业形象,最终实现产品或服务的购买转化。

2. 微信营销(WeChat)

微信是腾讯公司推出的为智能终端提供即时通信服务的应用程序,它支持跨通信运营商、跨操作系统平台通过网络快速发送文字、语音、图像和视频等内容,常用功能有聊天、朋友圈、微信支付、微信小程序、公众号等。微信营销基于微信用户群体和微信平台,通过微信软件与微信用户搭建社交关系,借助应用程序特有的功能而形成全新的营销方式,比如借助企业微信、公众号订阅、朋友圈营销、视频号营销等,来传播产品信息、传达品牌理念,最终实现促进产品销售的营销目的。

3. 短视频营销(short-form video)

短视频是以短片视频作为传播内容、以短视频网站或 APP 作为传播平台的新型互联网媒体产品。视频内容多以幽默搞怪、时尚潮流、社会热点、技能分享、公益教育、广告创意等为主题。伴随移动终端的普及和网络提速,字节跳动、腾讯等互联网企业迅速布局短视频市场,出现了抖音、快手、小红书等短视频平台。截至 2022 年 12 月,我国短视频用户规模首次

10

突破十亿,随着产业链的成熟,短视频已成为互联网时代最重要的流量端口。借助新型短视频营销,个人、企业或品牌可以通过筛选用户和关键词,将产品信息和营销内容以短视频的形式精准推送给目标客户,还可以利用平台功能与目标用户进行互动交流,视频带来的强大视觉冲击让短视频营销成为目前最受欢迎的营销方式之一。

4. 直播营销(live-streams)

直播营销以视频、音频直播的方式,通过广播、电视、互联网等媒介,向用户播放提前制作或实时演出的节目内容,最终实现产品销售或品牌提升的目的。传统直播营销早期主要依托电视媒体,伴随网络时代的到来,借助互联网工具,直播营销已经演化为依托网络平台进行网上现场直播的形式,将产品发布、产品销售、促销活动、在线教育、网络会议、产品测评等内容实时发布到短视频平台,用户还可以通过留言、点赞、下单等形式实时参与互动。相比其他营销工具营销效果反馈的滞后性,直播营销可以现场反馈营销效果。由于直播是双向实时互动的,主播在呈现直播内容的同时,用户也可以根据需要在线下单,主播根据用户购买需求和反馈还可以及时调整直播的营销内容和营销策略。

(五)病毒式营销(virus marketing)

病毒式营销是一种常用的网络营销方法,常用于进行网站推广、品牌推广等,病毒式营销利用的是用户口碑传播的原理,在互联网上这种"口碑传播"更为方便,可以像病毒一样迅速蔓延,因此病毒式营销成为一种高效的信息传播方式。而且,由于这种传播是用户之间自发进行的,因此几乎是不需要费用的网络营销手段。

病毒式营销的巨大威力就像一颗小小的石子投入了平静的湖面,一瞬间似乎只是激起了小小的波纹,转眼湖面又恢复了宁静,但是稍候一下,你就会看到波纹在不断进行着层层叠叠的延展,短短几分钟,整个湖面都起了震荡。这就是病毒营销的魅力。

一则"吃垮必胜客"的信息曾在网上大肆流传,一个网友分享了在必胜客如何一次性拿取更多沙拉的方法。这一事件通过社交媒体广泛传播并不断发酵,一传十,十传百,无数网友自发前往必胜客亲身体验,甚至运用工程力学知识尝试搭建"蔬菜沙拉塔",一度引发了"吃垮必胜客"的旋风。此次"病毒式"营销带动了长达数月的必胜客消费热潮,不仅没有吃垮必胜客,还让消费者找到更多品尝必胜客美食的乐趣,无形中提升了必胜客品牌的知名度。

(六)BBS营销(BBS)

BBS营销又称论坛营销,就是"利用论坛这种网络交流平台,通过文字、图片、视频等方式传播企业品牌、产品和服务的信息,从而让目标客户更加深刻地了解企业的产品和服务",最终达到宣传企业品牌、产品和服务的效果、加深市场认知度的网络营销活动。

BBS营销就是利用论坛的人气,通过专业的论坛帖子策划、撰写、发放、监测、汇报流程,在论坛空间提供高效传播。包括各种置顶帖、普通帖、连环帖、论战帖、多图帖、视频帖等。再利用论坛强大的聚众能力,利用论坛作为平台举办各类踩楼、灌水、贴图、视频等活动,调动网友与品牌之间的互动,从而达到企业品牌传播和产品销售的目的。2000年携程社区诞生,是中国最早的互联网旅游社区之一。彼时,互联网大潮刚刚进入中国,开始成为大家生活的一部分。广大旅行者急需一个了解旅游信息、分享旅游经历的平台。在携程内部一群旅行爱好者的推动和筹划之下,携程社区应运而生。携程社区一上线就获得广

10

大网友的喜爱和支持,并在之后几年内迅速成长为国内领先的旅游社区。在这里,会聚了数十万乐于分享的旅游达人,积累了海量真实准确的旅游信息,为千万旅行者提供最佳出行参考。

(七) 网络事件营销(network events)

网络事件营销是企业、组织主要以网络为传播平台,通过精心策划、实施可以让公众直接参与并享受乐趣的事件,并通过这样的事件达到吸引或转移公众注意力,改善、增进与公众的关系,塑造企业、组织良好的形象,以谋求企业的更大宣传效果的营销传播活动。网络事件营销,首先可以迅速提升品牌知名度。另外品牌与事件的有机结合,还有助于提升品牌的美誉度。通过捆绑热点事件,开展社会营销,有利于塑造企业的社会公众形象。例如,2022年,河南洛阳的老君山景区连续六年在国庆节期间推出"一元自助午餐"活动,受到游客点赞。午餐提供玉米、土豆、鸡蛋、红薯、糊涂面等多个种类,色泽诱人,量大管饱,物超所值,景区象征性收费1元,提倡珍惜食物,拒绝浪费。在旅游景区普遍物价偏高的现实情况下,老君山景区凭"一元自助午餐"事件出圈,在旅游旺季黄金周赛道中成功突围,获得游客青睐。

事件营销讲究的是方法和创新,网络事件营销和其他的广告相比优势显而易见,一旦成功,带来的效益是不能估量的,但是也需要承担同样的风险。在事件营销里,想要达到共鸣的效果,需要有亮点的话题,产品的特性和媒介活动的结合,要双赢。做事件营销,一定要谨记这条:策划的事件营销一定要围绕公众利益,创新策划思路,构筑传播议题,及时掌控、引导传播方向。

(八) RSS 营销(RSS)

RSS 营销,又称网络电子订阅杂志营销,是指利用 RSS 这一互联网工具传递营销信息的网络营销模式,RSS 营销的特点决定了其比其他邮件列表营销具有更多的优势,是对邮件列表的替代和补充。使用 RSS 的都是以行业业内人士居多,如研发人员、财经人员、企业管理人员。他们会在一些专业性很强的科技型、财经型、管理型等网站,用邮件形式订阅他们的杂志和日志信息,而达到了解行业新的信息需求。

三、旅游企业网络营销策略(strategies of tourism E-marketing)

(一) 网络营销理论(theories on E-marketing)

1. 网络"软营销"理论(soft-marketing by internet)

网络营销是一种"软营销",以消费者为基础,充分发挥网络本身的特点和消费者个性需求的回归,在遵守网络礼仪的同时通过对网络礼仪的巧妙运用获得多种微妙的营销效果。软营销和强势营销的根本区别就在于:软营销的主动方是消费者而强势营销的主动方是企业。个性化消费需求的回归也使消费者在心理上要求自己成为主动方,而网络的互动特性又使他们变成主动方真正成为可能。

2. 网络直复营销理论(direct marketing by internet)

根据美国直复营销协会为直复营销下的定义,直复营销是一种为了在任何地方产生可度量的反应或达成交易而使用一种或多种广告媒体的相互作用的市场营销体系。直复营销的"直"来自英文的"direct",即直接的意思,是指不通过中间分销渠道而直接通过媒体连接企业和

10

消费者;直复营销中的"复"来自英文中的"response",即"回复"的意思,是指企业与顾客之间的交互,顾客对这种营销能够有一个明确的回复,企业可以统计到这种明确回复的数据,由此可以对以往的营销效果进行评价。"回复"是直复营销与直接销售的最大区别。

直复营销中的"直"是指不通过中间分销渠道而直接通过媒体连接企业和消费者。例如,网店是一种典型的方式,用户通过搜索引擎或网络广告直达企业网站选择商品、下单、结算;"复"是指企业和用户之间有良好的即时和良好的交互及沟通,企业对用户的购买意愿信息可以进行统计。网络为直复营销提供了一个非常好的环境,只有在网络中,才能很好地形成这种快速、无须中间环节的信息交互环境。

3. 关系营销理论(relationship marketing by internet)

关系营销(relationship marketing)是把营销活动看成是一个企业与消费者、供应商、分销商、竞争者、政府机构及其他公众发生互动作用的过程,其核心是建立和发展与这些公众的良好关系。关系营销的核心是留住顾客,向顾客提供高度满意的产品和服务,在与顾客保持长期的关系基础上开展营销活动,实现企业的营销目标。实施关系营销并不以损害企业利益为代价,关系营销提倡的是企业与顾客双赢的策略。关系营销是一种与关键对象(顾客、供应商、分销商)建立长期满意关系的活动,以便保持各方之间长期的优先权和业务。

(二) 旅游企业网络营销的市场细分(market segment in E-marketing)

1. 旅游企业网络市场与传统市场的差异(differences between E-market and traditional market)

互联网的飞速发展,逐渐成为一个生机勃勃的旅游企业网络市场。在这个市场中,消费者是全球的网民游客,商家是众多的旅游网站。住宿、票务、实体产品、服务等都作为商品在网上被广泛交易。

相对于传统市场,网络市场是一个信息完全公开的市场,市场的比较功能远远大于传统市场。传统市场中,顾客是通过视觉、触觉、嗅觉等感官系统对商品形成直接印象,通过综合各种因素,如生产厂家的信誉度、商品的质量、商品的价格比等,决定是否购买,是购买这种牌子的产品还是购买那种牌子的产品。在网络市场中,顾客看到的不是实物,而是商家或网站对该商品的描述,如地方特产的简介、实物的照片等。顾客通过判断商家的描述来确定该产品的可买度,通过对产品广泛对照比较选择满意的产品。

相对于传统市场,网络市场是一个全球性的、产品非常丰富的市场。网络市场不仅为企业开创了面向全球的行销橱窗,也为顾客展示了多种产品。进入互联网使企业面对一个全球性的市场,市场的地理区位阻隔变得模糊甚至消失。互联网上的任何企业都是一个真正意义上的跨国企业。在全球范围内,只要有网络存在的区域和地方,企业就可以直接与客户进行各种商务活动,增加了营销机会。这种特点,为中小型企业跻身国际贸易创造了良好的条件,同时也大大增加了营销的难度。

2. 旅游企业网络营销市场细分的必要性(necessity of E-market segmentation)

对市场进行细分,并不是由人们的主观意志决定的,而是商品生产和市场经济不断发展的客观要求和必然产物。在计划经济年代,商品生产水平相对较低,生产的产品数量较为有限。在卖方市场的条件下,企业既不可能也没必要去关心消费者的需求。然而,在市场经济环境中,随着生产力水平的提高,产品数量的丰富、质量的提高和品种的增多,消费者有了挑选的余地,市场出现了竞争,并且日趋激烈。于是企业必须注重市场调研,把握消费者的爱好与需求变化,在市场经济中做到有的放矢,游刃有余,市场细分就应运而生了。

3. 旅游企业网络营销市场细分的作用(functions of E-market segmentation)

与传统营销市场细分的作用相比,网络营销市场细分的作用没有很大的变化,其具体作用如下。

(1) 有利于企业挖掘和开拓新的市场,以形成新的目标市场。旅游企业可以通过市场细分及时分析市场需求的满足程度,迅速寻觅到市场机会,开辟新的市场领域。网民的数量激增,而且层次参差不齐,只有进行市场细分找到自己企业的优势所在,才能挖掘新市场,培育企业新的经济增长点。

(2) 有利于旅游企业提高适应能力与应变能力,能根据市场的变化及时调整经营方向。企业重视市场细分策略,市场信息反馈较快,能及时地掌握用户的需求变化。一旦市场发生变化,企业就能灵活有效地调整商品结构和市场布局,使自己具有高度的适应能力与应变能力。

(3) 有利于旅游企业扬长避短,发挥优势,不断提高竞争能力。尤其是那些实力相对较弱的中小企业,在网上具有与大企业平等的机会,只要自己的网站有特色,所提供的服务和商品有特点,何愁没有品牌优势?何愁没有充裕的资金做广告?只要认真研究市场细分策略,完全有可能在复杂的市场竞争中发掘某些特定的市场,满足这部分用户的特定需要。

(4) 有利于旅游企业在经营中提高经济效益。旅游企业通过市场细分,可以深入地了解每一个细分市场的需求状况和购买潜力以及同行竞争者的情况。这样,企业可以视各个细分市场的外部环境与本企业的经营实力进行反复权衡比较,选择自己最有利的市场,以便集中力量,有效地使用人力、物力、财力等各项资源,从而取得理想的经济效益。

(5) 有利于制定和调整市场营销组合策略。市场细分后,每个市场变得小而具体,细分市场的规模、特点显而易见。消费者的需要清晰了,企业就可以根据不同的商品制定出不同的市场营销组合策略,使营销组合策略适应消费者不断变化的需求;否则,离开了市场细分,所制定的市场营销组合策略必然是无的放矢。

4. 旅游企业网络营销市场细分的依据和条件(bases and conditions of E-market segmentation)

(1) 网络市场细分的基础。研究网络市场细分的目的是找到客户并对由此形成的目标市场加以描述,确定针对目标市场的最佳营销策略。电子商务的分类本身就是若干细分的市场。例如,B2B实际上是产业市场上的交易活动,而B2C是消费者市场上的交易活动。

产业市场可以根据两个基础进行划分。首先是宏观细分,即通过总体特征进行市场细分。例如,按照行业将产业市场划分为工艺品、地方特色食品、信息市场等;或按照地理位置将国内市场划分为东部、中部、西部市场。其次是微观细分,关注不同规模的企业市场或不同原材料市场。

消费者市场细分的基础一般有五类。一是地理细分,以地理位置、市场容量、市场密度和气候特征为基础;二是人口细分,包括年龄、性别、收入水平、种族和家庭生命周期等特征;三是心理细分,包括个性、动机和生活方式;四是利益细分,根据消费者从产品中寻求的利益识别消费者;五是使用率细分,通过购买量或消费量来划分市场。

传统的市场细分的依据和条件比较宽泛,与网络营销有很大的区别。这里,需要特别注

10

意以下三点。

❶ 在电子商务条件下,市场细分有"精深"的特点。细分的依据是顾客的期望,即用户的心理因素,主要根据生活方式、个人性格、需求动机、购买行为、需要数量等因素。这些因素相互联系或交叉发生作用,企业应综合研究,从而选择与确定对企业最有利的市场。

❷ 网络营销市场细分的依据是对网上顾客对象的分析。生产者一定不能忽视网上年轻群体的心理特点、行为特点和需求特点,因为他们占网民的一半以上。他们的行为特点是追求特色,商品只有具备符合其需求的特色才能吸引年轻群体购买。

❸ 网络消费者的需求和购买特点随年龄的增长而发生变化,因而可以把他们按年龄划分为这样一些年龄组:18～25 岁,26～35 岁,36～45 岁,等等。这些年龄组的网络消费者都有自己的特征。根据这些特征,网络营销经理就可以开发出一个个特定的目标市场。例如,某豆腐干生产企业的产品中,有青年食用的豆腐干,而且还生产专门针对儿童的专用豆腐干。

(2) 网络营销市场细分的条件。首先,要明确什么时候进行市场细分。一般认为,如果面临以下问题,则需要进行市场细分:❶ 产品定位已经非常明晰,但不了解采用何种促销组合能最大限度地吸引目标顾客。❷ 不同的消费者对产品有不同的偏好,企业希望知道哪些偏好是企业能够满足的。❸ 销售额仿佛没有变化,但企业已经感觉到顾客群的构成正在发生变化,并希望获得变化的详情。❹ 企业准备打入竞争者牢固占领的市场,希望先获得一小块根据地。❺ 企业自己的产品在市场上占据主导地位,但有竞争者开始蚕食这一领地。❻ 尽管企业有好的产品,但市场数据显示营销计划遭受重大挫折。❼ 作为新的市场决策者,需要重新审定公司的营销计划。

其次,应具有明确的市场细分标准。以生活消费品为例,一般可选择地理、人文、心理和消费行为四个因素作为细分标准。具体细分时可运用发散思维,得出一系列细分市场。如景区市场可分为国内市场、国际市场,其中国内市场还可进一步细分为华中市场、西南市场、东北市场等;也可根据消费行为细分为自驾游市场、散客市场、团队市场等。

最后,应注意把握好市场细分中的三个原则。

❶ 可衡量性原则。对细分市场上消费者对商品或服务需求的差异性要能明确加以反映和说明,能清楚界定;细分后的市场范围、容量、潜力等也要能定量加以说明。

❷ 可占据性原则。应使各个细分市场的规模、发展潜力、购买力等都足够大,以保证企业进入这个市场后有一定的销售额。

❸ 相对稳定性原则。占领后的目标市场要能保证企业在相当长的一个时期经营稳定,避免目标市场变动过快给企业带来风险和损失,保证企业取得长期稳定的利润。

5. 旅游企业网络市场细分研究步骤(steps of E-market segmentation)

(1) 了解基本情况。消费者对产品或服务介入的程度有多深? 消费者对这种产品、服务或该行业了解多少? 他们愿意而且能够讨论到何种程度? 这是一种新产品还是现有产品? 市场细分研究的目的是什么? 是增加现有顾客对产品的忠诚度还是吸引新的顾客,或是将客户从竞争对手那边吸引过来? 市场细分研究是为短期规划服务还是为长期战略服务? 公司管理者和销售者对现有市场结构的看法如何? 要进行市场细分,就必须先回答这些问题。

(2) 确定基础变量。这是市场细分过程中最重要的一步。对中国消费者进行细分时,一些不同于欧美消费者的变量尤其值得关注,如顾客的行为习惯、长期以来形成的固定消费模式等。这些变量对研究中国消费者的行为和预期未来发展有很大影响。同时,对于不同产品进行市场细分时,必须根据其特点,以"消费市场细分指标"为基础并结合以往市场研究经验,重新构造细分变量指标。通常情况下,选择大约 20 个基础变量和行为变量进行分析研究。

(3) 收集数据。市场细分研究对样本量有较高要求,多城市研究的成功样本应在 1 000 以上。这对于网络营销者来说已经不是什么难事了。营销数据库可以帮我们解决很多问题。网上调查已经有很多成功的经验可以借鉴。数据收集、信息收集已经不那么高深莫测了。

(4) 分析数据。收集到的数据可以利用数学工具进行分析。常用的数学分析方法有回归分析、判别分析、聚类分析、时间序列分析等。

回归分析是针对相互关联的两个变量间数量变化的关系,用一个数学表达式进行估计或预测的统计方法。

判别分析是判别样本所属类型的一种多元统计方法,在生产、科研与日常生活中都经常用到。在市场调查研究中,市场调研人员可以根据调查数据判断产品是畅销、一般,还是滞销。

时间序列分析是根据系统观测得到的时间序列数据,通过曲线拟合和参数估计来建立数学模型的理论和方法。它一般采用曲线拟合和参数估计方法(如非线性最小二乘法)进行。时间序列分析常用在市场细分研究方面。

需要指出的是,无论是回归分析还是聚类分析,都会因分析因子的不同而产生多种结果。这也正是市场细分研究的挑战性和吸引力所在,它不会产生是或否的答案,而只是给研究者提供了不同的视角。

(5) 分析其他数据,构建细分市场。一旦确定了能够代表真实市场的细分方案,下一步就要获得关于细分的额外信息,对其进行进一步调查,比较和对照细分变量。例如:一个基于需求划分的细分市场,这些细分市场的人口特征是什么样的? 他们是如何看待调查问卷上所列出的其他属性的?

通常这一步可以帮助确定细分市场,但有时也会发现结果恰恰相反,这时需要回到分析数据的步骤,重新确定细分方案。

(6) 简要描述细分市场结构。对每个细分市场进行简单明了的归纳是必要的,一般包括以下内容:细分市场的名称,使细分市场产生差异化的重要因素,对细分市场中群体的简要描述。以细分市场为目标,利用网络营销 4Ps(产品、价格、渠道和促销)获取相关的信息。

6. 明确准备进入的细分市场(ascertaining potential market)

明确准备进入的细分市场时,数据背后的经验是不可缺少的。评估不同细分市场的吸引力需要考虑如下原则:

❶ 足够大。细分市场必须足够大以保证有利可图。❷ 可识别。细分市场必须是可以运用人口统计因素进行识别的。❸ 可达到。细分市场必须是网络可以接触到的。❹ 差异性。不同的细分市场应该对营销组合有不同的反应。❺ 稳定性。就其大小而言,各细分市场应该是相对稳定的。❻ 增长性。好的细分市场应该具有增长的潜力。

7. 警惕旅游网络市场细分的误区(beware of mistakes)

"客户至上"的理念在中国旅游企业界似乎已经被普遍接受。谁是客户? 这是一个看似

10

简单但大部分企业却并没有解决好的问题。

传统营销中,对生产投资类产品(如机器)的企业来说,这是一个很容易回答的问题。因为整个市场上可能只有几十家,最高也不过几百家用户。通常,厂家和这些客户有直接的联系。谁是客户,谁是潜在的目标客户,几乎一目了然。所有的市场营销手段,可以因此有极强的针对性。而对于网络营销来说,要回答这个简单的问题却困难得多。网络营销面对的是成千上万个遍及全球的客户,且网上销售的产品大都是消费类或服务类产品,要处理好市场细分的问题并非易事。

(三) 旅游企业网络营销的策略组合(combined strategies of tourism E-marketing)

旅游业的发展必须以游客为中心,为游客提供适时、适地、适情的服务,最大限度地满足旅游者的需求。互联网作为跨时空传输的"超导体"媒介,旅游企业可以了解游客的需求并为游客提供及时的服务。同时,旅游企业实施网络营销,还可以给企业带来或直接或潜在的效益,如提供更满意的游客服务来强化和游客的关系;提高企业的知名度,企业的网站本身就是一个品牌财富。我国旅游信息网站的建设刚刚起步,随着互联网广泛的信息技术和市场营销相互结合、相互作用,形成我国旅游业网络营销的产品、价格、促销和渠道组合。

1. 产品策略(products strategy)

由于互联网具有很好的互动性和引导性,游客通过互联网在旅游企业的引导下对旅游产品或服务进行选择或提出具体要求,旅游企业可以根据游客的选择和要求提供及时服务。因此,旅游产品和服务必须以游客为中心,这要求旅游企业必须强化旅游产品的信息,为游客提供全面、详细、准确、及时的旅游信息。由于旅游行为日趋多样化,客观上要求供应商提供全方位的、详细的旅游信息,包括食宿、风景名胜区、公园、博物馆、艺术画廊、旅游节目以及公共交通、天气情况等。同时,旅游产品信息还应准确、及时,以帮助游客确定相应的旅游计划或者完成预定的旅游活动。通过网络的良好服务功能,才能赢得游客的满意,进而建立游客忠诚,将旅游企业的知名度转化为满意度。当前很多景区利用虚拟现实技术(VR)在互联网上打造虚拟景区,将旅游资源和产品信息以立体的影音形式直接展现在旅游者面前,不仅丰富了旅游景区的营销手段和游览方式,更激发了旅游者的购买兴趣。旅游景区跟一般产品相比的最大区别就是不可移动性,虚拟景区结合互动创意让固化的景区活起来,让一个个景点变成一道道流动的风景,让游客获得置身景区现场一样的体验,是景区宣传展示的最佳手法。

2. 价格策略(price strategy)

价格对旅游企业、游客乃至中间商来说都是最为敏感的问题,而网络上信息自由的特点使这三方面对旅游产品的价格信息都有比较充分的了解。网络上的价格有两个特点:首先是价格弹性化。由于网络营销的互动性,游客可以和旅游企业就产品价格进行协商。另外,企业也可以根据每个游客对旅游产品和服务提出不同的要求,来制定相应的价格。其次是价格趋低化。由于网络营销使旅游企业和游客直接打交道,而不需要传统的中间商,使企业产品开发和促销成本降低,企业可以降低产品的价格。又由于互联网的开放性和互动性,旅游市场是透明的,旅游者可以就产品和价格进行充分的比较、选择。因此,要求旅游企业以尽可能低的价格向游客提供产品和服务。在以市场为导向的营销中,旅游企业必须以游客能接受的成本定价。

10

实行弹性价格策略,吸引旅游者购买网络旅游产品。旅游消费者在旅游网络中同时看到大量同类旅游产品的价格,也能认识到旅游产品价格的合理性所在。旅游企业应当提供各种旅游产品的价格表,并分淡旺季节和供需变化公布价格调整表;旅游企业也可以通过在网上建立会员制,依据会员过去的交易记录、购买习惯等因素,给予会员一定折扣,鼓励会员上网交易。另外,旅游企业还应积极开发网上议价系统,使不同客户能直接在网上实时在线与旅游企业代表进行价格协商。在旅游者自由组合自己需要的旅游产品时,根据旅游者的信用、购买的数量、购买的时间和线路情况,得到双方满意的价格。

3. 渠道策略(distribution strategy)

网络营销是一对一的分销渠道,是跨时空进行销售的,游客可以随时随地利用互联网购买旅游产品,因此产品的分销以方便游客为主。网络营销中一个最重要的渠道就是会员网络。会员网络是在旅游企业建立虚拟组织的基础上形成的网络团体。通过会员制,促进游客相互间的联系和交流,培养游客对旅游企业的忠诚,并把游客融入旅游企业的整个营销过程中,使会员网络的每一个成员都能互惠互利,共同发展。

4. 促销策略(promotion strategy)

传统的促销是以旅游企业为主体,通过一定的媒体或工具与游客进行联系,而网络促销的出发点是利用网络的特征实现与游客的沟通,使游客可以参与到企业的营销活动中来。这种沟通方式不是传统促销中"推"的形式而是"拉"的形式;不是传销的"强势"营销而是"软"营销。它的主动方是游客,游客的需求趋于个性化,他们会在个性化需求的驱动下自己到网上寻找相关的旅游信息。旅游企业通过网站受访情况的分析,更了解游客的需求,实行有针对性的主动营销,这样更易引起游客的认同。如旅游目的地进行网络广告促销主要有两种形式:一是播放旅游目的地形象广告,主要是通过多媒体技术展示旅游目的地形象。二是发布各种规范的旅游企业与旅游产品信息,通过形、影、声、色等立体形象构成的旅游产品橱窗展现在上网旅游者面前。利用虚拟网游促销。吸引旅游者参加虚拟网上旅游,让旅游者通过网游感受旅游目的地和旅游产品的魅力。适时开展网络公关,组织网上旅游爱好者沙龙和旅游俱乐部,不断举行丰富多彩的网上联谊活动,吸引旅游者参与,培养旅游爱好,激发旅游者的消费欲望。此外,还可以策划网上节庆或评选活动,开展事件营销。开展网络销售促进(SP)的主要方式是为旅游者提供免费下载的旅游目的地或旅游企业的电子优惠券,以及开展网上线路抽奖和竞赛活动。开展网络联合促销。地缘相近、文化相通、客源相近的旅游目的地可以联合开展网络促销活动,共同在网上举办旅游推介会,推广区域旅游线路。

【讨论一下】

请以你所了解的旅游企业为例,每组选择一类旅游企业,讨论它们的网络营销活动情况。

要点:

✓ 阐述旅游企业网络营销的概念和内涵。

✓ 分别列举旅游企业网络营销的特点。

✓ 分别举例说明旅游网络营销的常用工具的应用。

✓ 根据网络营销相关策略为所熟悉的旅游企业做一个网络营销方案。

10

【实训任务】　设计某旅游企业的网络推广方案

请与你的团队成员紧密合作，在老师的指导下，应用所学到的知识，利用网络调研、资料收集或者实地访谈等形式，对某旅游企业的网络市场进行细分，制定网络营销策略，利用网络营销工具对该企业进行网络推广。

【操作步骤】

◇ 第一步：了解目标客户群体的互联网特征
➤ 目标客户群体的偏好与企业自身的特点、行业现状与趋势。
➤ 研究分析目标客户群体的上网习惯。

◇ 第二步：结合客户群体的互联网特征选择网络营销工具
➤ 对各种网络营销工具进行分析比较。
➤ 选择适合企业自身的网络营销工具。

◇ 第三步：结合公司网络营销策略和时机，制订网络营销方案
➤ 分析企业的网络营销策略和时机。
➤ 根据相关策略制订网络营销方案。

◇ 第四步：实施执行
➤ 确定负责部门、人员、职能及营销预算。
➤ 综合各部门意见，构建网站交互平台。
➤ 制订网站推广方案并实施。
➤ 网络营销效果评估及改进。
➤ 全面网络营销实施。

◇ 第五步：网络营销的方案总结，效果分析，总结归纳提升
➤ 有效地评测出哪个推广平台更适合企业的发展。
➤ 通过网络营销效果评估评出哪个营销活动更有效。
➤ 对所有数据进行统计分析得出月度、季度、年度投资收益率。
➤ 通过网络营销效果评估评测出哪些产品销量好，哪些产品销量不好。

项目十案例

10

【自我评估】

1. 什么是旅游网络营销？其具有哪些特点？
2. 什么是搜索引擎？有哪些主要的方式？
3. 什么是新媒体营销？主要有哪些方式？
4. 旅游企业网络营销有哪些策略？

【知识拓展】　旅游业网络营销十大趋势

中国幅员辽阔，旅游资源丰富多彩，对于旅游行业来说，如何利用好这些旅游资源，吸引更多的客户，网络营销可以说是当之无愧的首选，不仅因为互联网网民人数高达 5 亿

多,基本覆盖中国城市人群,还因为互联网具备多种丰富的表现形式,能够充分地展现旅游景区。

趋势一　以消费者为本,引爆旅游行业营销导火索

网络营销区别于传统营销的根本是网络的互动和跨时空特性,以及消费者需求的个性回归。其核心是将原本以产品为中心的营销策略,改变为以消费者为中心,从传播学的角度讲,互联网络只能算是一种新兴的媒介。虽然这种媒介覆盖了传统媒介(包括报纸、杂志、电话、传真、电视、广播等)的大部分特点,然而网络的影响力却不止这些。某网络营销专家表示,接触过网络的人都明白,它所触及的不是技术也不是媒介,而是一种以信息为标志的生活方式。而消费者生活方式的变化必然导致市场营销手段的变化。对于旅游业来说,互联网的出现无疑是一大利好。网络为旅游者提供了丰富方便的资讯,更为旅游业提供了丰富多样的展示方法与渠道。

趋势二　个性化服务成为网络营销亮点

美国航空公司目前采用一对一销售软件,加强其为经常坐飞机的人提供服务。通过编制出发机场、航线、座舱和餐饮喜好以及他们自己和家人爱好的简介表,让这些人员可以提高订票过程的效率。借助这些简介表和快速联系乘机人员的某种方式,在学校放假的几周时间里,美国航空公司为孩子的父母提供坐飞机到迪士尼乐园的打折优惠机票,这是一种全新的销售方法。网络营销具有以个性化迅速赢得数以百万计的用户的能力,这种能力正在创造出以前不能以快捷方式销售产品的巨大商机。

趋势三　服务体验,携程教你怎么"玩"

携程在南京禄口机场开了一家"携程度假体验中心",店面装修风格明快,店里摆放着几台笔记本电脑,穿戴整齐的工作人员来回走动请客人使用电脑,教他们如何上携程网预订酒店、机票或是度假产品,销售柜台则成了"陪衬"。这个度假体验中心和普通意义上的销售柜台不同。销售柜台面积小,主要是给销售人员做个基地;度假体验中心面积大,气派,设备好,功能更多,客人可以使用这里的笔记本电脑直接下单预订酒店床位、机票和名目繁多的度假产品。

虽然度假体验中心给携程销售带来很大帮助,但"携程度假体验中心"的工作人员却不是携程的销售人员,没有销售指标,销售部依然有专门的人员在机场内发放会员卡,并会把客人带到这里进行亲身体验。正是因为没有销售压力,"携程度假体验中心"的工作人员不会像一般的销售人员那样喋喋不休地"推销",在用户体验方面可以取得更好的效果。体验式营销一定要明确我们的目标,不是卖东西,而是让消费者感受我们的产品和服务,爱上它们。显然销售型的服务会让顾客反感,而帮助、顾问式的服务则会让顾客赏心悦目。

趋势四　小米＋步枪,线上线下整合营销

从发展趋势来看,网络营销的实施是必然的,但不可否认的是目前我国网络营销仍处于较低阶段,由于人才、认识等各个方面的问题,网络营销发展起来尚需一个较长的过程,传统营销渠道以及策略仍然会在一个时期内占主导地位。对于传统行业进入网络,一步跨越显然是不现实的,正确的做法是把网络营销和传统营销紧密结合,两条腿走路,才能更好、更快、更有效率地满足顾客需要,更好地发展旅游市场营销,从而促进旅游市场的繁荣兴旺。

趋势五　绿色营销促进旅游业可持续发展

随着全球环境保护意识的增强,世界各国都在实施可持续发展战略,强调经济发展应与

生态发展相结合。旅游业"它是个资源型产业,有赖于自然的馈赠和社会遗产"。但在现实发展中,旅游业是"无烟产业"已受到质疑,"旅游者带走的只有照片,留下的只有脚印",随着旅游业的推进,世界有太多精美如画但很敏感的环境受到破坏,而且问题变得越来越复杂。这些有损环境资源的现象,直接影响到旅游业本身的发展。因此,旅游业必须要走可持续发展道路,必须加强绿色营销。旅游业在确立绿色营销观念和目标的基础上,在旅游产品的设计、价格、包装、分销、促销和销售服务等各个环节上要始终贯彻绿色原则,并科学地予以组合运用。加强开展绿色旅游营销,是使旅游业真正成为与环境友好和谐的产业,是符合旅游者回归大自然、爱护旅游生态环境的潮流,是走旅游业可持续发展道路,是一条极富生命力的营销策略。

趋势六 深度挖掘旅游文化内涵,开展旅游品牌营销

现代企业越来越重视品牌的建设,以品牌为核心进行营销也成为现代企业竞争的核心。我国旅游业品牌建设的精髓应在于悠久的历史和厚重的文化。但目前我国旅游业的品牌营销对旅游产品的文化内涵挖掘还远远不够,致使旅游产品的生命周期不能有效延长。因此,必须首先深度挖掘旅游文化内涵,才能使旅游产品立于不败之地。比如,河南开封的清明上河园主题公园,是宋代著名画家张择端《清明上河图》的再现。这个主题公园正是因为很好地挖掘了历史文化的内涵,在全国主题公园旅游处于低谷的情况下,它却能实现年均净利润1亿元,旅游综合收入4.8亿元。

同时,要注意"深度"挖掘是一个循序渐进的过程,又是一个需要不断融入创新因素的过程,不是一成不变地在原有基础的延续。其次在深度挖掘旅游文化内涵的基础上开发设计的旅游产品要走品牌化道路,要塑造和传播品牌形象,这是品牌营销的主要任务。旅游品牌营销应依据旅游本身文化特色,策划具有自身特色的品牌形象,赋予旅游产品品牌强大的生命力,然后根据成功地塑造品牌目标形象的要求、目标市场状况以及自身的综合条件等各种因素,科学、合理地选择和组合传播的方式。所选择和组合的传播方式要能够全面、准确、直观地表现出品牌的目标形象特点来,同时也要充分考虑到企业自身经济条件,要注意对投入与产出效益的研究,尽量花最少的钱而取得最大的效果。另外,旅游公共部门(政府及各旅游行政部门)也要发挥一定的作用,在营销方面主要集中于对地区、省和全国的整体性促销上,从而带动旅游业有序健康的发展。

趋势七 优势合作才能克敌制胜

在新经济时代,企业规模已经不是克敌制胜的唯一法宝。中小规模旅游服务机构应充分利用电子商务手段,实现跨区域合作,建立统一的旅游资源研发中心和统一的网络营销平台,互通有无,协力合作,形成强大的"虚拟旅行社"联盟,利用地域优势与大型旅游服务机构同台竞争。电子商务是"抗强扶弱"的有效手段,自20世纪末以来,在全球范围内已经上演了无数次"小鱼吃大鱼"的成功实践。对于旅游服务这种资源分散,个性化要求高的行业,谁的资源整合能力强,对市场反应快,谁就掌握了竞争优势。

趋势八 旅游联盟,资源与市场之间横向整合

这种模式以某种关联关系为纽带形成。比如,一些发展成熟的旅游目的地,依托于目的地营销系统平台,整合本地区的各种星级酒店和旅馆资源;以同星级酒店跨区域网络营销联盟,满足该星级顾客特别是固定会员群体的需求;以经典旅游线路为核心整合线路中不同酒店资源,成立网络营销联盟平台;以其他的某种关联属性为基础,成立旅游业网络联盟及其

网上营销中心。在原有资源和能力基础上的深度推广和系统提升,资源积累到一定程度必将对上下游产业链形成深刻变革。旅游网络联盟营销将成为旅游市场营销的重点,像无锡旅游网络营销联盟、张家界旅游网络服务联盟、中国旅游网络媒体联盟、黄石旅游联盟、海南水上旅游联盟等,都是有机整合多方资源的不错示范。

趋势九　旅游网络营销口碑虚拟化

在网络世界里,口碑是通过素不相识的陌生人进行传播的。它无影无形,来去无踪,具有明显的虚拟化特征,因此很容易被我们所忽视。由于网络的无限延展性,信息传播可以瞬间到达社会生活的各个层面和角落。对于有意涉足旅游电子商务的旅行社来说,如何通过不断努力,在网络世界中形成良好的"虚拟口碑"非常重要。目前不少旅行社对于如何在网上宣传自己,似乎还比较懵懂,企业的品牌传播方式也有欠妥当。比如,有些旅游经理人求成心切,往往不分场合和对象,急于表现自己;也有些朋友不顾别人的感受,在各种论坛、BBS和群组里面大量发布自己旅行社的广告信息;还有极少数人在网上交流过程中,表现轻浮,盲目自大。如此种种,不但不会取得良好的宣传效果,还会引起别人的反感。

趋势十　移动互联网,旅游电子商务是大势所趋

《中国互联网络发展状况统计报告》显示,截至 2022 年 12 月,我国网民规模为 10.67 亿人,移动网络的终端连接总数已达 35.28 亿户,我国短视频的用户规模增长最为明显,突破 10 亿人,用户使用率高达 94.8%;即时通信用户规模达 10.38 亿人;短视频用户规模达 10.12 亿人;网络支付用户规模达 9.11 亿人,网络直播用户规模达 7.51 亿人。我国在线旅行预订用户规模达 4.23 亿人,占网民整体的 39.6%。

根据《2022 年中国在线旅游行业洞察报告》,在线旅游作为技术赋能下的新业态,有望引领新一轮消费升级,预计至 2026 年中国在线旅游行业市场规模将突破 2 万亿元。

2021 年,《"十四五"旅游业发展规划》提出加快大数据、云计算等技术与在线旅游的深度融合,将为用户带来更为新奇、更具真实感的旅游体验。大数据、人工智能、5G、VR/AR 等技术应用渐趋成熟,引导在线旅游行业的产品及服务升级。随着线上渠道在消费中渗透率逐渐提升,在线旅游市场也迎来扩容新机遇。

10

项目十一　旅游市场营销活动管理

【素养目标】

1. 引导学生形成善于沟通协调的团队合作精神。
2. 启发学生在活动组织中注重统筹发展和安全的系统观。

【岗位能力】

1. 能够对旅游企业的市场营销活动进行初步的管理,具备一定的管理意识。
2. 能够在旅游市场营销活动的管理过程中充分考虑旅游业与市场营销活动的特点。
3. 能够对旅游市场营销活动进行计划、组织及执行,具备一定的管理意识和水平。

【知识目标】

1. 理解旅游企业市场营销计划的含义和编制程序。
2. 熟悉旅游营销活动的组织程序和关键节点。
3. 理解旅游营销活动的控制环节。

案例引入

◇ **案例一：云南省元阳县阿者科村发展生态旅游**

　　阿者科村位于云南省红河州元阳县哈尼梯田世界文化景观核心区,因其独特的梯田景观、保存完好的哈尼族传统民居和悠久的哈尼传统文化底蕴,成为哈尼梯田世界文化遗产区五个申遗重点村落之一,也是第三批国家级传统村落。阿者科村做到了以下三个坚持。

　　一是坚持人与自然和谐共生,筑牢自然生态和人文根基。千百年来,哈尼族根据生产生活实践,探索出了独特的土地利用方式,在哈尼梯田世界文化遗产区内形成了森林、村寨、梯田、水系"四素同构"的自然生态循环系统。

　　二是坚持自然保护和文化传承,发展生态旅游产业,促进"两山"转化。2018年1月,中山大学旅游学院教授团队应元阳县政府邀请,为阿者科村专门编制了"阿者科计划",实施"内源式村集体企业主导"的旅游开发模式,通过与当地政府合作、外部技术援助,鼓励村民居住在村里,保持原有生产生活方式和村内核心人文景观,把村民作为"自然生态—社会—文化"系统的重要组成部分,防止社会资本入村无序开发和大拆大建;整体保护村寨并统一向游客收取费用,收入归全体村民所有,让村民成为自然生态的拥有者、保护者和受益者。

三是坚持维护村民利益,创新利益联结机制,增进民生福祉。"阿者科计划"创新构建了以保护自然生态、传承哈尼文化、维护村民利益为导向的分配机制,旅游发展所得收入30%归村集体旅游公司所有,用于日常运营和后续开发建设,70%归村民分配。在村民分配的利润中,再按四个部分执行:传统民居保护分红40%,鼓励村民保护蘑菇房等传统民居;梯田保护分红30%,鼓励村民持续耕种、保护梯田景观;居住分红20%,鼓励村民继续居住在村内,保留阿者科村原住民核心人文环境;户籍分红10%,鼓励村民保留村籍,共同参与村集体事务。

注:本案例引自澎湃网,经编者整理编写。

◇ **案例二:刺激团队——与诸旅行社建立"长远邦交"**

拥有大量旅行团业务的旅行社与众饭店的关系一直非常微妙,确切地说,有点像恋爱中的男女,爱恨交加,形同"冤家"。

天旺大酒店在当地只能算是一家中上档次的酒店,酒店一开始就决定走自己独特的营销路子,即盯准旅游团体,与各旅行社建立"长远邦交",而不是过去那种"朝三暮四"的传统做法。

为实现这样的思路,酒店采取了很多措施。

1. "奖励积分制度"

旅行社每在酒店预订一个会议或一间客房,都将获得相应的奖励积分,积分达到一定的标准后,酒店就会按事先的承诺予以正常折扣以外的返利或是其他形式的奖励。

2. "优先安排制度"

为了获得旅行社的长期合作,酒店部分地牺牲了在商务散客市场上的利益。每当酒店业和旅游业的旺季同时来时,其他酒店纷纷拒绝接待利润偏低的团体,而天旺酒店却放弃了唾手可得的利润,成为众旅行社最后的"靠山",而且淡季的价格、返利等优惠政策照样有效。这种"肝胆相照"的义举无形中交下了许多旅游界的朋友。

3. "非正式走访制度"

每年从年初到年尾,酒店销售人员都始终坚持不懈地带些像松饼、饼干之类的小礼物走访各旅行社的计划部门。这些非正式的频繁访问使得销售人员与旅行社之间建立了一种真正亲密无间的朋友式关系,增加了彼此之间的信任度。

成为专业的旅游接待酒店,天旺的利润率虽然有些下降,但业务总量却直线上升,尤其是到了全行业的淡季来临时,天旺门前的热闹场景又令所有酒店羡慕不已。

◇ **案例启示**

➤ 案例一讲述了云南省元阳县阿者科村发展生态旅游的有效管理、规范化的操作,说明了绿水青山就是金山银山的"两山理论"对于乡村振兴的重要意义,同时,也证明发展旅游业是促进民族地区生态产品价值实现和铸牢中华民族共同体意识的现实路径。

➤案例二通过酒店的各项市场营销管理制度对市场营销活动进行规范化管理,体现了市场营销活动中制度管理的重要性。

➤两个案例都充分说明市场营销活动管理的重要性。在一定程度上,市场营销的科学、有效管理将使得市场营销活动更加有效率,更加规范化。

 【知识准备】

一、旅游市场营销计划(tourism marketing plan)

旅游市场营销计划工作是旅游目的地和旅游企业通过对目前市场发展态势以及自身地位和实力的分析,确定今后发展目标,以及实现营销战略和行动方案的工作过程。

(一)含义(connotation)

旅游营销计划(tourism marketing plan)是指旅游目的地或企业为实现近期目标,根据营销战略的统一部署,对内、外部各种营销资源的使用状况进行的具体设计和安排。营销计划所处的层次是指导整个计划周期内各项营销活动的战略层次。企业和组织在选择目标市场以后,营销策略就是对企业进入各个细分市场后将要采取的营销活动,营销计划是一个书面文件。

旅游营销计划内容涉及两个基本问题:一是旅游企业营销的最终目标是什么;二是通过什么方式和手段来实现营销目标。

(二)作用(functions)

一是能最大限度地避免和减少旅游市场风险;二是使旅游营销活动变得更经济更合理;三是促使旅游企业营销目标的最终实现;四是旅游营销计划是对未来旅游市场营销活动的规划和行动策略。

(三)分类(classification)

旅游营销计划是一个内涵丰富的管理工具体系。根据不同的标准,营销计划可有下列分类。

1. 按战略和战术关系分为旅游战略营销计划和战术营销计划(plans of strategies and tactics)

(1)旅游战略营销计划是在分析当前最佳市场机会的基础上提出目标市场和价值建议。

(2)旅游战术营销计划则描绘了一个特定时期内的营销战术。

2. 按计划的时间周期分为短期、中期和长期营销计划(plans of short-term, medium-term and long-term)

短期、中期和长期在旅游市场营销活动中并没有统一规定,是相对于旅游企业的营销目标而言的。

3. 按计划涉及范围主要包括旅游产品营销、旅游服务营销和旅游客户营销(plans of tourism product marketing, tourism service marketing and tourism customer marketing)

(1)旅游产品营销指无形性旅游服务等产品的销售。

(2)旅游服务营销是企业在充分认识满足消费者需求的前提下,为充分满足消费者需要在营销过程中所采取的一系列活动。服务作为一种营销组合要素，真正引起人们重视的是 20 世纪 80 年代后期。这个时期，由于科学技术的进步和社会生产力的显著提高，产业升级和生产的专业化发展日益加速。一方面使产品的服务含量，即产品的服务密集度日益增大；另一方面，随着劳动生产率的提高，市场转向买方市场，消费者随着收入水平提高，他们的消费需求也逐渐发生变化，需求层次也相应提高，并向多样化方向拓展。

（3）旅游客户营销是以客户为中心的营销方式，它是一个全新的体系。客户营销是企业利用存量客户信息，为增加存量客户的销售支出和提升客户价值而进行的一种主动营销方式。

【讨论一下】

区别：客户营销与广告营销

✓ 广告营销的特点：广告传播的主要媒介有电视、报纸、户外广告等。广告费用直线上升，但其效果却在下降，人们对广告普遍产生了逆反心理。地产广告投入过大不利于吸收客户，因为广告费用最终是由客户付出的。如果将广告费用降低，将环境搞好，为客户提供更多优惠的服务，使客户得到的利益远远大于广告，就有利于吸引并留住客户。这就需要将以广告营销为主改为以客户营销为主。

✓ 客户营销的特点：传播的主要渠道是大家的口碑。按现代传播理论，每个人大约可以影响 250 人，按照客户营销的理念也可以采用电视、报纸、网络广告等作为客户营销传播的媒介。采用客户营销可以降低 50％～80％广告费用，开发一个新客户的成本是留住一个老客户所花成本的 5 倍。

✓ 客户营销的重点是培养忠诚客户，忠诚客户经常重复性购买系列产品，对其他品牌具有免疫力。对于商业地产客户，他可能会购买多套商铺，即使只是购买一套，他也相信您，愿意向您购买其他商业服务。忠诚客户是企业最有价值的财富，他不是您的上帝，而是您的朋友。

4. 按计划的具体功能包括旅游分销、广告、促销、价格、新产品开发计划等（plans of tourism distribution, advertising, promotion, pricing and new product developing）

（1）旅游分销计划。它是整个旅游营销系统的重要组成部分，它对降低旅游企业成本和提高旅游企业竞争力具有重要意义，是规划中的重中之重。随着市场发展进入新阶段，企业的营销渠道不断发生新的变革，旧的渠道模式已不能适应形势的变化，包括渠道的拓展方向、分销网络建设和管理、区域市场的管理、营销渠道自控力和辐射力的要求。

（2）旅游广告计划。它是实现、实施广告战略的各种具体手段与方法，是战略的细分与措施。常见的广告策略有四大类：产品策略、市场策略、媒介策略和广告实施策略。

（3）旅游促销计划。它是旅游市场营销组合的基本策略之一。促销计划是指企业如何通过人员推销、广告、公共关系和营业推广等各种促销方式，向消费者或用户传递产品信息，引起他们的注意和兴趣，激发他们的购买欲望和购买行为，以达到扩大销售的目的。

（4）旅游价格计划。它是指企业通过对顾客需求的估量和成本分析，选择一种能吸引顾客、实现市场营销组合的策略。物流企业的成本比较复杂，包括运输、包装、仓储等方面。所以价格策略的确定一定要以科学规律的研究为依据，以实践经验判断为手段，在维护生产

11

者和消费者双方经济利益的前提下,以消费者可以接受的水平为基准,根据市场变化情况,灵活反应,买卖双方共同客观决策。

(5) 旅游新产品开发计划。它是指有目的、有计划、有步骤地发展新产品的计划。新产品开发具有战略决策性质,是企业的一项重大的经营管理决策。它决定了企业的经营方向。新产品开发计划的内容包括:发展新品种,确定新产品的发展方向和系列型谱的制定,老产品的改进和淘汰,重要科学研究项目。在长、中期计划中,主要是针对新产品开发中有关基础研究和应用研究的一些重大理论问题进行研究。在近期计划中,主要是针对新产品开发中有关新产品结构、加工工艺和生产组织中的某些具体问题进行研究。

二、旅游市场营销计划的内容(contents of tourism marketing plans)

(一) 内容概要(summaries)

市场营销计划首先要有一个内容提要,即对主要营销目标和措施进行简要概括的说明。

1. 当前营销状况(current conditions)

对旅游企业当前的营销状况进行简要而明确的分析,包括市场情况、产品情况、竞争情况、分销渠道情况等。

2. 风险与机会(risks and opportunities)

对旅游市场营销中所面临的主要风险和机会进行分析。风险是指营销环境中存在的对旅游企业的不利因素;机会是指营销环境中对旅游企业营销的有利因素,即旅游企业可取得竞争优势和差别利益的市场机会。

(二) 目标和课题(objectives)

确定旅游营销目标和所要解决的课题是营销计划的核心内容。营销目标包括市场占有率、销售额、利润率、投资收益率等。

(三) 营销策略(marketing strategies)

1. 旅游目标市场策略(strategy for tourism target market)

旅游目标市场策略是指企业将旅游产品的整个市场视为一个目标市场,用单一的营销策略开拓市场,即用一种产品和一套营销方案吸引尽可能多的购买者。无差异营销策略只考虑消费者或用户在需求上的共同点,而不关心他们在需求上的差异性。可口可乐公司在20世纪60年代以前曾以单一口味的品种、统一的价格和瓶装、同一广告主题将产品面向所有顾客,就是采取的这种策略。

2. 旅游营销组合策略(strategy for tourism marketing combination)

旅游营销组合指的是企业在选定的目标市场上,综合考虑环境、能力、竞争状况对企业自身可以控制的因素,加以最佳组合和运用,以完成企业的目的与任务。

营销组合是企业市场营销战略的一个重要组成部分,是指将企业可控的基本营销措施组成一个整体性活动。市场营销的主要目的是满足消费者的需要,而消费者的需要很多,要满足消费者需要所应采取的措施也很多。因此,企业在开展市场营销活动时,就必须把握住那些基本性措施,合理组合,并充分发挥整体优势和效果。

(四) 旅游营销活动程序(procedures of tourism marketing)

营销策略还要转化成具体的活动程序,包括:要做什么;何时开始,何时完成;由谁负责;需要多少成本;等等。要为每项活动编制出详细的程序,以便执行和检查。

(五) 旅游营销预算(budgets of tourism marketing)

营销预算基本上是一个关于预计盈利或亏损的报告。旅游企业的各业务单位编制出营销预算并由决策层审批后,就成为各种营销支出的依据。

三、旅游市场营销计划的编制(the compilation of tourism marketing plan)

(一) 基本原则(the basic principles)

为了提高策划书撰写的准确性与科学性,要把握编制中的几个要点。

1. 要有问题意识(problem consciousness)

策划的目的在于解决企业营销中的问题,编制策划书要有问题意识。首先是设定情况,交代策划背景,分析产品市场现状,再把策划中心目的全盘托出;其次进行具体策划内容详细阐述;最后是明确提出解决问题的对策。

2. 提出可行性对策(feasible strategy)

要注意突出重点,抓住企业营销中所要解决的核心问题,深入分析,提出可行性的相应对策,针对性强,具有实际操作指导意义。

3. 具有可操作性(operable)

编制的策划书是要用于指导营销活动,其指导性涉及营销活动中的每个人的工作及各环节关系的处理。因此,其可操作性非常重要。不能操作的方案创意再好也无任何价值,不易于操作也必然要耗费大量人、财、物,管理复杂、显效低。

4. 创意要新颖(novelty)

要求策划的"点子"(创意)新、内容新,表现手法也要新,给人以全新的感受。新颖的创意是策划书的核心内容。

(二) 分析当前旅游现状(analyzing the current tourism situation)

1. 旅游产品现实市场及潜在市场状况(realistic and potential markets)

市场成长状况,即产品目前处于市场生命周期的哪一阶段上。对于不同市场阶段上的产品公司营销侧重点如何,相应营销策略效果怎样,需求变化对产品市场的影响如何。

2. 旅游消费者的接受性(acceptability)

这一内容需要策划者凭借已掌握的资料分析产品市场发展前景。

3. 对旅游产品市场的影响因素进行分析(analyzing the influence factors of tourism product market)

主要是对影响产品的不可控因素进行分析:如宏观环境、政治环境、居民经济条件,以及消费者收入水平、消费结构的变化、消费心理等。对一些受科技发展影响较大的产品,如计算机、家用电器等产品的营销策划中还需要考虑技术发展趋势方向的影响。

(三) 结合自身分析旅游市场机会和威胁(analyzing opportunities and threats with yourselves)

1. 环境威胁与市场机会(analysis of environment threats and market opportunities)

企业的营销活动都是在一定的市场营销环境中进行的,营销环境复杂多变,既隐伏着不利于企业发展甚至可以置企业于死地的危险,又蕴藏着有利于企业发展的机会。企业应随时注意环境的变化,主动地调整市场营销战略,趋利避害。

环境威胁:环境威胁是指环境中不利于企业营销的因素及其发展趋势给企业带来的压力与危害。如市场上新产品的出现、销售商拖延付款、原材料供应紧张、竞争对手结盟、市场成长放缓、目标市场购买力下降等。

市场机会:市场机会指对企业营销中某些因素的变化及其发展趋势给企业带来的有利时机和条件。如政策支持、技术进步、消费者需求增加、主要竞争对手出现失误、与供应商关系良好、银行信贷支持等。市场机会的特点:针对性、利益性、时效性、公开性。

2. 威胁与机会的分析(analysis of threats and opportunities)

机会和威胁分析是对企业外部影响市场营销活动的各种因素进行分析,找出有利因素和不利因素,确定企业在机会和威胁之间的市场位置。企业可采用威胁分析矩阵图、机会分析矩阵图和机会威胁矩阵来分析、评价营销环境。

威胁分析:

企业通过对外部营销环境的分析,找出不利因素,分析不利因素对企业的影响程度,即威胁的潜在严重性;分析此威胁出现的可能性的大小,即出现概率。

机会分析:

旅游企业通过对外部营销环境的分析,找出有利因素,分析有利因素可能为企业带来的利益的多少,即吸引力;分析企业利用此机会的可能性的大小,即成功概率。

第一类机会吸引力大,成功的概率也大。这是企业最向往的、价值最大的机会。这种机会出现的概率很低,企业要很好地把握和利用它。

第二类机会吸引力大,成功的概率低。说明企业还不具备利用这一机会的条件,不宜盲目行动。

第三类机会吸引力小,但成功的概率大。企业要着力分析。如果这个机会所带来的收益大于所付出的成本,则企业可以考虑利用它。

第四类机会吸引力小,成功的概率也小。企业一般不予考虑。

一般情况下,市场机会与环境威胁是并存的。机会威胁分析是将机会分析和威胁分析结合起来,以了解企业所处的外部环境,为企业决策提供依据。

理想业务:是指机会水平高、威胁水平低的业务。企业应果断决策,着力发展。

冒险业务:是指机会水平高、威胁水平也高的业务。企业应全面分析自身的优势与劣势,扬长避短,创造条件,争取突破性的发展。

成熟业务:是指机会与威胁处于较低水平的业务,可作为企业的常规业务,用来维持企业的正常运转,并为开展理想业务和冒险业务准备必要的条件。

困难业务:是指机会水平低、威胁水平高的业务。对于此类业务,企业要么努力减轻威胁;要么立即撤出。

3. 优势与劣势分析(analysis of advantages and disadvantages)

优势与劣势分析是指企业对内部影响市场营销活动的各种因素进行分析,找出自身所拥有的优势和劣势。

企业的优势劣势可以表现在研发能力、资金实力、生产设备、工艺水平、产品性能和质量、抗风险能力、销售网络、管理能力、企业形象、竞争力、市场份额等各个方面。通过优势劣势分析,企业可以在营销活动中充分发挥优势,克服或避开劣势,获得竞争优势。企业的优

11

势和劣势分析可以采用企业内部因素评价矩阵,通过加权计算,进行定量分析。

(四)确定旅游市场营销目标(determining the objectives of tourism marketing)

营销目标是指在本计划期内所要达到的目标,是营销计划的核心部分,对营销策略和行动方案的拟订具有指导作用。营销目标是在分析营销现状并预测未来的机会和威胁的基础上确定的,一般包括财务目标和营销目标两类。其中财务目标由利润额、销售额、市场占有率、投资收益率等指标组成。市场营销目标由销售额、市场占有率、分销网覆盖面、价格水平等指标组成。

旅游市场营销目标的设定必须遵守以下一些标准:

(1)旅游产品销售量、销售额和利润额等营业目标的设定必须要确切,并且要量化。如果可能,市场份额目标的设定也要如此。

(2)旅游产品及其目标市场要规定得详细、具体。

(3)实现目标的期限要明确具体。

(4)在考虑旅游市场需求和营销预算资金方面要现实。

(5)制定旅游目标时,要同有关行动方案的具体执行人员商量,所制定的目标要能够为他们所接受。

(6)所定目标要能够直接或间接地测定和评估。

(五)制定旅游市场营销战略(formulating the strategies of tourism marketing)

现代旅游企业营销战略一般包括战略思想、战略目标、战略行动、战略重点、战略阶段等。营销战略思想是指导企业制定与实施战略的观念和思维方式,是指导企业进行战略决策的行动准则。

旅游企业营销战略的制定应考虑如何更有效地利用企业内部现有实力以及潜在的资源和能力优势,并能够满足目标市场的需要和完成企业既定目标的要求,其过程大致包括以下几个步骤。

第一,明确企业的具体任务。每一个企业的任务都是具体的,不同经营领域的企业有不同的经营任务。一般地讲,企业的经营任务是相对稳定的,它为整个营销战略提供了方向和指导。

第二,研究经营环境和经营能力。在明确了经营任务后。需要对企业的经营环境和能力进行分析,即把握企业的现状和预测未来发展趋势,以便为确定企业的战略目标搜集有关的经济信息,提供必要的资料和依据。

第三,确定战略目标。企业的战略目标是把企业的经营任务、经营环境和经营能力结合起来,将企业的经营任务具体化为战略目标。

第四,确定战略行动。当企业的任务、战略目标确定以后,就要为实现这个目标制订行动方案。对战略行动方案要集中职工的智慧,进行广泛讨论。经过科学论证,再由企业领导确定。

最后,总结、评价与修正。营销战略在实施过程中,要进行总结、评价,并根据内外环境的变化及时修正不适宜的部分,使营销战略始终保持其适应性,对企业经营活动真正起到指导作用。

(六)落实行动方案(implementing actions)

制订的旅游营销组合方案,是由所需采用和实施的各种有关营销技术手段所组成的行动方案。它表明在每一个既定产品和市场的营销过程中,在哪些时间进行哪些营销活动。要根据具体产品和市场的具体情况,计划出需要采取哪些营销行动,安排好实施这些营销行动的时间表。要注意协调好目标、预算和行动方案三者之间的关系。

(七) 编制预计表(compiling predictable table)

预计表是对旅游活动营销效果的预计,其编制目的在于及时地纠正旅游活动过程中偏离计划的部分,起到控制的效果,确保旅游营销活动的科学有效。

(八) 组织实施和检查控制(implementation and control)

组织实施和检查控制是指调动旅游企业全部资源,优化配置投入到营销活动中去,将营销计划转变为具体行动,并保证这一行动的完成,以实现营销计划所制定目标的实施过程。市场营销执行是一个艰巨而复杂的过程。美国的一项研究表明,90%被调查的计划人员认为,他们制定的战略和战术之所以没有成功,是因为没有得到有效的执行。管理人员常常难以诊断市场营销工作执行中的问题,市场营销失败的原因可能是战略、战术本身有问题,也可能是战术没有得到有效的执行。

四、旅游市场营销计划的实施(implementing the plan)

(一) 旅游市场营销计划实施失败的原因(reasons for failures)

旅游市场营销计划实施失败的原因是多方面的,其中的主要原因有四类。

(1) 没有明确具体的行动方案(without any program)。

(2) 长期目标和短期目标相冲突(conflict between long-term and short-term objectives)。

(3) 计划脱离实际(plan deviation from the actual situation)。

(4) 计划创新性不足(lack of innovation)。

(二) 旅游市场营销计划的实施(the implementation of the tourism marketing plan)

要想成功地贯彻实施旅游市场营销计划,一般要经过五个步骤,如图 11-1 所示。

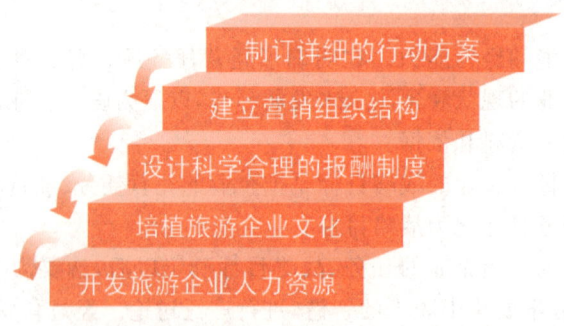

图 11-1　实施旅游市场营销计划的步骤

根据旅游企业的具体情况实施旅游市场营销计划步骤的同时,还应该注意以下几点。

(1) 要建立旅游行业协会,制定价格标准,使各个旅游公司都能在规定的价格范围内进行有序竞争。对违反价格规定的旅游公司,行业协会应当给予相应的制裁。协会成员应当预先缴纳价格保证金,存到行业协会。当哪个公司出现问题,协会立刻扣罚该公司,同时将其开除,协会成员单位不许同其协作。

11

（2）要积极建立完备的旅游产品售后服务体系。旅游产品售后服务体系对于一个长期发展的旅游企业来说是非常重要的。它应包括：对游客售后服务满意程度的跟踪调查，获取旅游者对旅游产品的要求和意见，针对不同地区、不同年龄、不同层次的旅游者建立一个完备的资料库，以便今后在进行旅游市场营销及开发新的旅游产品时避免主观性和盲目性。另外，旅游产品售后服务体系的建立还可以帮助旅游企业树立良好企业形象，建立口碑效应，为今后旅游服务产品的市场营销工作打下良好的基础。这同时也是旅游业可持续发展的一个重要环节。

（3）要注意对旅游从业人员的法律培训。在各级导游证考试当中要加强对法律知识的考核，引导导游人员自觉学习法律知识，强化法律意识。在旅游公司经营活动中，旅游监管部门，要加强检查和监督，定期深入旅游市场，常抓不懈。聘请监督员，不定期探查，适时进行监管，对有问题的单位责令其限期整改，达不到要求的要停业或吊销营业执照。

（4）要注重发展、应用科技手段，促进旅游事业的发展。运用先进的科技手段，把互联网等引入旅游经营当中，使各个公司网络相连接，做到信息通畅、快捷、方便，促进旅游工作效率的提高。

（5）要有长期规划和发展眼光。注意研究旅游市场营销策略，切实针对市场发展变化趋势，制订适合本公司的中期、长期规划。根据旅游者消费心理，深入挖掘潜力，不断推出一系列有新鲜创意、有经济效益的营销策略，开发新渠道，增加旅游公司的收益。

（6）要视形象为生命。要经常利用报刊、电视、电台等媒体，广泛宣传旅游公司和旅游服务项目、景点、产品；多组织展览、旅游形象大使巡游、旅游知识有奖竞赛、旅游摄影比赛、模特表演等，积极搅动旅游市场，让更多的人更加认识旅游公司和旅游景点。导游和旅游公司其他成员要在工作当中注意仪表、举止、言谈等，在实际工作中努力为顾客留下良好的印象。恪守承诺，搞好服务，让游客有宾至如归的感受，增加旅游收入。

五、旅游市场营销组织的目标与效率（objectives and efficiency of tourism marketing organizations）

（一）旅游市场营销组织（tourism marketing organizations）

旅游市场营销组织是指旅游企业内部涉及市场营销活动的各个职位及其机构。判断旅游市场营销组织的好坏主要是指人的素质，而不单单是组织结构的设计。

（二）旅游市场营销组织的目标（objectives of tourism marketing organizations）

1．对旅游市场需求变化做出快速反应（fast reaction to market changes）

旅游市场营销组织应时刻关注外部环境，并对旅游市场的变化做出及时的反应。旅游企业内部营销各部门、全体营销人员都应该成为市场信息的收集者，并及时地把关系企业发展的重要信息提供给决策部门，提高企业的市场应变能力。在了解到市场变化的相关信息后，企业应及时调整相关的营销活动。

2．促使旅游企业营销效率最大化（maximization of marketing efficiency）

旅游企业内部存在许多专业化的部门，部门之间分工严密。营销组织应通过发挥自身的沟通和协调职能，理顺内部市场关系，化解部门之间的冲突和矛盾，确定各自的权利和责任，促使企业营销效率最大化。

3. 代表并维护旅游消费者权益(representative for tourists rights)

旅游市场营销组织对外代表旅游企业,加强与消费者的沟通,树立良好的市场形象;对内则代表消费者,及时协调旅游企业内部关系,保证顾客能够得到好的服务,切实维护消费者利益。

4. 实施旅游顾客价值管理(values management)

现代营销理论表明,随着旅游市场的不断成熟,企业竞争目标由追求产品消费规模和高市场份额逐步向追求高质量顾客转化。管理有价值的忠诚顾客日益成为企业营销机构的重要任务。

(三)旅游市场营销组织的目标与效率(objectives and efficiency of tourism marketing organizations)

旅游市场营销组织运作好坏可以从效率和效果两个方面来考察。效率通常是结果与努力的比率,要通过旅游企业内部的专业化和程序化而实现;效果反映的是实现目标的程度,它是实际结果同预期结果的对比。

六、旅游市场营销组织的演变过程(evolution of tourism marketing organizations)

旅游行业的市场营销部门是随着市场营销管理的不断发展演变而来的。大致经历了单纯的销售部门→兼有附属职能的销售部门→独立的市场营销部门→现代旅游营销部门→现代市场营销公司五个阶段。

(一)单纯的销售部门(simple sales department)

旅游企业以生产导向作为经营管理的指导思想。销售部门的职能只是单纯地推销产品,旅游企业的发展目标、规划、产品开发与价格等主要由生产和财务部门决定,如图11-2所示。

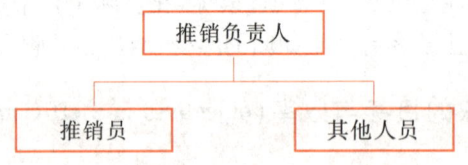

图11-2   单纯销售部门的组织机构

(二)兼有附属职能的销售部门(sales department with affiliated functions)

旅游企业逐渐采用推销导向作为经营管理的指导思想。销售部门的主要职责是加强推销,同时还必须负责进行广告宣传、顾客服务、旅游市场调查等工作,如图11-3所示。

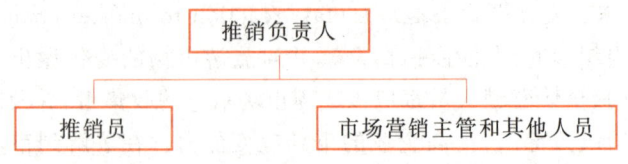

图11-3   兼有附属职能的销售部门组织机构

(三)独立的市场营销部门(independent marketing department)

随着旅游企业规模和业务范围的进一步扩大,原来作为附属性工作的市场营销研究、新产品开发、广告促销和为旅客服务等市场营销职能的重要性日益增强,如图11-4所示。

11

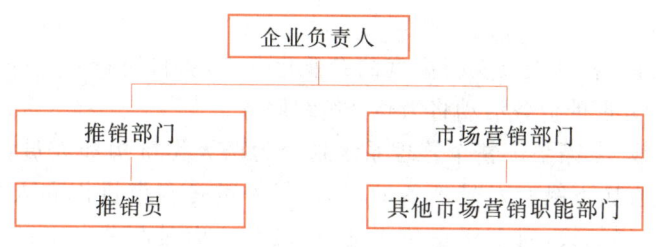

图 11-4 独立的市场营销部门组织机构

(四)现代旅游营销部门(modern tourism marketing department)

尽管销售副总经理和市场营销副总经理需要配合默契和互相协调,但是他们之间实际形成的关系往往是一种彼此敌对、互相猜疑的关系,如图11-5所示。

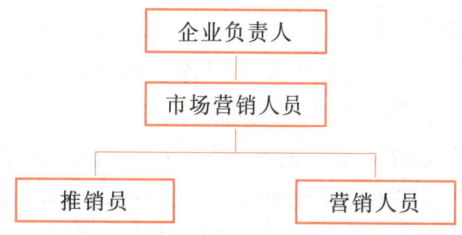

图 11-5 现代旅游营销部门组织机构

(五)现代市场营销公司(modern marketing company)

现代市场营销公司是企业整体营销战略结构的一个组成部分,是为实现企业总体经营目标所设立的,其主要职责是以互联网为基本手段营造网上经营环境的各种活动。

七、现代旅游市场营销部门的组织形式(the organization forms of modern tourism marketing departments)

为了实现旅游企业目标,市场营销经理必须选择合适的市场营销组织。

(一)职能型组织形式(functional)

职能型组织机构亦称倒 U 型组织,又称为多线性组织机构,如图11-6所示。职能型机构起源于 20 世纪初法约尔在其经营的煤矿公司担任总经理时所建立的组织机构形式,故又称"法约尔模型"。它是按职能来组织部门分工,即从企业高层到基层,均把承担相同职能的管理业务及其人员组合在一起,设置相应的管理部门和管理职务。随着生产品种的增多,市场多样化的发展应根据不同的产品种类和市场形态,分别建立各种集生产、销售为一体,自负盈亏的事业部制。

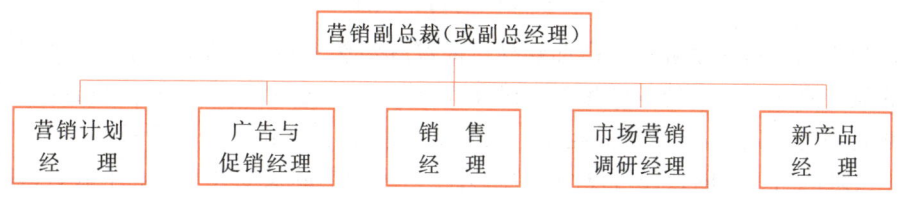

图 11-6 职能型旅游营销组织机构

11

1. 优点（advantages）

第一，各级管理机构和人员实行高度的专业化分工，各自履行一定的管理职能。因此，每一个职能部门所开展的业务活动将为整个组织服务。

第二，实行直线-参谋制。整个管理系统划分为两大类机构和人员：一类是直线指挥机构和人员，对其直属下级有发号施令的权力；另一类是参谋机构和人员，其职责是为同级直线指挥人员出谋划策，对下级单位不能发号施令，而是起业务上的指导、监督和服务的作用。

第三，企业管理权力高度集中。由于各个职能部门和人员都只负责某一个方面的职能工作，唯有最高领导层才能纵观企业全局，所以企业生产经营的决策权必然集中于最高领导层，主要是经理身上。

2. 缺点（disadvantages）

没有一个直接对项目负责的强有力的权力中心或个人。一个项目确立后，总裁办公室受总裁的委派来做项目计划，然后把工作分派到各个职能部门。项目执行过程中有一个协调员来做一些协调性工作。这种情况下谁对项目负责呢，是总裁吗？显然总裁不会对具体项目负责。是谁呢？没有人能说清楚。说不清楚，实际上就是没有人对项目负责。

不是以目标为导向的。各职能部门（如研发部、生产部、市场部）都很重视本部门的专业技术（业务），但没有对完成项目所必需的对项目导向的重视职能部门，经理常常倾向于选择对自己部门最有利而不是对项目最有利的决策，因此所做计划常常是出于职能导向而很少考虑正在进行的项目。

没有客户问题处理中心。因为不存在客户问题处理中心，因此所有的沟通都必须经过上一管理层。上一管理层充当了客户关系中心，并把复杂问题通过垂直指挥链分配到各个职能部门的管理者。解决问题的方案要获得各有关部门的一致同意很费时间，因而对问题的解决反应迟钝。由于信息必须经过多个管理层的传递，所以也容易失真。

协调十分困难。对于需要跨部门协作的项目，组织协调工作很重要。如果项目的技术趋向复杂，这种协调将变得十分困难。职能型组织中虽然也有人做协调工作，但作用有限。做协调工作的人，其身份通常是项目联络员或项目协调员。项目联络员的作用是作为项目成员之间的沟通联络员。项目协调员则有一定的决策权，但也仅限于可以定期组织项目调度会议之类的工作。

（二）地区型组织形式（regional）

如果一个旅游企业的市场营销活动面向全国，那么它会按照地理区域设置其市场营销机构。该机构设置包括1名负责全国销售业务的销售经理，若干名区域销售经理、地区销售经理和地方销售经理，如图11-7所示。

（三）旅游产品管理型组织形式（product-managing）

产品型组织是指在旅游企业内部建立产品经理组织制度，以协调职能型组织中的部门冲突。在旅游企业所生产的各产品差异很大，产品品种太多，因此在按职能设置的市场营销组织无法处理的情况下，建立产品经理组织制度是适宜的，如图11-8所示。

（1）旅游产品经理的责任可以细分为6项：发展产品的长期经营和竞争战略；编制年度营销计划和进行销售预测；与广告代理商和经销代理商一起研究广告的文稿设计、节目方案

11

和宣传活动;激励推销人员和经销商经营该产品的兴趣和对该产品的支持;不断收集有关该产品的性能、顾客及经销商对产品的看法、产品遇到的新问题及新销售机会的信息;组织产品改进,以适应不断变化的市场需求。

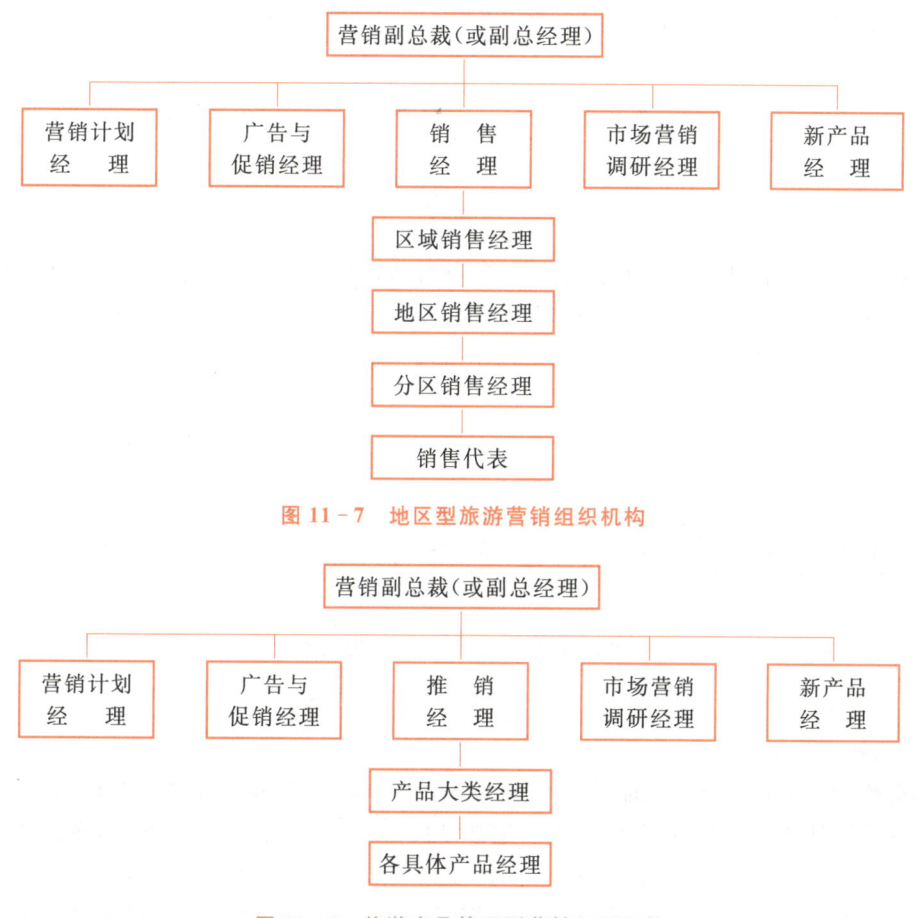

图 11-7　地区型旅游营销组织机构

图 11-8　旅游产品管理型营销组织机构

（2）旅游产品管理组织有好几个方面的优点:产品经理能够将产品营销组合的各要素较好地协调一致起来。产品经理能比一个专家委员会更快地就市场上出现的问题作出反应。那些较小品牌产品,由于有产品经理专管,可以较多地受到重视。

（3）旅游产品经理组织缺点:产品经理的组织设置会产生一些冲突或摩擦。产品经理虽然能成为自己所经营管理的产品的专家,但很难成为公司其他功能的专家。产品管理组织所需要的费用常常高出原先的预计。品牌经理任期通常都很短,分裂的市场使品牌经理很难开发一个从总部角度出发的全国战略。

（四）旅游市场管理型组织形式（market-managing）

旅游市场管理型组织形式如图 11-9 所示,当旅游企业面临如下情况时,建立市场型组织是可行的:拥有单一的产品线;目标市场各种各样（不同偏好和消费的群体）;不同的分销渠道。许多旅游企业都在按照市场系统安排其市场营销机构,使市场成为旅游企业各部门为之服务的中心。

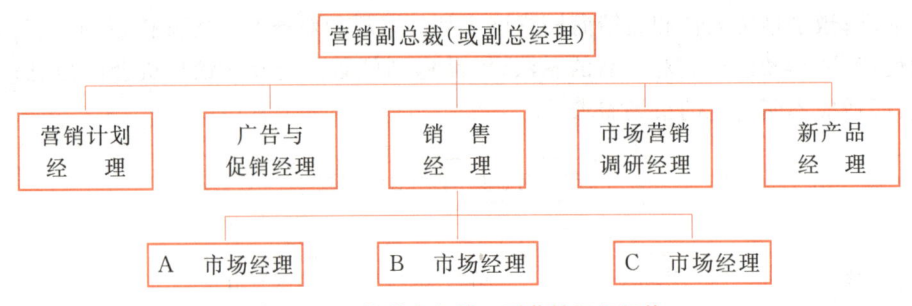

图 11-9　旅游市场管理型营销组织机构

（五）矩阵型组织或产品/市场型（matrix）

按照职能划分的纵向领导系统和按项目（任务或产品）划分的横向领导系统相结合的组织形式。这种纵横交叉的领导系统构成了矩阵结构，故而得名，又称任务组织或项目组织，如图 11-10 所示。矩阵型组织已广泛运用于行政组织和其他组织。

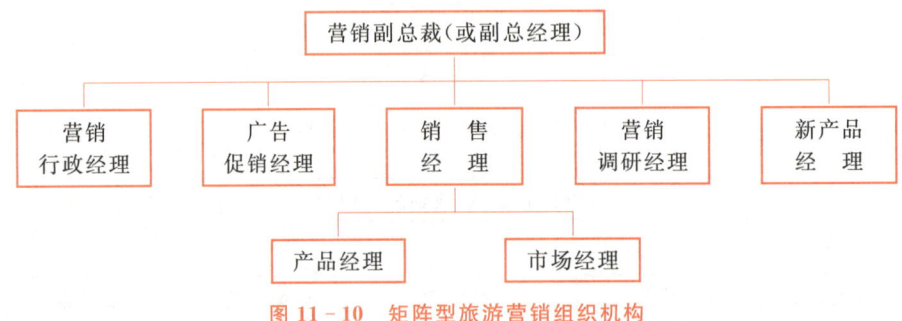

图 11-10　矩阵型旅游营销组织机构

1. 优点（advantages）

矩阵型组织的优点是把职能分工与组织合作结合起来，从专项任务的全局出发，促进组织职能和专业协作，有利于任务的完成。把常设机构和非常设机构结合起来，既发挥了职能机构的作用，保持常设机构的稳定性，又使行政组织具有适应性和灵活性，与变化的环境相协调。在执行专项任务组织中，有助于专业知识与组织职权相结合。非常设机构在特定任务完成后立即撤销，可避免临时机构长期化。

2. 缺点（disadvantages）

矩阵型组织的缺点是组织结构复杂，各专项任务组织与各职能机构关系多头，协调困难；专项任务组织负责人的权力与责任不相称，如果缺乏有力的支持与合作，工作难以顺利开展。专项任务组织是非常设机构，该组织的成员工作不稳定，其利益易被忽视，故他们往往缺乏归属感和安全感。

【讨论一下】

　　现代市场营销工作的组织结构与传统组织结构的区别：传统的职能组织结构一般设营销部门、营业部门、财务部门以及人力资源部门，各部门活动的协调主要通过两种方式进行，即非正式和正式的方式。现代市场营销组织结构一般设董事会、总经理、资产管理部门、生产经营部门、财务与行政管理部门与市场营销部门。

11

八、旅游市场营销组织的设计及发展趋势（design and tendency of tourism marketing organizations）

（一）设计（designing）

（1）分析旅游市场营销组织环境（analyzing the environment）。

（2）确定旅游市场营销组织内部的各种活动（determining the internal activities）。

（3）建立组织职位（establishing positions）。

（4）设计组织结构（designing structure）。

（5）配备组织人员（staffing）。

（6）检查和评价旅游市场营销组织（examining and assessing organization）。

（二）发展趋势（tendency）

旅游市场的发展、旅游需求的变化、竞争格局的变化，推动了旅游企业营销组织变革，使其呈现出新的发展趋势。

1．组织结构扁平化（flattening）

通过减少行政管理层次，裁减冗余人员，从而建立一种紧凑、干练的扁平化组织结构。组织结构扁平化作为一个时髦的名词或者说短语在管理界可谓风行一时，几乎每一个管理者都在谈论它的好处。扁平化可以加快信息传递速度，使决策更快、更有效率。同时由于扁平化，人员减少，使企业成本更低。同样，由于扁平化，企业的分权得到了贯彻实施，每个中层管理者有更大的自主权可以进行更好的决策。

2．组织结构柔性化（flexibility）

所谓柔性，同适应性一样是指连续性地做出临时性调整。由于组织是建立在个人、群体和组织内部子单位之间的动态合作以及与外部环境功能互补的基础之上的，因而柔性已成为组织在不确定环境中求得生存和发展的一个不可缺少的因素。柔性化组织正是要强调组织成员之间的信任、合作与信息共享。柔性化组织所隐含的管理理念主要表现为：组织边界网络化、管理层级扁平化、组织结构柔性化和组织环境全球化。

九、旅游市场营销活动的控制（controls of tourism marketing）

所谓旅游营销控制，是指旅游企业营销管理者通过对旅游企业营销计划执行情况的持续观察，发现旅游企业运营与计划的差异，及时找出原因，并采取适当的措施和正确的行动，以保证旅游市场营销计划完成的管理活动，如图 11-11 所示。

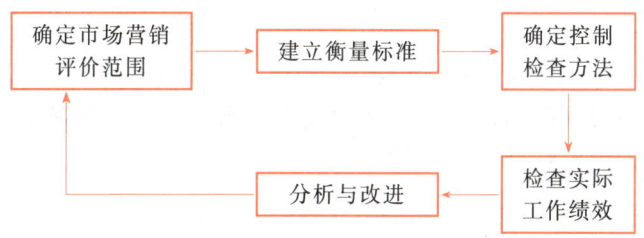

图 11-11　旅游市场营销控制的程序

旅游营销控制是实施旅游企业营销计划的必要措施,主要包括四种类型,如表 11-1 所示。

表 11-1　　　　　　　　　　　　　旅游营销控制类型

控制类型	主要负责人	控制目的	控制方法
营销年度计划控制	最高主管、中层管理者	检查计划目标是否完成	销售分析、市场占有率分析、营销费用率分析、财务分析、宾客意见分析
营销盈利能力控制	营销审计人员	审查企业盈亏原因	各产品、地区、游客群、销售渠道等盈利分析
营销效率控制	直线和职能管理层营销、会计人员	评价和提高经费开支的效率及效果	人员推销效率、广告效率、营业推广效率和分销效率
营销战略控制	最高主管,营销、审计人员	检查企业是否最大限度利用营销机会	营销效益等级评价、营销审计

(一) 营销年度计划控制(annual marketing planning control)

年度营销计划制订并付诸实施之后,做好执行控制工作也是一项极其重要的任务。所谓年度营销计划执行控制,是指旅游企业采取专门化和系列化的控制步骤,检查企业营销实际绩效与计划之间是否有偏差,并采取改进措施,以确保市场营销计划的实现与完成。

1. 营销年度计划控制的主要目的(purposes of annual marketing planning control)

促使年度计划产生连续不断的推动力。控制的结果可以作为年终绩效评估的依据。发现旅游企业潜在问题并及时予以妥善解决。高层管理人员可借此有效地监督各部门的工作。

2. 营销年度计划控制的主要步骤(steps of annual marketing planning control)

制定本年度各个季度(或月度)的企业营销活动的主要目标标准。做好绩效测量工作,即将实际成果与预期成果相比较。做出因果分析,即研究发生偏差的原因。及时采取改正行动,即采取最佳的改正措施,努力使成果与计划相一致。旅游营销年度计划控制步骤如图 11-12 所示。

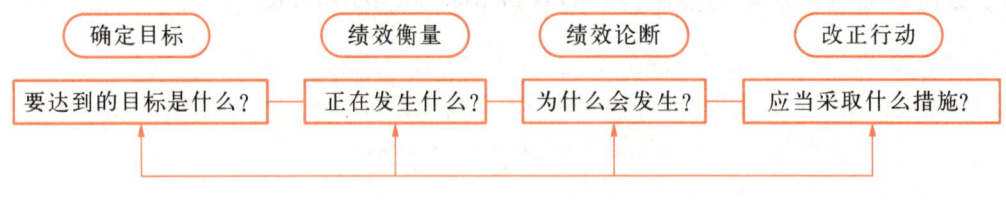

图 11-12　旅游营销年度计划控制步骤

3. 营销年度计划控制的方法(methods of annual marketing planning control)

第一种是旅游销售分析:即衡量并评估实际销售额与计划销售额之间的差距。这种方法是用来衡量不同的因素对造成销售差距的影响。

售价下降的差距 $= (S_p - A_p)A_q$;销售减少的差距 $= (S_q - A_q)A_p$

式中,S_p——计划售价;A_p——实际售价;S_q——计划销售量;A_q——实际销售量。

第二是旅游市场占有率分析：销售分析不能反映出企业市场竞争能力，只有市场占有率分析才能揭示出企业同其竞争者在市场竞争中的相互关系。例如，某公司的销售额的增长，可能是由于公司营销绩效较其竞争者有所提高，也可能是由于整个宏观环境的改善使市场上所有的公司都受益，而某公司和竞争对手之间的相对关系并无变化。营销管理者要密切注视公司市场占有率的变化情况。如果公司的市场占有率上升，表示公司营销绩效的提高，在市场竞争中处于优势；反之，则说明公司在竞争中失利。

【讨论一下】

衡量市场占有率的第一个步骤是清楚地定义使用何种度量方法。一般地说有四种不同的度量方法：

✓ 全部市场占有率。以企业的销售额占全行业的销售额的百分比来表示。使用这种测量方法必须作出两项决策：要以单位销售量或以销售额来表示市场占有率。正确认定行业的范围，即明确本行业所应包括的产品、市场等。

✓ 服务市场占有率。以其销售额占所服务市场的百分比来表示。所谓服务市场就是企业产品最适合的市场，企业市场营销努力所及的市场。

✓ 相对市场占有率（相对于三个最大的竞争者）。以企业销售额对最大的三个竞争者的销售额总和的百分比来表示。

✓ 相对市场占有率（相对于领导竞争者）。以企业销售额相对市场领导者的销售额的百分比来表示。

(二) 盈利能力控制(profitability control)

旅游企业在实行营销年度计划控制以外，还需要对不同旅游产品、不同地区、不同细分市场、不同销售渠道等方面进行盈利控制，以便决定增减哪些产品，开拓或放弃哪些细分市场，扩张或缩减哪些销售渠道。

1. 营销成本(marketing costs)

营销成本是指旅游企业由旅游产品最初所有者到最终所有者的旅游营销过程中花费的代价，是旅游企业利润的必要投入。

2. 主要盈利指标(major indicators of profit)

销售利润率。企业将销售利润率作为评估企业获利能力的主要指标之一。销售利润率是指利润与销售额之间的比率，表示每销售一百元使企业能获得的利润。

资产收益率。它是指企业创造的总利润与企业全部资产的比率。

净资产收益率。它是指企业税后利润与净资产所得的比值。

资产管理效率。企业可以通过以下比率来分析：资产周转率、存货周转率、资产收益率。

(三) 营销效率控制(marketing efficiency control)

旅游企业营销效率控制主要是针对销售人员、广告、促销及分销的控制，如图 11-13 所示。

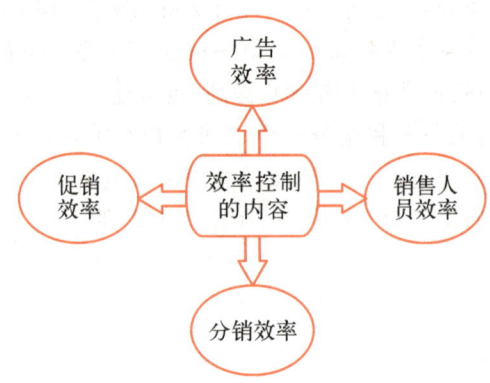

图 11 - 13　营销效率控制结构图

1. 销售人员效率(sellers efficiency)

销售人员效率主要包括：每个销售人员平均每天进行销售访问的次数；每次销售人员访问平均所需要的时间；每次销售人员访问的平均收入；每次销售人员访问的平均成本；每次销售人访问的招待费；每一期新的顾客数目；每一期丧失的顾客数目；销售队伍成本占总成本的百分比。

2. 广告效率(advertisement efficiency)

广告效率主要包括：每一种媒体类型、每一个媒介工具触及每千人的广告成本；看到、注意、阅读、联想的人在其受众中所占的百分比；消费者对于广告内容和有效性的意见；对于产品态度的事前事后衡量；由广告所激发的询问次数。

3. 促销效率(promotion efficiency)

促销效率主要包括：每次促销的成本是多少；激发顾客的兴趣如何；每一元的销售额中所占包含的商品陈列成本；赠券的回收率；一次示范表演所引起的询问次数。

4. 分销效率(distribution efficiency)

分销效率主要包括：分销网点的市场覆盖面；各类中间商作用发挥情况；实体分配过程中的运输、仓储、存货控制等方面的效率。

(四) 营销战略控制(marketing strategy control)

1. 旅游市场营销战略(tourism marketing strategy)

旅游市场营销战略是指企业根据自己的市场营销目标，在特定的环境中，按照总体的策划过程所拟订的可能采用的一连串行动方案。

2. 营销战略控制(marketing strategy control)

市场营销管理者采取一系列行动，使实际市场营销工作与原规划尽可能一致，在控制中通过不断评审和信息反馈，对战略不断修正。

十、旅游市场营销审计(auditing for tourism marketing)

旅游营销审计是营销战略控制的主要工具。任何企业必须经常对其整体营销效益作出缜密的回顾评价，以保证它与外部环境协调的发展。因为，在营销这个领域里，各种目标、政策、战略和计划过时不适合市场状况是常有的事。因此，企业必须定期对整个营销活动进行审计。

　　所谓旅游营销审计，是对旅游企业市场营销环境、目标、战略、组织、方法、程序和业务等做综合、系统、客观和定性化的核查，以便确定问题和各项机会所在，并提出行动计划建议，改进营销管理效果。营销审计实际上是在一定时期对企业全部营销业务进行总体效果的评价，其主要特点是不局限于评价个别问题，而是对全部活动进行评价。营销审计又叫"营销稽核"。

　　旅游营销审计主要由六个方面组成，如图 11-14 所示。

图 11-14　旅游营销审计的内容

　　1. 营销环境审计（marketing environment audit）

　　营销环境是市场营销活动的根本制约因素，因而营销环境审计是其他审计内容的基础。企业通过对其所处的营销环境进行审计，以分析营销战略是否与营销环境相适应，以及是否要对原有的营销计划进行修订。营销环境审计的具体内容包括外部环境和市场环境两方面。前者指经济、政治、自然、技术等宏观条件对企业产生影响的因素。狭义的营销环境审计是指企业的市场环境即微观环境的审计，内容包括市场容量及规模的大小，对市场竞争者实力地位的评价，中间商的效率，供应商主要货源的供应前景及供应方式的变化等。

　　2. 营销战略审计（marketing strategy audit）

　　企业的市场营销战略，应当建立在对目标市场、竞争者、资源全面认识的基础上，使市场营销目标、市场营销环境和企业资源三者之间达到动态平衡。这是制定市场营销战略的基础，也是进行市场营销战略审计的主要内容。

　　3. 营销组织机构审计（marketing organization audit）

　　对营销组织机构的审计主要包括如下几个方面。❶ 分析营销组织机构与目标是否适应，营销部门与其他职能部门的关系是否协调。❷ 检查营销管理人员的权责范围及其适应程度，管理人员的总体水平是否适应工作要求。❸ 评估企业营销人员的培训、激励、监督和评价的方式方法。

　　4. 营销系统审计（marketing system audit）

　　评估企业营销的控制系统、信息系统是否完善和有效，新产品开发系统是否健全。其中控制系统审计包括市场占有率审查、比率分析运用审查、营销成本审查、边际贡献分析审查等。情报信息系统的审计包括营销信息系统的构成、设计、使用等方面的审查。对新产品开发系统的审查则包括：新产品开发观念是否正确、新产品开发方针是否体现用户导向、新产品开发计划是否科学等。

　　5. 营销效益审计（marketing profits audit）

　　主要进行利润分析和成本效益分析。内容包括销售收入绩效审查、销售费用绩效审查、货款回收与存货绩效分析、成本支出是否过高及降低成本的措施等。

　　6.营销职能审计(marketing function audit)

　　主要是指对营销组合诸因素,如产品、价格、分销、人员推销、营销组织的业绩考核以及广告管理、公共关系效果的审计。内容包括营销管理的总体审计、销售管理审计、市场调研管理审计、广告管理审计等。通过营销职能审计,可及时发现企业营销管理中的问题并提出改进意见。

 【实训任务】　设计旅游企业营销活动管理过程

　　在老师的指导下,与你的团队成员合作,结合所学到的知识,对某一旅游企业的某一次营销活动或经常性的营销活动设计管理程序,可以从学过的计划、组织、控制等方面入手。

【操作步骤】

　　◇　第一步,对旅游企业的整个旅游营销活动过程进行全方位解读,分出详细步骤、层次

　　◇　第二步,对每一个步骤、层次的旅游市场营销活动进行营销活动管理的整理、划分,找出其中的计划、组织、控制等各个部分

　　◇　第三步,结合所学知识,对每个划分出的知识点进行全方位的归总,从而加深所学

 【自我评估】

　　1.旅游市场营销活动计划的分类有哪些?

　　2.旅游市场营销活动的组织有哪些类型?分别有什么特点?

　　3.旅游市场营销活动控制的必要性及其关键要件分析。

项目十一
案例

【知识拓展】　营销管理模式的改变

　　我国企业营销管理模式经历了从集中到分散再到集中的循环发展过程。当企业规模较小、市场区域比较集中时,企业通常采用高度集权的集中式营销管理模式。企业营销决策权集中于企业总部,营销高层人员采用人对人、点对点的方式直接插手营销团队的日常业务管理,企业营销资源集中,对市场变化反应迅速,营销团队执行力较强。20 世纪 90 年代以来,经济全球化和信息技术革命促使企业的规模正在理性地扩大,跨行业、跨区域市场运作逐步成为企业运营的常态。随着市场区域的扩张、管理层级的增加,管理幅度的增大令企业高层离一线市场时空距离越来越大,市场信息传递不及时、失真,严重影响营销高层人员分析决策;再加上管理手段和技术的限制,也令企业高层无力继续有效履行营销团队的日常业务管理工作。传统的集中式营销管理模式陷入了管不好也管不了的尴尬境地。企业被迫对日渐扩散到全国各区域的营销团队实行分权、授权,采用在企业总部的领导下各区域营销团队自主经营、各自为政的远程分散化营销管理模式。

　　分散式管理分权、授权的管理方式有利于营销团队成员创造性和积极性的发挥,但是也

产生很多管理问题。分散式营销管理存在与生俱来的缺陷,具体体现为分散管理模式对企业监控能力提出了较高要求,而分散管理模式又必然会带来监控乏力的矛盾。

管理分散导致管理不细致,致使营销团队管理失控于细节,执行力下降。集中式营销管理,组织团队规模往往比较大,活动缺乏灵活性;结构层次比较多,管理信息往往在中间传输中损耗或失真;上下层级鲜明,一层管一层,管理活动不可逆,基层管理者的自主性、创造性往往受到一定程度的限制。但是,集中式管理也有优势,各层次管理部门职能范围往往比较小,管理头绪比较少,市场、销售、物流各部门各司其职,有利于把问题想细,反而更有条件实现管理"精细化";分散式营销管理结构层次少,基层组织规模往往比较小,拥有更大的自主权,理论上讲应该更有条件实现管理精致化。但实践中却往往相反,原因何在?职能划分不当。过多地把管理职能分解到基层,极容易造成基层组织职能范围过大,管理头绪过多,致使基层管理"粗糙化"。营销总部对全国各地的营销人员管控十分困难,各地分支机构和业务人员执行打折扣,总部无法及时获得执行反馈信息,也难以及时检查和纠正。

组织机构分散不利于组织运作效率的提高,每一个团队要想高效运作,信任感是至关重要的因素,然而在不见面的人之间,却很难建立信任感。随着企业的不断增大,企业的机构变得越来越臃肿,如设立大区、分公司、办事处等。在这些机构都设置了专业的市场销售人员、策划人员甚至财务人员,造成人员过多。企业的一个决策到达基层要层层审批,这样就造成实际执行力不强。企业的远程营销管理中,在客户资源、销售渠道等方面存在着对营销个体人员依赖性过强,常常出现客户被拉走、货款被卷跑、个别人大吃回扣置企业利益于不顾,及人走客就丢的种种问题。

信息分散限制了营销决策分析和市场反应能力,在远程管理上的信息不到位主要表现在以下几个方面:❶ 信息汇报不及时。信息本应当时得到的却在事后得到,本应及时反馈的信息没有及时反馈,导致反应滞后,没能及时做出行动。❷ 信息汇报不全面。信息本应包含的没有,重要的没有,导致决策偏差。❸ 信息汇报不准确。重要的信息也有,该包含好像也包含了,但是信息不准确,明明很小说成很大,明明很重要却一笔带过,导致决策偏离。❹ 有用的信息太少。重要的关键的信息没有,没用的信息太多,导致无法决策。

人员分散限制了营销团队专业能力提升,缺乏经验交换和讨论,无法经验共享,创造性高效地解决营销过程中的实际问题,不利于群体智慧的发挥。企业区域办事处或分公司接过区域市场的经营管理权后,会直接面对渠道冲突、价格体系混乱、窜货和经销商日益增加的管理服务要求等问题。但自身的市场管理能力短期内可能不足以应对这些问题,造成如窜货不能及时查处、返利迟迟不能结算、客户投诉和服务要求难以及时响应等被动局面。

这些问题显而易见是分散式管理造成的决策者和执行者之间的中间环节过多,不能形成有效的团队专业化运作、垂直化管理所引起的,问题解决的关键在于分散的治理上,分散不等于分权,分散的资源和人员更需要集中的强有力的管理。互联网的出现,使集中式管理成为可能。采用集中式管理,既可以整合整个企业的营销资源,加强对下属机构的实时监控指导,又可以降低整个企业的营销成本,提高管理效率,克服分散式营销管理的先天不足。所以未来营销团队的管理模式向虚拟集中方向发展成为必然趋势。虚拟集中式营销管理借助现代化信息技术手段,在虚拟的网络世界中使管理零距离化,力图避免远程控制。在人员配置上相对集中,管理人员力图在网络上每天都能对业务员和促销员进行面对面的工作指导、交流,每天可以通过报表、晚汇报、电话跟踪、拜访抽查,及时掌握业务人员的工作动向,以及任务的执行情况,发现偏差,及时纠正。零距离管理也是打造良好团队文化的一种有效途径,它通过虚拟网络社区中共同的学习、生活、工作、交流,形成互助、协调的工作配合,使团体凝聚力大大增强。

　　远程营销管理并不需要对下属营销团队进行完全管控,总部对下属团队可以采取更为宽泛的管理模式。即仅需要对必需和关键的营销信息进行集中管理即可。虚拟化集中管理真正能实现信息扁平化管理。借助信息化工具,企业实现营销数据集中管理、集中使用,也帮助企业实现了信息扁平化,解决了以前基层掌握大量详细数据,而总部只掌握汇总统计数据的局面。总部的管理人员可以随时了解到销售现场的每个细节。谈到虚拟集中式营销管理,我们首先想到了 ERP、CRM 等信息平台,但是这些信息平台往往受制于设备及网络的限制,并不能真的实现"随时随地"的交流与管理。但是在实践中我们可以结合一些常用的移动设备来强化我们的远程管理,使信息平台的价值获得更大的发挥。

　　注:本资料引自网络,经编者整理编写。

11

主要参考文献

[1] 赵西萍.旅游市场营销学[M].3 版.北京：高等教育出版社,2023.

[2] 余珊珊,丁林,谷晓婷,黎海燕.旅游市场营销学[M].2 版.北京：机械工业出版社,2020.

[3] 沈雪瑞,李天元,曲颖.旅游市场营销学[M].3 版.北京：中国人民大学出版社,2020.

[4] 廖钟迪.旅游市场营销[M].武汉：华中科技大学出版社,2020.

[5] 李雪芝,宋素红.旅游市场营销策划[M].2 版.北京：中国旅游出版社,2021.

[6] 张文菊.旅游市场营销：理论与实务[M].武汉：华中科技大学出版社,2023.

[7] 周丹敏.乡村旅游目的地营销中的政府行为评价研究[M].南昌：江西高校出版社,2020.

[8] 万绪才.中国国际旅游市场潜力提升研究[M].南京：南京大学出社,2019.

[9] 赵爱婷.旅游市场营销模块化教程[M].重庆：重庆大学出版社,2022.

[10] 袁喜娜,张海林,宋泰昊,陈瑞,王平.营销调研与分析[M].厦门：厦门大学出版社,2023.

[11] 赵伟丽.酒店市场营销[M].3 版.北京：北京大学出版社,2020.

[12] 操阳,纪文静.旅游市场营销[M].3 版.大连：东北财经大学出版社,2023.

[13] 陈雪阳,吕沛,毛娟.旅游市场营销[M].桂林：广西师范大学出版社,2020.

[14] 王秋明.酒店市场营销实务[M].北京：清华大学出版社,2023.

[15] 汪京强,黄昕.酒店及旅游业数字营销[M].北京：高等教育出版社,2023.

[16] 宁延杰.数字化营销：新媒体全网运营一本通[M].北京大学出版社,2023.

[17] 林巧,王元浩.旅游市场营销：理论与中国新实践[M].杭州：浙江大学出版社,2018.

[18] 颜文华.旅游市场营销(课程思政版)[M].武汉：华中科技大学出版社,2023.

[19] 吴旭云.旅游市场营销[M].上海：上海交通大学出版社,2020.

[20] 王宁,伍建海,廖建华.旅游市场营销[M].北京：清华大学出版社,2021.

[21] 赵书虹,杜靖川.旅游市场营销学[M].北京：高等教育出版社,2018.

[22] 钟敏龙.价格营销学[M].广州：广东人民出版社,2019.

[23] 廖钟迪.旅游市场营销[M].武汉：华中科技大学出版社,2020.

[24] 张颖,伍新蕾.旅游市场营销[M].3 版.大连：东北财经大学出版社,2022.

[25] 梁昭.旅游市场营销[M].北京：中国人民大学出版社,2019.

[26] 邹统纤,陈芸.旅游目的地营销[M].北京：经济管理出版社,2017.

[27] 韦少凡,韦家瑜,白刚.旅游规划设计案例研究[M].武汉：湖北科学技术出版社,2021.

[28] 王宁,伍建海,廖建华.旅游市场营销实务[M].北京：清华大学出版社,2021.

[29] 孟韬,毕克贵.营销策划[M].北京：机械工业出版社,2021.

[30] 郑忠阳,张春华.旅游市场营销[M].成都:西南财经大学出版社,2021.

[31] 吴旭云.旅游市场营销[M].上海:上海交通大学出版社,2020.

[32] 周凯波,林晓宁,周欢.旅游网络营销[M].2版.北京:中国旅游出版社,2023.

[33] 李晓梅,傅书勇.市场调查分析与预测[M].北京:清华大学出版社,2020.

[34] 郑聪玲.市场调查与分析[M].3版.北京:中国人民大学出版社,2023.

[35] 林南枝,黄晶.旅游市场学[M].3版.天津:南开大学出版社,2020.

[36] 吴健安,聂元昆.市场营销学[M].7版.北京:高等教育出版社,2022.

[37] 赵丽丽,孙国学.旅游产品策划与设计[M].3版.北京:中国铁道出版社,2023.

[38] 韩燕平.旅游市场营销[M].武汉:华中科技大学出版社,2018.

[39] 刘玲玲.旅游产品设计[M].北京:中国地质大学出版社,2020.

[40] 唐伟,杨添.旅游产品策划与营销[M].北京:中国金融出版社,2023.

[41] 陈兰,杨琳曦,王宁,王丽霞,陈恒妮.旅游产品开发[M].北京:清华大学出版社,2021.

[42] 刘俊.四川旅游绿皮书:2021四川旅游发展报告[M].成都:四川人民出版社,2023.

[43] 宋瑞,金准,李为人,吴金梅.旅游绿皮书:2022—2023年中国旅游发展分析与预测[M].北京:社会科学文献出版社,2023.

[44] 科特勒.旅游市场营销[M].8版.北京:清华大学出版社,2022.

[45] 伊斯特,赖特,范于埃勒.消费者行为:基于数据的营销决策[M].2版.上海:上海人民出版社,2018.

[46] 郭英之,张苗,刘赛.旅游市场营销[M].5版.大连:东北财经大学出版社,2023.

[47] 陈丹红.旅游市场营销[M].北京:清华大学出版社,2023.

[48] 科特勒,鲍文,麦肯斯,巴洛格鲁.旅游与服务业市场营销[M].7版.北京:机械工业出版社,2021.

[49] 李学芝,宋素红.旅游市场营销与策划:理论、实务、案例、实训[M].大连:东北财经大学出版社,2021.

[50] 赵书虹,杜靖川,王静.旅游市场营销学[M].2版.北京:高等教育出版社,2023.

[51] 郑凤萍,吕汝健.旅游市场营销[M].5版.大连:大连理工大学出版社,2021.

[52] 赵爱婷.旅游市场营销模块化教程[M].重庆:重庆大学出版社,2022.

[53] 李翠霞.旅游市场营销[M].北京:中国轻工业出版社,2022.

[54] 舒伯阳.旅游市场营销[M].北京:清华大学出版社,2019.

[55] 邓卓鹏,李慧.旅游市场营销[M].长沙:湖南大学出版社,2018.

[56] 李光瑶.旅游市场营销[M].北京:清华大学出版社,2018.

[57] 姜超雁,宋彬.旅游市场营销[M].上海:上海中医药大学出版社,2021.

[58] 曹兴平.旅游市场营销[M].成都:西南财经大学出版社,2021.

[59] 吴旭云.旅游市场营销[M].上海:上海交通大学出版社,2020.

[60] 耿燕.旅游市场营销[M].北京:中国言实出版社,2020.

教学资源服务指南

仅限教师索取

高等教育出版社

感谢您使用本书。为方便教学，我社为教师提供资源下载、样书申请等服务，如贵校已选用本书，您只要关注微信公众号"高职财经教学研究"，或加入下列教师交流QQ群即可免费获得相关服务。

"高职财经教学研究"公众号

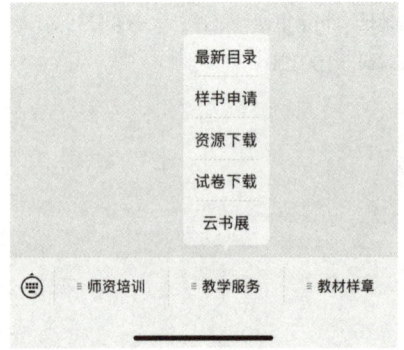

资源下载： 点击"**教学服务**"—"**资源下载**"，或直接在浏览器中输入网址（http://101.35.126.6/），注册登录后可搜索相应的资源并下载。（建议用电脑浏览器操作）

样书申请： 点击"**教学服务**"—"**样书申请**"，填写相关信息即可申请样书。

试卷下载： 点击"**教学服务**"—"**试卷下载**"，填写相关信息即可下载试卷。

样章下载： 点击"**教材样章**"，即可下载在供教材的前言、目录和样章。

师资培训： 点击"**师资培训**"，获取最新会议信息、直播回放和往期师资培训视频。

联系方式

旅游大类QQ群：142032733

联系电话：（021）56961310　　电子邮箱：3076198581@qq.com